中国统计摘要

2011

国家统计局　编

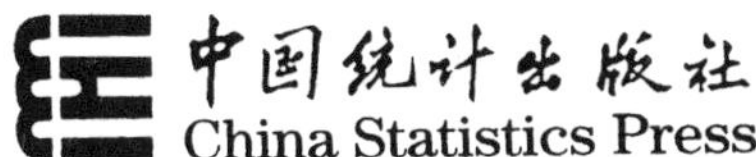

(京)新登字 041 号

图书在版编目(CIP)数据

中国统计摘要. 2011 / 国家统计局编. -- 北京:
中国统计出版社, 2011.5
ISBN 978-7-5037-6213-0

Ⅰ. ①中… Ⅱ. ①国… Ⅲ. ①国民经济－经济统计－统计资料－中国－2011－年刊 Ⅳ. ①C832-54

中国版本图书馆 CIP 数据核字(2011)第 061833 号

中国统计摘要—2011

作　　者 / 国家统计局 编
责任编辑 / 郭　栋
封面设计 / 李雪燕
出版发行 / 中国统计出版社
通信地址 / 北京市西城区月坛南街 57 号　邮政编码 / 100826
办公地址 / 北京市丰台区西三环南路甲 6 号
E　- mail / yearbook@gj.stats.cn
电　　话 / 邮购(010)63376907　书店(010)68783172
印　　刷 / 河北天普润印刷厂
经　　销 / 新华书店
开　　本 / 787×1092mm　1/16
字　　数 / 192 千字
印　　张 / 14
印　　数 / 1—6000 册
版　　别 / 2011 年 5 月第 1 版
版　　次 / 2011 年 5 月第 1 次印刷
书　　号 / ISBN 978-7-5037-6213-0/C•2469
定　　价 / 58.00 元

《中国统计摘要—2011》编辑人员

总　编　辑：张　芃　钟守洋

副总编辑：郝胜龙　叶礼奇

编辑部主任：卞丽华　张　蕾　石毅华

编辑部成员：（以姓氏笔画为序）

丁　一　万忠兵　王　萍　王　琦

王青青　毛小美　方　健　巴运红

邓卫平　龙　玲　叶　盛　朱　虹

任小燕　严先溥　李　胤　李俊波

李锁强　杨剑青　吴　优　汪传敬

张延华　张会英　陈　星　陈淑清

范小玉　罗卫华　施发启　徐　岚

栾尽晖　唐　平　常文莉　梁尔卫

阙小清　谭晓梅　魏媛媛

责任编辑：郭　栋

编 者 说 明

一、《中国统计摘要》是为及时反映我国国民经济与社会发展情况而编辑的一本综合性简明统计资料年刊。《中国统计摘要-2011》收录了2010年社会经济主要指标数据，同时简要列示了1978年以来的历史资料。正文内容具体分为综合，国民经济核算，人口、就业和职工工资，固定资产投资，对外贸易和利用外资，财政和金融，物价指数，人民生活，农业，工业和能源，建筑业，运输和邮电，国内贸易和旅游，教育、科技、文化、体育、卫生、社会服务和环境保护，香港和澳门特别行政区主要社会经济指标，台湾省主要社会经济指标及国际比较共17个部分。正文之后还附有主要统计指标解释。

二、为确保本书的出版时效，书中2010年部分数据为初步统计数，正式数据以日后出版的《中国统计年鉴-2011》为准。

三、书中所涉及的全国性统计指标，除行政区划、国土面积、森林资源和降水量外，均未包括香港、澳门特别行政区和台湾省数据。

四、香港特别行政区和澳门特别行政区的统计是构成国家统计总体的一部分。但根据中华人民共和国“香港特别行政区基本法”和“澳门特别行政区基本法”的有关原则，香港、澳门与内地是相对独立的统计区域，根据各自不同的统计制度和法律规定，独立进行统计工作。本书中香港和澳门特别行政区统计资料分别由香港特别行政区政府统计处、澳门特别行政区政府统计暨普查局提供，国家统计局进行编辑。

五、本书中部分数据合计数或相对数由于单位取舍不同而产生的计算误差，均未作机械调整。

六、本书有关符号使用说明：摘要各表中的“空格”表示该项统计指标数据不足本表最小单位数、不详或无该项数据；“#”表示其中的主要项；“*”或“①”表示本表下有注解。

目　录

一、综合

二、国民经济核算

三、人口、就业和职工工资

四、固定资产投资

五、对外贸易和利用外资

六、财政和金融

七、物价指数

八、人民生活

九、农业

十、工业和能源

十一、建筑业

十二、运输和邮电

十三、国内贸易和旅游

十四、教育、科技、文化、体育、卫生、社会服务和环境保护

十五、香港和澳门特别行政区主要社会经济指标

十六、台湾省主要社会经济指标

十七、国际比较

附录一

附录二

附录三

全国行政区划（一）

（年底数）　　　　单位：个

年　份	省级区划数	地级区划数	#地级市	县级区划数	市辖区	县级市	县及其它
1978	30	310	98	2653	408	92	2153
1979	30	315	104	2690	428	109	2153
1980	30	318	107	2775	511	113	2151
1981	30	316	108	2780	514	122	2144
1982	30	322	112	2797	527	130	2140
1983	30	322	144	2785	552	142	2091
1984	30	322	147	2814	595	150	2069
1985	30	327	162	2826	621	159	2046
1986	30	325	166	2830	629	184	2017
1987	30	326	170	2826	632	208	1986
1988	31	334	183	2831	647	248	1936
1989	31	336	185	2829	648	262	1919
1990	31	336	185	2833	651	279	1903
1991	31	338	187	2833	650	289	1894
1992	31	339	191	2833	662	323	1848
1993	31	335	196	2835	669	371	1795
1994	31	333	206	2845	697	413	1735
1995	31	334	210	2849	706	427	1716
1996	31	335	218	2858	717	445	1696
1997	33	332	222	2862	727	442	1693
1998	33	331	227	2863	737	437	1689
1999	34	331	236	2858	749	427	1682
2000	34	333	259	2861	787	400	1674
2001	34	332	265	2861	808	393	1660
2002	34	332	275	2860	830	381	1649
2003	34	333	282	2861	845	374	1642
2004	34	333	283	2862	852	374	1636
2005	34	333	283	2862	852	374	1636
2006	34	333	283	2860	856	369	1635
2007	34	333	283	2859	856	368	1635
2008	34	333	283	2859	856	368	1635
2009	34	333	283	2858	855	367	1636
2010	34	333	283	2856	853	370	1633

注：1.本表资料由民政部提供。

2.县及其它包括：县、自治县、旗、自治旗、特区和林区。

全国行政区划（二）

（年底数）　　　　单位：个

年份	乡镇级区划数	镇数	乡数	#民族乡	街道办事处	区公所
1978	6198	2176				4022
1979	10424	2361			4444	3619
1980						
1981	11434	2678			4965	3791
1982						
1983	49695	2968	35514		5304	5909
1984	106439	7186	85290		5844	8119
1985	104900	9140	82450	3144	5402	7908
1986	84018	10718	61417	2936	5718	6165
1987	81025	11103	58739	3020	5680	5503
1988	65345	11481	45195	1571	5099	3570
1989	65419	11873	44624	1755	5420	3502
1990	65188	12084	44397	1980	5269	3438
1991	63391	12455	42654	1403	5186	3096
1992	54830	14539	33827	1348	5233	1231
1993	54863	15805	32445	1351	5470	1143
1994	54605	16702	31463	1322	5372	1068
1995	53360	17532	29502	1330	5596	730
1996	51336	18171	27056	1383	5565	544
1997	50967	18925	25966	1545	5678	398
1998	50999	19216	25712	1517	5732	339
1999	50750	19756	24745	1222	5904	345
2000	49668	20312	23199	1356	5902	255
2001	45303	20374	19341	1188	5510	78
2002	44850	20601	18639	1167	5576	34
2003	44067	20226	18064	1149	5751	26
2004	43258	19883	17451	1124	5904	20
2005	41636	19522	15951	1093	6152	11
2006	41040	19369	15306	1089	6355	10
2007	40813	19249	15120	1093	6434	10
2008	40828	19234	15067	1097	6524	3
2009	40858	19322	14848	1099	6686	2
2010	40906	19410	14571	1096	6923	2

各地区行政区划（一）

(2010年底)　　单位：个

区划名称	地级区划数	#地级市	县级区划数	#市辖区	#县级市	#县	#自治县
全国	**333**	**283**	**2856**	**853**	**370**	**1461**	**117**
北京市			16	14		2	
天津市			16	13		3	
河北省	11	11	172	36	22	108	6
山西省	11	11	119	23	11	85	
内蒙古自治区	12	9	101	21	11	17	
辽宁省	14	14	100	56	17	19	8
吉林省	9	8	60	20	20	17	3
黑龙江省	13	12	128	64	18	45	1
上海市			18	17		1	
江苏省	13	13	105	55	26	24	
浙江省	11	11	90	32	22	35	1
安徽省	17	17	105	44	5	56	
福建省	9	9	85	26	14	45	
江西省	11	11	100	19	11	70	
山东省	17	17	140	49	31	60	
河南省	17	17	159	50	21	88	
湖北省	13	12	103	38	24	38	2
湖南省	14	13	122	34	16	65	7
广东省	21	21	121	54	23	41	3
广西壮族自治区	14	14	109	34	7	56	12
海南省	2	2	20	4	6	4	6
重庆市			40	19		17	4
四川省	21	18	181	43	14	120	4
贵州省	9	4	88	10	9	56	11
云南省	16	8	129	12	11	77	29
西藏自治区	7	1	73	1	1	71	
陕西省	10	10	107	24	3	80	
甘肃省	14	12	86	17	4	58	7
青海省	8	1	43	4	2	30	7
宁夏回族自治区	5	5	22	9	2	11	
新疆维吾尔自治区	14	2	98	11	19	62	6
香港特别行政区							
澳门特别行政区							
台湾省							

注：本表资料由民政部提供。

各地区行政区划（二）

（2010年底）　　单位：个

区划名称	乡镇级区划数	镇数	乡数	#民族乡	街道办事处	区公所
全　　国	**40906**	**19410**	**14571**	**1096**	**6923**	**2**
北京市	322	142	40	5	140	
天津市	243	115	20	2	108	
河北省	2227	1007	953	52	266	1
山西省	1397	563	633		201	
内蒙古自治区	863	463	179	18	221	
辽宁省	1507	581	324	72	602	
吉林省	897	426	194	28	277	
黑龙江省	1278	473	423	58	382	
上海市	210	109	2		99	
江苏省	1307	877	98	1	332	
浙江省	1512	728	443	14	341	
安徽省	1523	912	349	9	262	
福建省	1102	595	334	19	173	
江西省	1539	788	610	8	141	
山东省	1874	1118	156		600	
河南省	2371	949	929	12	493	
湖北省	1230	741	199	10	290	
湖南省	2419	1109	1052	97	258	
广东省	1581	1134	11	7	436	
广西壮族自治区	1234	702	424	58	108	
海南省	222	183	21		18	
重庆市	1014	587	252	14	175	
四川省	4668	1821	2585	98	262	
贵州省	1560	689	757	252	114	
云南省	1366	597	689	148	80	
西藏自治区	692	140	542	9	10	
陕西省	1745	922	648		175	
甘肃省	1351	466	761	34	124	
青海省	396	137	229	28	30	
宁夏回族自治区	235	99	93		43	
新疆维吾尔自治区	1021	237	621	43	162	1
香港特别行政区						
澳门特别行政区						
台湾省						

自 然 资 源 状 况

项　　目	单　位	2010年
国土面积	万平方公里	960
海域面积	万平方公里	473
岸线总长度	公里	32000
#大陆岸线长度	公里	18000
岛屿面积	万平方公里	3.87
降水量		
台湾中部山区	毫米	≥4000
华南沿海	毫米	1600-2000
长江流域	毫米	1000-1500
华北、东北	毫米	400-800
西北内陆	毫米	100-200
塔里木盆地、吐鲁番盆地和柴达木盆地	毫米	≤25
耕地面积	万公顷	12172
林地面积	万公顷	30590
森林面积	万公顷	19545
森林覆盖率	%	20.36
活立木总蓄积量	亿立方米	149.1
水资源总量	亿立方米	29658
水力资源蕴藏量	亿千瓦	6.76
#可开发量	亿千瓦	3.79
内陆水域面积	万公顷	1747
#可养殖面积	万公顷	675
#已养殖面积	万公顷	467
大陆架渔场面积	万公顷	28000
海水可养殖面积	万公顷	260
#已养殖面积	万公顷	109

注：1.耕地面积为2008年数据，来源于国土资源部。

2.林地面积、森林面积和森林覆盖率为第七次全国森林资源清查(2004-2008)资料。

3.除水资源总量外，其他水利资源为1985年评价数。

按行业分法人单位数

单位：个

行业门类	2005年	2006年	2007年	2008年	2009年
全国总计	**5647823**	**6068912**	**6495064**	**7195210**	**8003868**
农、林、牧、渔业	68800	78205	98546	98546	184764
采矿业	89430	93967	97678	97314	103403
制造业	1451556	1579406	1702455	1818380	1959254
电力、燃气及水的生产和供应业	43148	45922	49052	57923	62038
建筑业	149471	170180	190517	226787	261694
交通运输、仓储和邮政业	91565	104635	117228	157737	175914
信息传输、计算机服务和软件业	85499	100614	115101	153289	176326
批发和零售业	994953	1122489	1246042	1403143	1670315
住宿和餐饮业	101853	109892	118173	145302	154895
金融业	26828	29201	31815	28133	36907
房地产业	148059	165865	187444	214405	244043
租赁和商务服务业	291498	331904	368763	427005	511666
科学研究、技术服务和地质勘查业	153076	166240	176677	201696	233221
水利、环境和公共设施管理业	46847	48811	50953	57553	61740
居民服务和其他服务业	93947	102228	110525	120466	141936
教育	305446	308760	312339	335065	342003
卫生、社会保障和社会福利业	183760	185014	187376	206517	209016
文化、体育和娱乐业	69490	72873	76430	81882	90891
公共管理和社会组织	1252597	1252706	1257950	1364067	1383842

注：1.2008年农、林、牧、渔业数据为2007年基本单位年报数据。

2.统计范围不包括国际组织(下表同)。

各地区按三次产业分法人单位数

(2009年)　　单位：个

地　区	法人单位数	第一产业	第二产业	#工 业	第三产业
全国总计	**8003868**	**184764**	**2386389**	**2124695**	**5432715**
北　京	374647		48577	36692	326070
天　津	147164	1312	46388	40278	99464
河　北	328608	9226	105258	98429	214124
山　西	195104	20438	38303	33324	136363
内蒙古	128774	4415	25603	22012	98756
辽　宁	345704	8822	109769	93259	227113
吉　林	131963	3894	32547	28200	95522
黑龙江	164232	3312	39576	33235	121344
上　海	362553	2248	100351	81413	259954
江　苏	718516	10489	321990	292474	386037
浙　江	622940	16539	278032	262912	328369
安　徽	227055	2527	73684	63207	150844
福　建	271175	8177	84953	77515	178045
江　西	167772	4929	49582	45890	113261
山　东	674911	9195	224102	196679	441614
河　南	385806	13388	130514	120149	241904
湖　北	328068	5835	81150	66322	241083
湖　南	277061	5536	76988	70736	194537
广　东	716720	12794	244302	226963	459624
广　西	180744	2630	30510	27380	147604
海　南	31128	635	4671	2927	25822
重　庆	156504	6862	40943	34612	108699
四　川	339035	10043	72366	63622	256626
贵　州	102937	2228	17384	15516	83325
云　南	149157	7075	27185	22464	114897
西　藏	15841	14	887	550	14940
陕　西	204938	5539	42769	35835	156630
甘　肃	101839	2603	16175	13934	83061
青　海	25877	564	3780	3035	21533
宁　夏	33433	1057	6022	4976	26354
新　疆	93662	2438	12028	10155	79196

各地区按行业分法人单位数（一）

(2009年)　　单位：个

地　区	法人单位数	农、林、牧、渔业	采矿业	制造业	电力、煤气及水的生产和供应业	建筑业	交通运输、仓储和邮政业
全国总计	**8003868**	**184764**	**103403**	**1959254**	**62038**	**261694**	**175914**
北　京	374647		299	35985	408	11885	7715
天　津	147164	1312	70	39874	334	6110	6435
河　北	328608	9226	8595	88616	1218	6829	6122
山　西	195104	20438	8213	24207	904	4979	3560
内蒙古	128774	4415	4478	16404	1130	3591	3525
辽　宁	345704	8822	5692	85931	1636	16510	9603
吉　林	131963	3894	1880	25154	1166	4347	2979
黑龙江	164232	3312	2343	29888	1004	6341	3460
上　海	362553	2248	2	81131	280	18938	13410
江　苏	718516	10489	1229	287932	3313	29516	15236
浙　江	622940	16539	1547	257424	3941	15120	11331
安　徽	227055	2527	3347	57819	2041	10477	5747
福　建	271175	8177	2711	68744	6060	7438	6582
江　西	167772	4929	3986	38236	3668	3692	4021
山　东	674911	9195	4744	190092	1843	27423	14790
河　南	385806	13388	7801	110886	1462	10365	5422
湖　北	328068	5835	5083	58560	2679	14828	7032
湖　南	277061	5536	8137	57981	4618	6252	3972
广　东	716720	12794	2614	216698	7651	17339	17231
广　西	180744	2630	2716	22156	2508	3130	3929
海　南	31128	635	233	2426	268	1744	666
重　庆	156504	6862	3380	29265	1967	6331	4149
四　川	339035	10043	5654	52426	5542	8744	6420
贵　州	102937	2228	4613	9723	1180	1868	1397
云　南	149157	7075	5115	15448	1901	4721	2635
西　藏	15841	14	114	345	91	337	168
陕　西	204938	5539	4186	30388	1261	6934	3635
甘　肃	101839	2603	1721	11264	949	2241	1460
青　海	25877	564	556	2231	248	745	432
宁　夏	33433	1057	596	4207	173	1046	531
新　疆	93662	2438	1748	7813	594	1873	2319

各地区按行业分法人单位数（二）

(2009年)　　单位：个

地区	信息传输、计算机服务和软件业	批发和零售业	住宿和餐饮业	金融业	房地产业	租赁和商务服务业
全国总计	**176326**	**1670315**	**154895**	**36907**	**244043**	**511666**
北　京	20987	113263	13195	1159	13935	69420
天　津	2072	43702	2950	702	4303	11299
河　北	4773	64573	4372	1443	7165	10000
山　西	3088	35126	3183	993	4286	7580
内蒙古	1913	27710	3250	1345	4500	6963
辽　宁	7777	80425	5989	1735	12424	22526
吉　林	1837	31202	2413	744	3537	6655
黑龙江	2690	39512	2334	1111	4940	9124
上　海	10989	116462	9464	817	12128	43880
江　苏	13174	169042	9012	2763	18651	38185
浙　江	13166	112898	6958	2168	14531	43411
安　徽	5427	37307	4355	1524	7977	10574
福　建	5775	53092	4347	1963	8672	17485
江　西	1711	20410	3243	913	4843	5704
山　东	12911	154520	14021	2588	16263	32470
河　南	5001	54469	9212	1466	7985	11949
湖　北	7043	68643	7794	1330	11468	18029
湖　南	7725	32058	6707	1040	6946	9379
广　东	16479	172071	14257	2625	32983	63854
广　西	5610	33174	2378	938	7084	12964
海　南	792	6011	1066	211	2879	2872
重　庆	3668	31087	4407	1053	6024	10629
四　川	8802	46364	6060	1687	9358	15702
贵　州	1889	13607	1366	647	4046	4420
云　南	3278	30430	2672	1158	5174	8281
西　藏	157	886	294	109	106	238
陕　西	3600	35657	5488	1018	5112	7451
甘　肃	922	16361	1943	583	2268	3240
青　海	383	3421	550	186	741	978
宁　夏	677	6994	561	241	886	1553
新　疆	2010	19838	1054	647	2828	4851

各地区按行业分法人单位数（三）

(2009年) 单位：个

地区	科学研究、技术服务和地质勘查业	水利、环境和公共设施管理业	居民服务和其他服务业	教育	卫生、社会保障和社会福利业	文化、体育和娱乐业	公共管理和社会组织
全国总计	**233221**	**61740**	**141936**	**342003**	**209016**	**90891**	**1383842**
北京	32508	2323	14974	8220	3014	11456	13901
天津	5859	1074	5547	3132	1360	1233	9796
河北	5053	1786	3867	19059	7237	2207	76467
山西	4309	1863	3239	9144	5369	2463	52160
内蒙古	3837	1676	2022	5435	4436	1744	30400
辽宁	11819	2788	6221	11668	10201	3660	40277
吉林	4355	1303	2257	5699	3620	1793	27128
黑龙江	5670	1563	3298	7558	4793	1760	33531
上海	15096	1931	12303	5244	2491	3810	11929
江苏	14409	5175	10283	14801	9796	5518	59992
浙江	14259	3826	6330	15997	7206	5016	71272
安徽	4822	1781	3089	13346	7124	2336	45435
福建	7175	2128	4210	11694	6084	3503	45335
江西	3653	1532	2394	10018	7554	2145	45120
山东	13020	3442	11342	20607	15714	4559	125367
河南	5648	2352	4227	22752	26115	3629	81677
湖北	11242	3860	7722	16918	12176	4476	63350
湖南	6768	2813	4976	14723	8255	4028	85147
广东	20148	4323	14123	29967	8587	6367	56609
广西	7627	2227	2152	16776	6363	2795	43587
海南	1004	296	529	2113	761	588	6034
重庆	3739	1337	2862	7612	5880	2050	24202
四川	10808	3150	3834	19612	14283	4245	106301
贵州	3063	1075	1417	9520	3910	1428	35540
云南	5222	1816	2033	7424	4252	2381	38141
西藏	164	39	101	1039	504	163	10972
陕西	5055	1988	3229	15030	14267	2542	52558
甘肃	2095	847	1305	9047	3479	1168	38343
青海	864	286	250	1220	761	380	11081
宁夏	684	257	451	1379	801	324	11015
新疆	3246	883	1349	5249	2623	1124	31175

国民经济与社会发展总量指标（一）

指　　标	单　位	1978年	1990年	2000年	2009年	2010年
人口						
总人口(年末)	万人	96259	114333	126743	133474	133972
城镇人口	万人	17245	30195	45906	62186	66557
乡村人口	万人	79014	84138	80837	71288	67415
就业和失业						
就业人员	万人	40152	64749	72085	77995	
#城镇就业人员	万人	9514	17041	23151	31120	
城镇登记失业人员	万人	530	383	595	921	908
国民经济核算						
国内生产总值	亿元	3645.2	18667.8	99214.6	340902.8	397983.3
第一产业	亿元	1027.5	5062.0	14944.7	35226.0	40497.0
第二产业	亿元	1745.2	7717.4	45555.9	157638.8	186480.9
第三产业	亿元	872.5	5888.4	38714.0	148038.0	171005.4
支出法国内生产总值	亿元	3605.6	19347.8	98749.0	346316.6	394307.6
最终消费支出	亿元	2239.1	12090.5	61516.0	166820.1	186905.3
资本形成总额	亿元	1377.9	6747.0	34842.8	164463.2	191690.8
货物和服务净出口	亿元	-11.4	510.3	2390.2	15033.3	15711.5
固定资产投资						
全社会固定资产投资总额	亿元		4517.0	32917.7	224598.8	278139.8
城　镇	亿元		3274.4	26221.8	193920.4	241414.9
#房地产开发	亿元		253.3	4984.1	36241.8	48267.1
农　村	亿元		1242.6	6695.9	30678.4	36724.9
对外贸易和实际利用外资						
货物进出口总额	亿美元	206.4	1154.4	4742.9	22075.4	29727.6
出口额	亿美元	97.5	620.9	2492.0	12016.1	15779.3
进口额	亿美元	108.9	533.5	2250.9	10059.2	13948.3
外商直接投资	亿美元		34.9	407.2	900.3	1057.3
外商其他投资	亿美元		2.7	86.4	17.7	30.9
财政和金融						
国家财政收入	亿元	1132.3	2937.1	13395.2	68518.3	83080.3
国家财政支出	亿元	1122.1	3083.6	15886.5	76299.9	89575.4
金融机构人民币各项存款余额	亿元	1155	13943	123804	597741	718238
金融机构人民币各项贷款余额	亿元	1890	17511	99371	399685	479196
主要农业、工业产品产量						
粮食	万吨	30476.5	44624.3	46217.5	53082.1	54647.7
棉花	万吨	216.7	450.8	441.7	637.7	596.1
油料	万吨	521.8	1613.2	2954.8	3154.3	3230.1
肉类	万吨			6013.9	7649.9	7925.8
原煤	亿吨	6.18	10.80	13.84	29.73	32.40
原油	万吨	10405	13831	16300	18949	20301
发电量	亿千瓦小时	2566	6212	13556	37147	42065
粗钢	万吨	3178	6635	12850	57218	62696
水泥	万吨	6524	20971	59700	164398	188000

国民经济与社会发展总量指标（二）

指　　标	单 位	1978年	1990年	2000年	2009年	2010年
建筑业						
建筑业企业从业人员	万人		1011	1994	3673	4043
建筑业总产值	亿元		1345	12498	76808	95206
交通和邮电						
客运量	万人	253993	772682	1478573	2976898	3269508
货运量	万吨	248946	970602	1358682	2825222	3241807
沿海主要港口货物吞吐量	万吨	19834	48321	125603	475481	548358
邮电业务总量	亿元	34.1	155.5	4792.7	27193.5	32940.2
移动电话年末用户	万户		1.8	8453.3	74721.4	85900.3
固定电话年末用户	万户	192.5	685.0	14482.9	31373.2	29438.3
国内贸易和旅游						
社会消费品零售总额	亿元	1559	8300	39106	132678	156998
入境过夜旅游者人数	万人次	71.6	1048.4	3122.9	5087.5	5566.5
国际旅游外汇收入	亿美元	2.6	22.2	162.2	396.8	458.1
教育、科技、文化、卫生						
在校学生数						
#普通高等学校	万人	85.6	206.3	556.1	2144.7	2231.8
普通中学	万人	6548.3	4586.0	7368.9	7867.9	7703.2
普通小学	万人	14624.0	12241.4	13013.3	10071.5	9940.7
研究与试验发展经费支出	亿元			895.7	5802.1	6980.0
技术市场成交额	亿元		75	651	3039	3906
图书总印数	亿册(张)	37.7	56.4	62.7	70.4	74.0
期刊总印数	亿册	7.6	17.9	29.4	31.5	32.0
报纸总印数	亿份	127.8	211.3	329.3	439.1	448.0
医院、卫生院数	个	64311	62126	66095	59918	59681
执业(助理)医师	万人	97.8	176.3	207.6	232.9	241.3
医院、卫生院床位数	万张	184.7	259.2	290.8	408.1	440.1

注：1.由于计算误差的影响，按支出法计算的国内生产总值不等于按生产法计算的国内生产总值。

2.本表价值量指标中，邮电业务总量2000年及以前按1990年不变价格计算，2001年起按2000年不变价格计算，其余按当年价格计算。

国民经济与社会发展速度指标（一）

指　　标	2010年为下列各年%				平均每年增长%		
	1978年	1990年	2000年	2009年	1979－2010年	1991－2010年	2001－2010年
人口							
总人口(年末)	139.2	117.2	105.7	100.4	1.0	0.8	0.6
城镇人口	386.0	220.4	145.0	107.0	4.3	4.0	3.8
乡村人口	85.3	80.1	83.4	94.6	-0.5	-1.1	-1.8
就业和失业							
就业人员							
#城镇就业人员							
城镇登记失业人员	171.3	237.1	152.6	98.6	1.7	4.4	4.3
国民经济核算							
国内生产总值	2056.8	730.1	270.7	110.3	9.9	10.5	10.5
第一产业	419.1	219.8	151.3	104.3	4.6	4.0	4.2
第二产业	3196.4	1051.1	295.5	112.2	11.4	12.5	11.4
第三产业	2762.3	762.9	288.9	109.5	10.9	10.7	11.2
固定资产投资							
全社会固定资产投资总额		6157.6	845.0	123.8		22.6	23.0
城　镇		7372.8	920.7	124.5		23.8	24.2
#房地产开发		19059.1	968.4	133.2		31.2	25.5
农　村		2955.5	548.5	119.7		18.3	17.3
对外贸易和实际利用外资							
货物进出口总额	14402.9	2575.2	626.8	134.7	16.8	17.6	20.1
出口额	16183.9	2541.4	633.2	131.3	17.2	17.6	20.3
进口额	12808.3	2614.5	619.7	138.7	16.4	17.7	20.0
外商直接投资		3032.1	259.7	117.4		18.6	10.0
外商其他投资		1153.0	35.8	174.5		13.0	-9.8
财政和金融							
国家财政收入	7337.6	2828.7	620.2	121.3	14.4	18.2	20.0
国家财政支出	7982.9	2904.9	563.8	117.4	14.7	18.3	18.9
金融机构人民币各项存款余额	62185.1	5151.3	580.1	120.2	22.3	21.8	19.2
金融机构人民币各项贷款余额	25348.9	2736.5	482.2	119.9	18.9	18.0	17.0
主要农业、工业产品产量							
粮食	179.3	122.5	118.2	102.9	1.8	1.0	1.7
棉花	275.1	132.2	134.9	93.5	3.2	1.4	3.0
油料	619.0	200.2	109.3	102.4	5.9	3.5	0.9
肉类			131.8	103.6			2.8
原煤	524.3	300.0	234.1	109.0	5.3	5.6	8.9
原油	195.1	146.8	124.5	107.1	2.1	1.9	2.2
发电量	1639.3	677.2	310.3	113.2	9.1	10.0	12.0
粗钢	1972.8	944.9	487.9	109.6	9.8	11.9	17.2
水泥	2881.7	896.5	314.9	114.4	11.1	11.6	12.2

国民经济与社会发展速度指标（二）

指　　标	2010年为下列各年%				平均每年增长%		
	1978年	1990年	2000年	2009年	1979－2010年	1991－2010年	2001－2010年
建筑业							
建筑业企业从业人员		400.1	202.7	110.1		7.2	7.3
建筑业总产值		7078.4	761.8	124.0		23.7	22.5
交通和邮电							
客运量	1287.2	423.1	221.1	109.8	8.3	7.5	8.3
货运量	1302.2	334.0	238.6	114.7	8.4	6.2	9.1
沿海主要港口货物吞吐量	2764.7	1134.8	436.6	115.3	10.9	12.9	15.9
邮电业务总量	129688.9	28422.6	922.4	121.1	25.1	32.6	24.9
移动电话年末用户		4694005	1016.2	115.0		71.2	26.1
固定电话年末用户	15289.1	4297.4	203.3	93.8	17.0	20.7	7.4
国内贸易和旅游							
社会消费品零售总额	10073.0	1891.5	401.5	118.3	15.5	15.8	14.9
入境过夜旅游者人数	7774.4	530.9	178.2	109.4	14.6	8.7	6.0
国际旅游外汇收入	17418.3	2065.4	282.4	115.5	17.5	16.3	10.9
教育、科技、文化、卫生							
在校学生数							
#普通高等学校	2607.2	1081.8	401.3	104.1	10.7	12.6	14.9
普通中学	117.6	168.0	104.5	97.9	0.5	2.6	0.4
普通小学	68.0	81.2	76.4	98.7	-1.2	-1.0	-2.7
研究与试验发展经费内部支出			779.3	120.3			22.8
技术市场成交额		5201.1	600.2	128.5		21.8	19.6
图书总印数	196.3	131.2	118.0	105.1	2.1	1.4	1.7
期刊总印数	421.1	178.8	108.8	101.6	4.6	2.9	0.9
报纸总印数	350.5	212.0	136.0	102.0	4.0	3.8	3.1
医院、卫生院数	92.8	96.1	90.3	99.6	-0.2	-0.2	-1.0
执业(助理)医师	246.7	136.9	116.2	103.6	2.9	1.6	1.5
医院、卫生院床位数	238.3	169.8	151.3	107.8	2.8	2.7	4.2

注：本表价值量指标中，除国内生产总值和邮电业务总量按可比价格计算，其他按当年价格计算；
平均每年增长速度除固定资产投资额按累计法计算外，其他按水平法计算。

国民经济与社会发展结构指标

单位：%

指　　标	1978年	1990年	2000年	2009年	2010年
人口					
城镇	17.9	26.4	36.2	46.6	49.7
乡村	82.1	73.6	63.8	53.4	50.3
就业人员					
第一产业	70.5	60.1	50.0	38.1	
第二产业	17.3	21.4	22.5	27.8	
第三产业	12.2	18.5	27.5	34.1	
国内生产总值					
第一产业	28.2	27.1	15.1	10.3	10.2
第二产业	47.9	41.3	45.9	46.2	46.9
第三产业	23.9	31.6	39.0	43.4	43.0
全社会固定资产投资总额					
城镇		72.5	79.7	86.3	86.8
农村		27.5	20.3	13.7	13.2
货物进出口总额					
出口总额	47.2	53.8	52.5	54.4	53.1
进口总额	52.8	46.2	47.5	45.6	46.9
财政收入					
中央	15.5	33.8	52.2	52.4	51.1
地方	84.5	66.2	47.8	47.6	48.9
财政支出					
中央	47.4	32.6	34.7	20.0	17.8
地方	52.6	67.4	65.3	80.0	82.2
农林牧渔业产值					
#农业	80.0	64.7	55.7	51.0	53.3
林业	3.4	4.3	3.8	3.6	3.7
牧业	15.0	25.7	29.7	32.3	30.0
渔业	1.6	5.4	10.9	9.3	9.3
规模以上工业企业总资产					
大型企业			56.3	39.1	38.1
中型企业			12.9	32.0	30.9
小型企业			30.8	28.9	31.0
在校学生数					
大学生	0.4	1.2	2.7	10.7	11.2
中学生	30.8	26.9	35.2	39.2	38.8
小学生	68.8	71.9	62.2	50.1	50.0
卫生技术人员数					
#执业(助理)医师	39.7	45.2	46.2	42.1	41.1
注册护士	16.4	25.0	28.2	33.5	34.9

东、中、西、东北地区主要经济指标(一)

(2010年)

指　　标	单位	东　部 10省市 合计或 平　均	东部10省市 合计占全国 的比重(%)	中部6省 合计或 平　均	中部6省 合计占全国 的比重(%)
国民核算					
国内(地区)生产总值	亿元	229384.6	53.0	85437.3	19.7
第一产业	亿元	14629.2	36.1	11248.1	27.7
第二产业	亿元	114130.5	52.1	45052.0	20.6
第三产业	亿元	100624.9	58.1	29137.3	16.8
固定资产投资					
全社会固定资产投资额	亿元	115970.3	42.7	62894.5	23.2
对外贸易					
货物进出口总额	亿美元	26048.0	87.6	1166.9	3.9
出口总额	亿美元	13785.6	87.4	634.7	4.0
进口总额	亿美元	12262.4	87.9	532.1	3.8
农业					
主要农产品产量					
粮食	万吨	13869.9	25.4	16720.7	30.6
棉花	万吨	165.1	27.7	166.2	27.9
油料	万吨	802.7	24.8	1400.6	43.4
工业					
主要工业产品产量					
原油	万吨	8219.1	40.5	584.4	2.9
发电量	亿千瓦小时	17443.0	41.5	9720.5	23.1
粗钢	万吨	34316.3	54.8	13329.1	21.3
水泥	万吨	75389.8	40.4	46555.7	24.9
汽车	万辆	821.1	44.9	354.4	19.4
建筑业					
建筑业总产值	亿元	52407.9	55.0	18397.9	19.3
国内贸易					
社会消费品零售总额	亿元	83904.5	53.4	31329.7	20.0
物价总水平					
居民消费价格指数	上年=100	103.4		103.1	

注：东部10省市和中部6省合计占全国的比重以各地区合计数为100计算。

东、中、西、东北地区主要经济指标(二)

(2010年)

指　　标	单位	西部12省区市合计或平均	西部12省区市合计占全国的比重(%)	东北3省合计或平均	东北3省合计占全国的比重(%)
国民核算					
国内(地区)生产总值	亿元	80825.4	18.7	37090.4	8.6
第一产业	亿元	10705.7	26.4	3983.6	9.8
第二产业	亿元	40486.1	18.5	19389.8	8.9
第三产业	亿元	29633.7	17.1	13717.0	7.9
固定资产投资					
全社会固定资产投资额	亿元	61874.6	22.8	30726.0	11.3
对外贸易					
货物进出口总额	亿美元	1282.6	4.3	1230.2	4.1
出口总额	亿美元	720.2	4.6	638.8	4.0
进口总额	亿美元	562.4	4.0	591.4	4.2
农业					
主要农产品产量					
粮食	万吨	14436.4	26.4	9620.7	17.6
棉花	万吨	264.3	44.3	0.6	0.10
油料	万吨	829.3	25.7	197.6	6.1
工业					
主要工业产品产量					
原油	万吨	5840.7	28.8	5657.2	27.9
发电量	亿千瓦小时	12225.6	29.1	2676.3	6.4
粗钢	万吨	8337.7	13.3	6682.3	10.7
水泥	万吨	52591.3	28.2	12258.9	6.6
汽车	万辆	391.8	21.4	259.7	14.2
建筑业					
建筑业总产值	亿元	16590.7	17.4	7809.3	8.2
国内贸易					
社会消费品零售总额	亿元	27332.4	17.4	14431.8	9.2
物价总水平					
居民消费价格指数	上年=100	103.6		103.5	

注：西部12省区市和东北3省合计占全国的比重以各地区合计数为100计算。

人均主要农业产品产量

单位：公斤

年 份	粮食	棉花	油料	糖料	水果	水产品
1978	318.7	2.3	5.5	24.9	6.9	4.9
1980	326.7	2.8	7.8	29.7	6.9	4.6
1985	360.7	3.9	15.0	57.5	11.1	6.7
1990	393.1	4.0	14.2	63.6	16.5	10.9
1995	387.3	4.0	18.7	65.9	35.0	20.9
1996	414.4	3.5	18.2	68.7	38.2	27.0
1997	401.7	3.7	17.5	76.3	41.4	25.4
1998	412.5	3.6	18.6	78.8	43.9	27.2
1999	405.8	3.1	20.8	66.5	49.8	28.5
2000	366.0	3.5	23.4	60.5	49.3	29.4
2001	355.9	4.2	22.5	68.1	52.3	29.8
2002	357.0	3.8	22.6	80.4	54.3	30.9
2003	334.3	3.8	21.8	74.8	112.7	31.6
2004	362.2	4.9	23.7	73.8	118.4	32.8
2005	371.3	4.4	23.6	72.5	123.6	33.9
2006	379.9	5.7	20.1	76.4	130.4	35.0
2007	380.6	5.8	19.5	92.5	137.6	36.0
2008	399.1	5.7	22.3	101.3	145.1	37.0
2009	398.7	4.8	23.7	92.2	153.2	38.4
2010	408.7	4.5	24.2	89.8	160.0	40.2

注：本表计算中所使用的人口数为年平均人口数(下表同)。2003年起水果产量含果用瓜。

人均主要工业产品产量

年 份	布 (米)	原煤 (吨)	原油 (公斤)	发电量 (千瓦小时)	粗钢 (公斤)	水泥 (公斤)
1978	11.5	0.7	108.8	268.4	33.2	68.2
1980	13.7	0.6	108.0	306.4	37.8	81.4
1985	14.0	0.8	118.8	390.8	44.5	138.9
1990	16.6	1.0	121.8	547.2	58.5	184.7
1995	21.6	1.1	124.5	835.8	79.1	394.7
1996	17.2	1.1	129.2	888.1	83.2	403.4
1997	20.2	1.1	130.7	923.2	88.6	416.0
1998	19.4	1.1	129.6	939.7	93.1	431.6
1999	20.0	1.1	127.7	989.3	99.2	457.4
2000	21.9	1.1	129.1	1073.6	101.8	472.8
2001	22.8	1.2	128.9	1164.3	119.2	519.7
2002	25.2	1.2	130.4	1291.8	142.4	566.2
2003	27.4	1.4	131.6	1482.9	172.6	669.1
2004	37.2	1.6	135.7	1700.0	218.3	746.0
2005	37.2	1.8	139.1	1917.8	270.9	819.8
2006	45.7	1.9	140.9	2185.9	319.7	943.4
2007	51.2	2.0	141.4	2490.0	371.3	1032.8
2008	54.6	2.1	143.8	2639.0	379.8	1074.7
2009	56.6	2.2	142.3	2790.1	429.8	1234.8
2010	59.8	2.4	151.8	3145.7	468.8	1405.9

国民经济核算指标

指　　标	单位	1978年	1990年	2000年	2009年	2010年
绝对数						
国民总收入	亿元	3645.2	18718.3	98000.5	341401.5	400041.2
国内生产总值	亿元	3645.2	18667.8	99214.6	340902.8	397983.3
第一产业	亿元	1027.5	5062.0	14944.7	35226.0	40497.0
第二产业	亿元	1745.2	7717.4	45555.9	157638.8	186480.9
第三产业	亿元	872.5	5888.4	38714.0	148038.0	171005.4
人均国内生产总值	元	381	1645	7858	25605	29762
支出法国内生产总值	亿元	3605.6	19347.8	98749.0	346316.6	394307.6
最终消费支出	亿元	2239.1	12090.5	61516.0	166820.1	186905.3
居民消费支出	亿元	1759.1	9450.9	45854.6	121129.9	133290.9
政府消费支出	亿元	480.0	2639.6	15661.4	45690.2	53614.4
资本形成总额	亿元	1377.9	6747.0	34842.8	164463.2	191690.8
固定资本形成	亿元	1073.9	4827.8	33844.4	156679.8	182340.3
存货增加	亿元	304.0	1919.2	998.4	7783.4	9350.5
货物和服务净出口	亿元	-11.4	510.3	2390.2	15033.3	15711.5
指数(1978年=100)						
国民总收入指数		100.0	282.5	750.6	1867.0	2067.5
国内生产总值指数		100.0	281.7	759.9	1864.3	2056.8
第一产业		100.0	190.7	277.0	401.8	419.1
第二产业		100.0	304.1	1081.8	2849.4	3196.4
第三产业		100.0	362.1	956.1	2521.5	2762.3
人均国内生产总值指数		100.0	237.3	575.5	1338.9	1470.7
构成						
支出法国内生产总值=100						
最终消费支出	%	62.1	62.5	62.3	48.2	47.4
资本形成总额	%	38.2	34.9	35.3	47.5	48.6
最终消费支出=100						
居民消费支出	%	78.6	78.2	74.5	72.6	71.3
政府消费支出	%	21.4	21.8	25.5	27.4	28.7
资本形成总额=100						
固定资本形成总额	%	77.9	71.6	97.1	95.3	95.1
存货增加	%	22.1	28.4	2.9	4.7	4.9

注：1.绝对数和构成按当年价格计算，指数按不变价格计算。

2.由于统计误差的影响，按支出法计算的国内生产总值不等于按生产法计算的国内生产总值。

国民总收入和国内生产总值（一）

年　　份	国　　民 总 收 入 (亿元)	国内生产 总　　值 (亿元)	第一产业	第二产业	工　业
1978	3645.2	3645.2	1027.5	1745.2	1607.0
1979	4062.6	4062.6	1270.2	1913.5	1769.7
1980	4545.6	4545.6	1371.6	2192.0	1996.5
“六五”时期	**32490.0**	**32401.7**	**10195.7**	**14257.0**	**12824.0**
1981	4889.5	4891.6	1559.5	2255.5	2048.4
1982	5330.5	5323.4	1777.4	2383.0	2162.3
1983	5985.6	5962.7	1978.4	2646.2	2375.6
1984	7243.8	7208.1	2316.1	3105.7	2789.0
1985	9040.7	9016.0	2564.4	3866.6	3448.7
“七五”时期	**73081.1**	**73036.8**	**19215.0**	**31326.9**	**27672.0**
1986	10274.4	10275.2	2788.7	4492.7	3967.0
1987	12050.6	12058.6	3233.0	5251.6	4585.8
1988	15036.8	15042.8	3865.4	6587.2	5777.2
1989	17000.9	16992.3	4265.9	7278.0	6484.0
1990	18718.3	18667.8	5062.0	7717.4	6858.0
“八五”时期	**191942.5**	**193030.5**	**39881.1**	**88381.0**	**76990.9**
1991	21826.2	21781.5	5342.2	9102.2	8087.1
1992	26937.3	26923.5	5866.6	11699.5	10284.5
1993	35260.0	35333.9	6963.8	16454.4	14188.0
1994	48108.5	48197.9	9572.7	22445.4	19480.7
1995	59810.5	60793.7	12135.8	28679.5	24950.6
“九五”时期	**417707.3**	**423443.5**	**72989.7**	**196971.6**	**172282.5**
1996	70142.5	71176.6	14015.4	33835.0	29447.6
1997	78060.9	78973.0	14441.9	37543.0	32921.4
1998	83024.3	84402.3	14817.6	39004.2	34018.4
1999	88479.2	89677.1	14770.0	41033.6	35861.5
2000	98000.5	99214.6	14944.7	45555.9	40033.6
“十五”时期	**705543.1**	**710626.3**	**93532.7**	**327347.8**	**288398.3**
2001	108068.2	109655.2	15781.3	49512.3	43580.6
2002	119095.7	120332.7	16537.0	53896.8	47431.3
2003	135174.0	135822.8	17381.7	62436.3	54945.5
2004	159586.8	159878.3	21412.7	73904.3	65210.0
2005	183618.5	184937.4	22420.0	87598.1	77230.8
“十一五”时期	**1539012.3**	**1535056.2**	**162092.0**	**722674.0**	**627375.6**
2006	215883.9	216314.4	24040.0	103719.5	91310.9
2007	266411.0	265810.3	28627.0	125831.4	110534.9
2008	315274.7	314045.4	33702.0	149003.4	130260.2
2009	341401.5	340902.8	35226.0	157638.8	135239.9
2010	400041.2	397983.3	40497.0	186480.9	160029.6

注：本表按当年价格计算。

国民总收入和国内生产总值（二）

年　　份	建筑业	第三产业	#交通运输、仓储和邮政业	#批发和零售业	人均国内生产总值（元）
1978	138.2	872.5	182.0	242.3	381
1979	143.8	878.9	193.7	200.9	419
1980	195.5	982.0	213.4	193.8	463
“六五”时期	**1433.0**	**7948.9**	**1502.7**	**1767.0**	**631**
1981	207.1	1076.6	220.7	231.1	492
1982	220.7	1163.0	246.9	171.4	528
1983	270.6	1338.1	274.9	198.7	583
1984	316.7	1786.3	338.5	363.5	695
1985	417.9	2585.0	421.7	802.4	858
“七五”时期	**3654.9**	**22494.8**	**3732.7**	**6200.7**	**1321**
1986	525.7	2993.8	498.8	852.6	963
1987	665.8	3574.0	568.3	1059.6	1112
1988	810.0	4590.3	685.7	1483.4	1366
1989	794.0	5448.4	812.7	1536.2	1519
1990	859.4	5888.4	1167.0	1268.9	1644
“八五”时期	**11390.1**	**64768.4**	**11315.5**	**15608.2**	**3258**
1991	1015.1	7337.1	1420.3	1834.6	1893
1992	1415.0	9357.4	1689.0	2405.0	2311
1993	2266.5	11915.7	2174.0	2816.6	2998
1994	2964.7	16179.8	2787.9	3773.4	4044
1995	3728.8	19978.5	3244.3	4778.6	5046
“九五”时期	**24689.1**	**153482.3**	**23927.7**	**34490.0**	**6816**
1996	4387.4	23326.2	3782.2	5599.7	5846
1997	4621.6	26988.1	4148.6	6327.4	6420
1998	4985.8	30580.5	4660.9	6913.2	6796
1999	5172.1	33873.4	5175.2	7491.1	7159
2000	5522.3	38714.0	6161.0	8158.6	7858
“十五”时期	**38949.5**	**289745.8**	**42246.9**	**56704.3**	**11017**
2001	5931.7	44361.6	6870.3	9119.4	8622
2002	6465.5	49898.9	7492.9	9995.4	9398
2003	7490.8	56004.7	7913.2	11169.5	10542
2004	8694.3	64561.3	9304.4	12453.8	12336
2005	10367.3	74919.3	10666.2	13966.2	14185
“十一五”时期	**95298.4**	**650290.2**	**78842.1**	**126998.1**	**23149**
2006	12408.6	88554.9	12183.0	16530.7	16500
2007	15296.5	111351.9	14601.0	20937.8	20169
2008	18743.2	131340.0	16362.5	26182.3	23708
2009	22398.8	148038.0	16727.1	28984.5	25605
2010	26451.3	171005.4	18968.5	34362.8	29762

注：各时期人均国内生产总值为该时期各年的平均数。

国内生产总值构成

(国内生产总值=100)

年　份	第一产业	第二产业	工业	建筑业	第三产业	#交通运输、仓储和邮政业	#批发和零售业
1978	28.2	47.9	44.1	3.8	23.9	5.0	6.6
1979	31.3	47.1	43.6	3.5	21.6	4.8	4.9
1980	30.2	48.2	43.9	4.3	21.6	4.7	4.3
1981	31.9	46.1	41.9	4.2	22.0	4.5	4.7
1982	33.4	44.8	40.6	4.2	21.8	4.6	3.2
1983	33.2	44.4	39.9	4.5	22.4	4.6	3.3
1984	32.1	43.1	38.7	4.4	24.8	4.8	5.0
1985	28.4	42.9	38.3	4.6	28.7	4.7	8.9
1986	27.2	43.7	38.6	5.1	29.1	4.9	8.3
1987	26.8	43.6	38.0	5.5	29.6	4.7	8.8
1988	25.7	43.8	38.4	5.4	30.5	4.6	9.9
1989	25.1	42.9	38.2	4.7	32.0	4.8	9.0
1990	27.1	41.3	36.7	4.6	31.6	6.3	6.8
1991	24.5	41.8	37.1	4.7	33.7	6.5	8.4
1992	21.8	43.4	38.2	5.3	34.8	6.3	8.9
1993	19.7	46.6	40.2	6.4	33.7	6.2	8.0
1994	19.8	46.6	40.4	6.2	33.6	5.8	7.8
1995	19.9	47.2	41.1	6.1	32.9	5.3	7.9
1996	19.7	47.5	41.4	6.1	32.8	5.3	7.9
1997	18.3	47.5	41.7	5.8	34.2	5.3	8.0
1998	17.6	46.2	40.3	5.9	36.2	5.5	8.2
1999	16.5	45.8	40.0	5.8	37.7	5.8	8.4
2000	15.1	45.9	40.3	5.6	39.0	6.2	8.2
2001	14.4	45.1	39.7	5.4	40.5	6.3	8.3
2002	13.7	44.8	39.4	5.4	41.5	6.2	8.3
2003	12.8	46.0	40.5	5.5	41.2	5.8	8.2
2004	13.4	46.2	40.8	5.4	40.4	5.8	7.8
2005	12.1	47.4	41.8	5.6	40.5	5.8	7.6
2006	11.1	47.9	42.2	5.7	40.9	5.6	7.6
2007	10.8	47.3	41.6	5.8	41.9	5.5	7.9
2008	10.7	47.4	41.5	6.0	41.8	5.2	8.3
2009	10.3	46.2	39.7	6.6	43.4	4.9	8.5
2010	10.2	46.9	40.2	6.6	43.0	4.8	8.6

注：本表按当年价格计算。

国内生产总值指数(一)

(上年=100)

年份	国民总收入	国内生产总值	第一产业	第二产业	工业	建筑业	第三产业	#交通运输、仓储和邮政业	#批发和零售业	人均国内生产总值
1978	111.7	111.7	104.1	115.0	116.4	99.4	113.8	108.9	123.1	110.2
1979	107.6	107.6	106.1	108.2	108.7	102.0	107.9	108.3	108.7	106.1
1980	107.8	107.8	98.5	113.6	112.7	126.7	106.0	104.3	98.1	106.5
1981	105.2	105.2	107.0	101.9	101.7	103.2	110.4	101.9	129.5	103.9
1982	109.2	109.1	111.5	105.6	105.8	103.4	113.0	111.4	99.3	107.5
1983	111.1	110.9	108.3	110.4	109.7	117.1	115.2	109.5	121.2	109.3
1984	115.3	115.2	112.9	114.5	114.9	110.9	119.3	114.9	124.7	113.7
1985	113.2	113.5	101.8	118.6	118.2	122.2	118.2	113.8	133.5	111.9
1986	108.5	108.8	103.3	110.2	109.6	115.9	112.0	113.9	109.4	107.2
1987	111.5	111.6	104.7	113.7	113.2	117.9	114.4	109.6	114.7	109.8
1988	111.3	111.3	102.5	114.5	115.3	108.0	113.2	112.5	111.8	109.5
1989	104.2	104.1	103.1	103.8	105.1	91.6	105.4	104.2	89.3	102.5
1990	104.1	103.8	107.3	103.2	103.4	101.2	102.3	108.3	94.7	102.3
1991	109.1	109.2	102.4	113.9	114.4	109.6	108.9	110.6	105.2	107.7
1992	114.1	114.2	104.7	121.2	121.2	121.0	112.4	110.1	110.5	112.8
1993	113.7	114.0	104.7	119.9	120.1	118.0	112.2	112.5	108.6	112.7
1994	113.1	113.1	104.0	118.4	118.9	113.7	111.1	108.5	108.2	111.8
1995	109.3	110.9	105.0	113.9	114.0	112.4	109.8	111.0	108.2	109.7
1996	110.2	110.0	105.1	112.1	112.5	108.5	109.4	111.0	107.6	108.9
1997	109.6	109.3	103.5	110.5	111.3	102.6	110.7	109.2	108.8	108.2
1998	107.3	107.8	103.5	108.9	108.9	109.0	108.4	110.6	106.5	106.8
1999	107.9	107.6	102.8	108.1	108.5	104.3	109.3	112.2	108.7	106.7
2000	108.6	108.4	102.4	109.4	109.8	105.7	109.7	108.6	109.4	107.6
2001	108.1	108.3	102.8	108.4	108.7	106.8	110.3	108.8	109.1	107.5
2002	109.5	109.1	102.9	109.8	110.0	108.8	110.4	107.1	108.8	108.4
2003	110.6	110.0	102.5	112.7	112.8	112.1	109.5	106.1	109.9	109.3
2004	110.4	110.1	106.3	111.1	111.5	108.1	110.1	114.5	106.6	109.4
2005	110.7	111.3	105.2	112.1	111.6	116.0	112.2	111.2	113.0	110.7
2006	113.3	112.7	105.0	113.4	112.9	117.2	114.1	110.0	119.5	112.0
2007	114.6	114.2	103.7	115.1	114.9	116.2	116.0	111.8	120.2	113.6
2008	109.8	109.6	105.4	109.9	109.9	109.5	110.4	107.3	115.9	109.1
2009	108.9	109.2	104.2	109.9	108.7	118.6	109.6	104.2	112.1	108.7
2010	110.7	110.3	104.3	112.2	112.1	112.6	109.5	108.9	115.0	109.8

注：本表按不变价格计算。

国内生产总值指数（二）

（1978年=100）

年份	国民总收入	国内生产总值	第一产业	第二产业	工业
1978	100.0	100.0	100.0	100.0	100.0
1979	107.6	107.6	106.1	108.2	108.7
1980	116.0	116.0	104.6	122.9	122.4
1981	122.0	122.1	111.9	125.2	124.5
1982	133.3	133.1	124.8	132.1	131.7
1983	148.2	147.6	135.1	145.8	144.5
1984	170.8	170.0	152.6	166.9	166.0
1985	193.4	192.9	155.4	197.9	196.2
1986	209.9	210.0	160.5	218.2	215.2
1987	234.1	234.3	168.1	248.1	243.6
1988	260.6	260.7	172.3	284.1	280.8
1989	271.4	271.3	177.6	294.8	295.0
1990	282.5	281.7	190.7	304.1	304.9
1991	308.2	307.6	195.2	346.3	348.8
1992	351.5	351.4	204.4	419.5	422.6
1993	399.6	400.4	214.0	502.8	507.5
1994	452.0	452.8	222.6	595.2	603.5
1995	494.2	502.3	233.7	677.7	688.2
1996	544.5	552.6	245.6	759.8	774.3
1997	596.9	603.9	254.2	839.4	861.9
1998	640.6	651.2	263.1	914.2	938.6
1999	691.5	700.9	270.5	988.6	1018.6
2000	750.6	759.9	277.0	1081.8	1118.3
2001	811.1	823.0	284.8	1173.1	1215.2
2002	888.5	897.8	293.0	1288.4	1336.4
2003	983.1	987.8	300.3	1451.7	1506.8
2004	1085.4	1087.4	319.3	1613.0	1680.2
2005	1201.7	1210.4	336.0	1807.9	1874.7
2006	1361.1	1363.8	352.8	2050.0	2116.1
2007	1560.5	1557.0	366.0	2358.8	2431.5
2008	1713.6	1707.0	385.6	2591.8	2673.0
2009	1867.0	1864.3	401.8	2849.4	2906.4
2010	2067.5	2056.8	419.1	3196.4	3258.6
平均每年增长(%)					
1979-2010年	9.9	9.9	4.6	11.4	11.5
1991-2010年	10.5	10.5	4.0	12.5	12.6
2001-2010年	10.7	10.5	4.2	11.4	11.3

注：本表按不变价格计算。

国内生产总值指数（三）

（1978年=100）

年份	建筑业	第三产业	#交通运输、仓储和邮政业	#批发和零售业	人均国内生产总值
1978	100.0	100.0	100.0	100.0	100.0
1979	102.0	107.9	108.3	108.7	106.1
1980	129.2	114.3	112.9	106.7	113.0
1981	133.3	126.2	115.0	138.2	117.5
1982	137.9	142.6	128.1	137.2	126.2
1983	161.4	164.3	140.2	166.3	137.9
1984	179.0	196.0	161.1	207.4	156.8
1985	218.7	231.7	183.3	277.0	175.5
1986	253.4	259.6	208.8	303.2	188.2
1987	298.7	296.8	228.9	347.8	206.6
1988	322.5	335.9	257.5	388.7	226.3
1989	295.3	353.9	268.3	347.1	231.9
1990	298.8	362.1	290.7	328.8	237.3
1991	327.4	394.3	321.4	345.8	255.6
1992	396.2	443.3	353.7	382.2	288.4
1993	467.5	497.4	398.1	414.9	324.9
1994	531.5	552.5	432.0	448.9	363.3
1995	597.4	606.9	479.4	485.9	398.6
1996	648.2	664.1	532.4	523.0	433.9
1997	665.2	735.3	581.3	568.8	469.4
1998	725.2	796.8	642.9	605.9	501.4
1999	756.2	871.2	721.2	658.6	534.9
2000	799.1	956.1	783.0	720.7	575.5
2001	853.3	1054.2	852.0	786.2	618.7
2002	928.3	1164.2	912.7	855.5	670.4
2003	1040.4	1274.9	968.6	940.5	733.1
2004	1125.0	1403.1	1108.9	1002.2	802.2
2005	1305.0	1574.7	1233.1	1132.8	887.7
2006	1529.8	1797.3	1356.0	1353.3	994.7
2007	1777.4	2084.6	1516.0	1626.9	1129.6
2008	1946.3	2301.4	1627.1	1884.7	1232.1
2009	2307.4	2521.5	1695.0	2112.8	1338.9
2010	2597.6	2762.3	1845.6	2429.6	1470.7
平均每年增长(%)					
1979-2010年	10.7	10.9	9.5	10.5	8.8
1991-2010年	11.4	10.7	9.7	10.5	9.6
2001-2010年	12.5	11.2	9.0	12.9	9.8

注：本表按不变价格计算。

三次产业贡献率

单位：%

年 份	国内生产总值	第一产业	第二产业	#工 业	第三产业
1990	100.0	41.7	41.0	39.7	17.3
1991	100.0	7.1	62.8	58.0	30.1
1992	100.0	8.4	64.5	57.6	27.1
1993	100.0	7.9	65.5	59.1	26.6
1994	100.0	6.6	67.9	62.6	25.5
1995	100.0	9.1	64.3	58.5	26.6
1996	100.0	9.6	62.9	58.5	27.5
1997	100.0	6.8	59.7	58.3	33.5
1998	100.0	7.6	60.9	55.4	31.5
1999	100.0	6.0	57.8	55.0	36.2
2000	100.0	4.4	60.8	57.6	34.8
2001	100.0	5.1	46.7	42.1	48.2
2002	100.0	4.6	49.7	44.4	45.7
2003	100.0	3.4	58.5	51.9	38.1
2004	100.0	7.8	52.2	47.7	39.9
2005	100.0	5.6	51.1	43.4	43.3
2006	100.0	4.8	50.0	42.4	45.2
2007	100.0	3.0	50.7	44.0	46.3
2008	100.0	5.7	49.3	43.4	45.0
2009	100.0	4.5	51.9	40.0	43.6
2010	100.0	3.9	57.2	49.3	38.9

注：本表按不变价格计算。产业贡献率指各产业增加值增量与国内生产总值增量之比。

三次产业对国内生产总值增长的拉动

单位：百分点

年 份	国内生产总值	第一产业	第二产业	#工 业	第三产业
1990	3.8	1.6	1.6	1.5	0.6
1991	9.2	0.6	5.8	5.3	2.8
1992	14.2	1.2	9.2	8.2	3.8
1993	14.0	1.1	9.2	8.3	3.7
1994	13.1	0.9	8.9	8.2	3.3
1995	10.9	1.0	7.0	6.4	2.9
1996	10.0	1.0	6.3	5.9	2.7
1997	9.3	0.6	5.6	5.4	3.1
1998	7.8	0.6	4.8	4.3	2.4
1999	7.6	0.4	4.4	4.2	2.8
2000	8.4	0.4	5.1	4.9	2.9
2001	8.3	0.4	3.9	3.5	4.0
2002	9.1	0.4	4.5	4.0	4.2
2003	10.0	0.3	5.9	5.2	3.8
2004	10.1	0.8	5.3	4.8	4.0
2005	11.3	0.6	5.8	4.9	4.9
2006	12.7	0.6	6.3	5.4	5.7
2007	14.2	0.4	7.2	6.2	6.6
2008	9.6	0.6	4.7	4.2	4.3
2009	9.2	0.4	4.8	3.7	4.0
2010	10.3	0.4	5.9	5.1	4.0

注：本表按不变价格计算。产业拉动指国内生产总值增长速度与各产业贡献率之乘积。

地区生产总值

单位：亿元

地　区	2004年	2005年	2006年	2007年	2008年	2009年	2010年
北　京	6033.2	6969.5	8117.8	9846.8	11115.0	12153.0	13777.9
天　津	3111.0	3905.6	4462.7	5252.8	6719.0	7521.9	9108.8
河　北	8477.6	10012.1	11467.6	13607.3	16012.0	17235.5	20197.1
山　西	3571.4	4230.5	4878.6	6024.5	7315.4	7358.3	9088.1
内蒙古	3041.1	3905.0	4944.2	6423.2	8496.2	9740.3	11655.0
辽　宁	6672.0	8047.3	9304.5	11164.3	13668.6	15212.5	18278.3
吉　林	3122.0	3620.3	4275.1	5284.7	6426.1	7278.8	8577.1
黑龙江	4750.6	5513.7	6211.8	7104.0	8314.4	8587.0	10235.0
上　海	8072.8	9247.7	10572.2	12494.0	14069.9	15046.5	16872.4
江　苏	15003.6	18598.7	21742.1	26018.5	30982.0	34457.3	40903.3
浙　江	11648.7	13417.7	15718.5	18753.7	21462.7	22990.4	27226.8
安　徽	4759.3	5375.1	6112.5	7360.9	8851.7	10062.8	12263.4
福　建	5763.4	6554.7	7583.8	9248.5	10823.0	12236.5	14357.1
江　西	3456.7	4056.8	4820.5	5800.3	6971.1	7655.2	9435.0
山　东	15021.8	18366.9	21900.2	25776.9	30933.3	33896.7	39416.2
河　南	8553.8	10587.4	12362.8	15012.5	18018.5	19480.5	22942.7
湖　北	5633.2	6590.2	7617.5	9333.4	11328.9	12961.1	15806.1
湖　南	5641.9	6596.1	7688.7	9439.6	11555.0	13059.7	15902.1
广　东	18864.6	22557.4	26587.8	31777.0	36796.7	39482.6	45472.8
广　西	3433.5	3984.1	4746.2	5823.4	7021.0	7759.2	9502.4
海　南	798.9	898.0	1044.9	1254.2	1503.1	1654.2	2052.1
重　庆	2692.8	3467.7	3907.2	4676.1	5793.7	6530.0	7894.2
四　川	6379.6	7385.1	8690.2	10562.4	12601.2	14151.3	16898.6
贵　州	1677.8	2005.4	2339.0	2884.1	3561.6	3912.7	4594.0
云　南	3081.9	3461.7	3988.1	4772.5	5692.1	6169.8	7220.1
西　藏	220.3	248.8	290.8	341.4	394.9	441.4	507.5
陕　西	3175.6	3933.7	4743.6	5757.3	7314.6	8169.8	10021.5
甘　肃	1688.5	1934.0	2276.7	2702.4	3166.8	3387.6	4119.5
青　海	466.1	543.3	648.5	797.4	1018.6	1081.3	1350.4
宁　夏	537.1	612.6	725.9	919.1	1203.9	1353.3	1643.4
新　疆	2209.1	2604.2	3045.3	3523.2	4183.2	4277.0	5418.8

注：本表按当年价格计算。

地区生产总值指数

(上年=100)

地　区	2004年	2005年	2006年	2007年	2008年	2009年	2010年
北　京	114.1	112.1	113.0	114.5	109.1	110.2	110.2
天　津	115.8	114.9	114.7	115.5	116.5	116.5	117.4
河　北	112.9	113.4	113.4	112.8	110.1	110.0	112.2
山　西	115.2	113.5	112.8	115.9	108.5	105.4	113.9
内蒙古	120.5	123.8	119.1	119.2	117.8	116.9	114.9
辽　宁	112.8	112.7	114.2	115.0	113.4	113.1	114.1
吉　林	112.2	112.1	115.0	116.1	116.0	113.6	113.7
黑龙江	111.7	111.6	112.1	112.0	111.8	111.4	112.6
上　海	114.2	111.4	112.7	115.2	109.7	108.2	109.9
江　苏	114.8	114.5	114.9	114.9	112.7	112.4	112.6
浙　江	114.5	112.8	113.9	114.7	110.1	108.9	111.8
安　徽	113.3	111.0	112.0	114.2	112.7	112.9	114.5
福　建	111.8	113.7	115.7	122.0	117.0	112.3	113.8
江　西	113.2	112.8	112.3	113.2	113.2	113.1	114.0
山　东	115.4	115.0	114.7	114.2	112.0	112.2	112.5
河　南	113.7	114.2	114.4	114.6	112.1	110.9	112.2
湖　北	111.2	112.1	113.2	114.6	113.4	113.5	114.8
湖　南	112.1	112.2	112.8	115.0	113.9	113.7	114.5
广　东	114.8	114.1	114.8	114.9	110.4	109.7	112.2
广　西	111.8	113.1	113.6	115.1	112.8	113.9	114.2
海　南	110.7	110.5	113.2	115.8	110.3	111.7	115.8
重　庆	112.2	111.7	112.4	115.9	114.5	114.9	117.1
四　川	112.7	112.6	113.5	114.5	111.0	114.5	115.1
贵　州	111.4	112.7	112.8	114.8	111.3	111.4	112.8
云　南	111.3	108.9	111.6	112.2	110.6	112.1	112.3
西　藏	112.1	112.1	113.3	114.0	110.1	112.4	112.3
陕　西	112.9	113.7	113.9	115.8	116.4	113.6	114.5
甘　肃	111.5	111.8	111.5	112.3	110.1	110.3	111.7
青　海	112.3	112.2	113.3	113.5	113.5	110.1	115.3
宁　夏	111.2	110.9	112.7	112.7	112.6	111.9	113.4
新　疆	111.4	110.9	111.0	112.2	111.0	108.1	110.6

注：本表按不变价格计算。

人均地区生产总值

单位：元

地　区	2004年	2005年	2006年	2007年	2008年	2009年
北　京	41099	45993	52054	61274	66797	70452
天　津	30575	37796	42141	47970	58656	62574
河　北	12487	14659	16682	19662	22986	24581
山　西	10742	12647	14497	17805	21506	21522
内蒙古	12767	16371	20692	26777	35263	40282
辽　宁	15835	19074	21914	26054	31736	35239
吉　林	11537	13348	15720	19383	23521	26595
黑龙江	12449	14440	16255	18580	21740	22447
上　海	46338	52535	58837	68024	75109	78989
江　苏	20223	24953	28943	34294	40499	44744
浙　江	24352	27661	31825	37358	42166	44641
安　徽	7681	8666	9996	12039	14448	16408
福　建	16469	18605	21384	25906	30122	33840
江　西	8097	9440	11145	13322	15900	17335
山　东	16413	19934	23603	27604	32936	35894
河　南	9201	11346	13172	16012	19181	20597
湖　北	9898	11554	13360	16386	19858	22677
湖　南	9165	10562	12139	14869	18147	20428
广　东	20870	24647	28747	33890	38748	41166
广　西	7461	8590	10121	12277	14652	16045
海　南	9812	11165	12810	14923	17691	19254
重　庆	9624	12403	13940	16629	20490	22920
四　川	7895	8721	10613	12963	15495	17339
贵　州	4317	5119	5932	7273	9428	10309
云　南	7012	7809	8929	10609	12570	13539
西　藏	8103	9036	10422	12083	13824	15295
陕　西	8587	10594	12724	15386	19480	21688
甘　肃	6566	7477	8757	10346	12075	12872
青　海	8693	10045	11889	14506	18421	19454
宁　夏	9199	10349	12099	15142	19609	21777
新　疆	11337	13108	15000	16999	19797	19942

注：本表按当年价格计算。2010年数据暂缺。

人均地区生产总值指数

(上年=100)

地 区	2004年	2005年	2006年	2007年	2008年	2009年
北 京	111.4	109.1	109.8	111.1	105.4	106.3
天 津	114.9	113.1	112.0	111.7	111.4	111.1
河 北	112.3	112.7	112.6	112.5	109.3	109.3
山 西	114.5	112.8	112.2	115.2	108.0	104.9
内蒙古	120.4	123.6	118.9	118.8	117.3	116.5
辽 宁	112.6	112.6	113.5	114.0	112.8	112.8
吉 林	112.0	111.9	114.7	115.8	115.7	113.4
黑龙江	111.6	111.6	112.1	111.9	111.7	111.4
上 海	112.2	109.3	110.4	112.7	107.6	106.4
江 苏	114.4	114.0	114.0	113.8	111.8	111.7
浙 江	113.6	111.2	111.8	112.8	108.5	107.7
安 徽	112.6	110.9	114.1	114.2	112.4	112.8
福 建	111.1	110.8	114.0	114.4	112.2	111.6
江 西	112.4	112.1	111.6	112.5	112.4	112.3
山 东	114.7	114.2	113.9	113.5	111.4	111.6
河 南	113.9	113.8	113.7	114.7	111.9	110.2
湖 北	111.0	113.0	113.2	114.7	113.2	113.3
湖 南	111.8	110.6	111.2	114.7	113.6	113.3
广 东	113.1	112.7	113.6	113.3	109.0	108.6
广 西	111.1	112.3	112.3	113.8	111.7	112.9
海 南	109.7	109.4	112.0	114.7	109.2	110.4
重 庆	112.6	111.8	112.2	115.5	113.9	114.1
四 川	112.3	109.7	117.4	115.1	111.2	114.0
贵 州	110.4	111.8	112.1	114.2	110.8	110.9
云 南	110.8	108.0	110.8	111.4	109.9	111.4
西 藏	110.8	110.7	111.8	112.5	109.0	111.2
陕 西	112.4	113.2	113.4	115.4	116.0	113.3
甘 肃	111.8	111.2	110.9	111.8	109.7	109.9
青 海	111.2	111.2	112.3	112.6	112.9	109.6
宁 夏	109.7	109.4	111.2	111.4	111.3	110.3
新 疆	109.7	108.8	108.7	109.9	108.8	106.5

注：本表按不变价格计算。

地区生产总值及增长速度（一）

(2010年)

地　区	地　区生产总值(亿元)	第一产业	第二产业		
				工　业	建筑业
北　京	13777.9	124.4	3323.1	2701.6	621.5
天　津	9108.8	149.5	4837.6	4410.7	426.9
河　北	20197.1	2562.8	10705.7	9554.0	1151.7
山　西	9088.1	563.5	5161.2	4586.4	574.8
内蒙古	11655.0	1101.4	6365.8	5618.4	747.4
辽　宁	18278.3	1631.1	9872.3	8684.7	1187.6
吉　林	8577.1	1050.2	4417.4	3833.5	583.9
黑龙江	10235.0	1302.3	5100.1	4505.0	595.1
上　海	16872.4	114.2	7140.0	6456.8	683.2
江　苏	40903.3	2539.6	21753.9	19266.9	2487.0
浙　江	27226.8	1360.7	14121.3	12488.6	1632.7
安　徽	12263.4	1729.0	6391.0	5364.5	1026.6
福　建	14357.1	1363.7	7365.5	6242.3	1123.1
江　西	9435.0	1205.9	5194.7	4359.2	835.5
山　东	39416.2	3588.3	21398.9	19026.1	2372.8
河　南	22942.7	3263.2	13226.8	11950.8	1276.0
湖　北	15806.1	2147.0	7764.7	6726.5	1038.1
湖　南	15902.1	2339.4	7313.6	6275.1	1038.5
广　东	45472.8	2286.9	22918.1	21374.8	1543.3
广　西	9502.4	1670.4	4510.8	3860.5	650.4
海　南	2052.1	539.3	566.6	380.8	185.8
重　庆	7894.2	685.4	4356.4	3697.8	658.6
四　川	16898.6	2483.0	8565.2	7326.4	1238.7
贵　州	4594.0	630.3	1800.1	1516.9	283.2
云　南	7220.1	1105.8	3223.9	2606.0	617.9
西　藏	507.5	68.1	163.9	39.7	124.2
陕　西	10021.5	988.5	5403.5	4516.4	887.1
甘　肃	4119.5	599.0	1985.0	1602.9	382.1
青　海	1350.4	134.9	744.6	613.7	131.0
宁　夏	1643.4	160.3	833.2	648.5	184.6
新　疆	5418.8	1078.6	2533.7	2105.0	428.7

注：本表绝对数按当年价格计算，增长速度按不变价格计算。

地区生产总值及增长速度（二）

(2010年)

地 区	第三产业	#交通运输、仓储和邮政业	#批发和零售业	地区生产总值比上年增长(%)
北 京	10330.5	640.6	1878.4	10.2
天 津	4121.8	585.2	1044.1	17.4
河 北	6928.6	1880.3	1289.2	12.2
山 西	3363.4	654.1	675.5	13.9
内蒙古	4187.8	875.6	1052.0	14.9
辽 宁	6774.9	922.6	1645.3	14.1
吉 林	3109.5	373.9	753.3	13.7
黑龙江	3832.6	471.9	876.0	12.6
上 海	9618.3	746.4	2512.9	9.9
江 苏	16609.8	1829.4	4422.3	12.6
浙 江	11744.8	1041.2	2573.3	11.8
安 徽	4143.3	518.5	863.1	14.5
福 建	5628.0	823.7	1210.6	13.8
江 西	3034.4	446.2	650.3	14.0
山 东	14429.0	2214.2	3891.7	12.5
河 南	6452.6	934.0	1213.4	12.2
湖 北	5894.4	748.9	1136.7	14.8
湖 南	6249.1	817.9	1402.7	14.5
广 东	20267.9	1812.4	4610.7	12.2
广 西	3321.2	458.7	632.5	14.2
海 南	946.3	102.1	218.0	15.8
重 庆	2852.4	389.6	617.8	17.1
四 川	5850.4	573.8	995.6	15.1
贵 州	2163.6	472.7	367.5	12.8
云 南	2890.4	198.7	660.4	12.3
西 藏	275.4	21.2	29.7	12.3
陕 西	3629.6	470.1	843.8	14.5
甘 肃	1535.5	227.2	272.1	11.7
青 海	470.9	61.3	81.4	15.3
宁 夏	650.0	128.0	85.0	13.4
新 疆	1806.5	236.8	288.7	10.6

地区生产总值构成

(2010年)　　(地区生产总值=100)

地　区	第一产业	第二产业	工　业	建筑业	第三产业	#交通运输、仓储和邮政业	#批发和零售业
北　京	0.9	24.1	19.6	4.5	75.0	4.6	13.6
天　津	1.6	53.1	48.4	4.7	45.3	6.4	11.5
河　北	12.7	53.0	47.3	5.7	34.3	9.3	6.4
山　西	6.2	56.8	50.5	6.3	37.0	7.2	7.4
内蒙古	9.4	54.6	48.2	6.4	35.9	7.5	9.0
辽　宁	8.9	54.0	47.5	6.5	37.1	5.0	9.0
吉　林	12.2	51.5	44.7	6.8	36.3	4.4	8.8
黑龙江	12.7	49.8	44.0	5.8	37.4	4.6	8.6
上　海	0.7	42.3	38.3	4.0	57.0	4.4	14.9
江　苏	6.2	53.2	47.1	6.1	40.6	4.5	10.8
浙　江	5.0	51.9	45.9	6.0	43.1	3.8	9.5
安　徽	14.1	52.1	43.7	8.4	33.8	4.2	7.0
福　建	9.5	51.3	43.5	7.8	39.2	5.7	8.4
江　西	12.8	55.1	46.2	8.9	32.2	4.7	6.9
山　东	9.1	54.3	48.3	6.0	36.6	5.6	9.9
河　南	14.2	57.7	52.1	5.6	28.1	4.1	5.3
湖　北	13.6	49.1	42.6	6.6	37.3	4.7	7.2
湖　南	14.7	46.0	39.5	6.5	39.3	5.1	8.8
广　东	5.0	50.4	47.0	3.4	44.6	4.0	10.1
广　西	17.6	47.5	40.6	6.8	35.0	4.8	6.7
海　南	26.3	27.6	18.6	9.1	46.1	5.0	10.6
重　庆	8.7	55.2	46.8	8.3	36.1	4.9	7.8
四　川	14.7	50.7	43.4	7.3	34.6	3.4	5.9
贵　州	13.7	39.2	33.0	6.2	47.1	10.3	8.0
云　南	15.3	44.7	36.1	8.6	40.0	2.8	9.1
西　藏	13.4	32.3	7.8	24.5	54.3	4.2	5.9
陕　西	9.9	53.9	45.1	8.9	36.2	4.7	8.4
甘　肃	14.5	48.2	38.9	9.3	37.3	5.5	6.6
青　海	10.0	55.1	45.4	9.7	34.9	4.5	6.0
宁　夏	9.8	50.7	39.5	11.2	39.6	7.8	5.2
新　疆	19.9	46.8	38.8	7.9	33.3	4.4	5.3

注：本表按当年价格计算。

支出法国内生产总值

单位：亿元

年　份	支出法 国内生产总值	最终消费 支　出	资本形成 总　额	货物和服务 净出口
1978	3605.6	2239.1	1377.9	-11.4
1979	4092.6	2633.7	1478.9	-20.0
1980	4592.9	3007.9	1599.7	-14.7
“六五”时期	**33254.4**	**22035.3**	**11426.0**	**-206.9**
1981	5008.8	3361.5	1630.2	17.1
1982	5590.0	3714.8	1784.2	91.0
1983	6216.2	4126.4	2039.0	50.8
1984	7362.7	4846.3	2515.1	1.3
1985	9076.7	5986.3	3457.5	-367.1
“七五”时期	**74833.6**	**47720.6**	**27183.8**	**-70.8**
1986	10508.5	6821.8	3941.9	-255.2
1987	12277.4	7804.6	4462.0	10.8
1988	15388.6	9839.5	5700.2	-151.1
1989	17311.3	11164.2	6332.7	-185.6
1990	19347.8	12090.5	6747.0	510.3
“八五”时期	**200515.0**	**119185.5**	**79483.2**	**1846.3**
1991	22577.4	14091.9	7868.0	617.5
1992	27565.2	17203.3	10086.3	275.6
1993	36938.1	21899.9	15717.7	-679.5
1994	50217.4	29242.2	20341.1	634.1
1995	63216.9	36748.2	25470.1	998.6
“九五”时期	**432066.8**	**260801.2**	**157861.4**	**13404.2**
1996	74163.6	43919.5	28784.9	1459.2
1997	81658.5	48140.6	29968.0	3549.9
1998	86531.6	51588.2	31314.2	3629.2
1999	91125.0	55636.9	32951.5	2536.6
2000	98749.0	61516.0	34842.8	2390.2
“十五”时期	**714069.7**	**403039.8**	**288322.6**	**22707.3**
2001	109028.0	66933.9	39769.4	2324.7
2002	120475.6	71816.5	45565.0	3094.1
2003	136634.8	77685.5	55963.0	2986.3
2004	160800.1	87552.6	69168.4	4079.1
2005	187131.2	99051.3	77856.8	10223.1
“十一五”时期	**1543599.4**	**750214.0**	**698376.6**	**95008.8**
2006	222240.0	112631.9	92954.1	16654.0
2007	265833.9	131510.1	110943.2	23380.6
2008	314901.3	152346.6	138325.3	24229.4
2009	346316.6	166820.1	164463.2	15033.3
2010	394307.6	186905.3	191690.8	15711.5

注：本表按当年价格计算。

支出法国内生产总值主要构成项

单位：亿元

年　　份	最终消费支出		资本形成总额	
	居民消费支出	政府消费支出	固定资本形成总额	存货增加
1978	1759.1	480.0	1073.9	304.0
1979	2011.5	622.2	1153.1	325.8
1980	2331.2	676.7	1322.4	277.3
“六五”时期	**17191.3**	**4844.0**	**9384.8**	**2041.2**
1981	2627.9	733.6	1339.3	290.9
1982	2902.9	811.9	1503.2	281.0
1983	3231.1	895.3	1723.3	315.7
1984	3742.0	1104.3	2147.0	368.1
1985	4687.4	1298.9	2672.0	785.5
“七五”时期	**37559.8**	**10160.8**	**20887.5**	**6296.3**
1986	5302.1	1519.7	3139.7	802.2
1987	6126.1	1678.5	3798.7	663.3
1988	7868.1	1971.4	4701.9	998.3
1989	8812.6	2351.6	4419.4	1913.3
1990	9450.9	2639.6	4827.8	1919.2
“八五”时期	**90356.7**	**28828.8**	**66090.9**	**13392.3**
1991	10730.6	3361.3	6070.3	1797.7
1992	13000.1	4203.2	8513.7	1572.6
1993	16412.1	5487.8	13309.2	2408.5
1994	21844.2	7398.0	17312.7	3028.4
1995	28369.7	8378.5	20885.0	4585.1
“九五”时期	**197881.7**	**62919.5**	**142953.8**	**14907.6**
1996	33955.9	9963.6	24048.1	4736.8
1997	36921.5	11219.1	25965.0	4003.0
1998	39229.3	12358.9	28569.0	2745.2
1999	41920.4	13716.5	30527.3	2424.2
2000	45854.6	15661.4	33844.4	998.4
“十五”时期	**298013.3**	**105026.5**	**274227.9**	**14094.8**
2001	49435.9	17498.0	37754.5	2014.9
2002	53056.6	18759.9	43632.1	1932.9
2003	57649.8	20035.7	53490.7	2472.3
2004	65218.5	22334.1	65117.7	4050.7
2005	72652.5	26398.8	74232.9	3624.0
“十一五”时期	**542728.6**	**207485.5**	**659007.3**	**39369.4**
2006	82103.5	30528.4	87954.1	5000.0
2007	95609.8	35900.3	103948.6	6994.6
2008	110594.5	41752.1	128084.4	10240.9
2009	121129.9	45690.2	156679.8	7783.4
2010	133290.9	53614.4	182340.3	9350.5

注：本表按当年价格计算。

支出法国内生产总值构成

(支出法国内生产总值=100)

年　份	最终消费支　出	居民消费支　出	政府消费支　出	资本形成总　额	固定资本形成总额	存货增加	货物和服　务净出口
1978	62.1	48.8	13.3	38.2	29.8	8.4	-0.3
1979	64.4	49.1	15.3	36.1	28.2	7.9	-0.5
1980	65.5	50.8	14.7	34.8	28.8	6.0	-0.3
1981	67.1	52.5	14.6	32.5	26.7	5.8	0.4
1982	66.5	51.9	14.6	31.9	26.9	5.0	1.6
1983	66.4	52.0	14.4	32.8	27.7	5.1	0.8
1984	65.8	50.8	15.0	34.2	29.2	5.0	
1985	66.0	51.6	14.4	38.1	29.4	8.7	-4.1
1986	64.9	50.5	14.4	37.5	29.9	7.6	-2.4
1987	63.6	49.9	13.7	36.3	30.9	5.4	0.1
1988	63.9	51.1	12.8	37.0	30.6	6.4	-0.9
1989	64.5	50.9	13.6	36.6	25.5	11.1	-1.1
1990	62.5	48.8	13.7	34.9	25.0	9.9	2.6
1991	62.4	47.5	14.9	34.8	26.9	7.9	2.8
1992	62.4	47.2	15.2	36.6	30.9	5.7	1.0
1993	59.3	44.4	14.9	42.6	36.0	6.6	-1.9
1994	58.2	43.5	14.7	40.5	34.5	6.0	1.3
1995	58.1	44.9	13.2	40.3	33.0	7.3	1.6
1996	59.2	45.8	13.4	38.8	32.4	6.4	2.0
1997	59.0	45.2	13.8	36.7	31.8	4.9	4.3
1998	59.6	45.3	14.3	36.2	33.0	3.2	4.2
1999	61.1	46.0	15.1	36.2	33.5	2.7	2.7
2000	62.3	46.4	15.9	35.3	34.3	1.0	2.4
2001	61.4	45.3	16.1	36.5	34.6	1.9	2.1
2002	59.6	44.0	15.6	37.8	36.2	1.6	2.6
2003	56.9	42.2	14.7	40.9	39.1	1.8	2.2
2004	54.4	40.6	13.8	43.0	40.5	2.5	2.6
2005	52.9	38.8	14.1	41.6	39.7	1.9	5.5
2006	50.7	36.9	13.8	41.8	39.6	2.2	7.5
2007	49.5	36.0	13.5	41.7	39.1	2.6	8.8
2008	48.4	35.1	13.3	43.9	40.7	3.2	7.7
2009	48.2	35.0	13.2	47.5	45.2	2.3	4.3
2010	47.4	33.8	13.6	48.6	46.2	2.4	4.0

注：本表按当年价格计算。

三大需求对国内生产总值增长的贡献率和拉动

年　份	最终消费支出		资本形成总额		货物和服务净出口	
	贡献率(%)	拉　动(百分点)	贡献率(%)	拉　动(百分点)	贡献率(%)	拉　动(百分点)
1978	39.4	4.6	66.0	7.7	-5.4	-0.6
1979	87.3	6.6	15.4	1.2	-2.7	-0.2
1980	71.8	5.6	26.4	2.1	1.8	0.1
1981	93.4	4.9	-4.3	-0.2	10.9	0.5
1982	64.7	5.9	23.8	2.2	11.5	1.0
1983	74.1	8.1	40.4	4.4	-14.5	-1.6
1984	69.3	10.5	40.5	6.2	-9.8	-1.5
1985	85.5	11.5	80.9	10.9	-66.4	-8.9
1986	45.0	4.0	23.2	2.0	31.8	2.8
1987	50.3	5.8	23.5	2.7	26.2	3.1
1988	49.6	5.6	39.4	4.5	11.0	1.2
1989	39.6	1.6	16.4	0.7	44.0	1.8
1990	47.8	1.8	1.8	0.1	50.4	1.9
1991	65.1	6.0	24.3	2.2	10.6	1.0
1992	72.5	10.3	34.3	4.9	-6.8	-1.0
1993	59.5	8.3	78.6	11.0	-38.1	-5.3
1994	30.2	4.0	43.8	5.7	26.0	3.4
1995	44.7	4.9	55.0	6.0	0.3	
1996	60.1	6.0	34.3	3.4	5.6	0.6
1997	37.0	3.4	18.6	1.7	44.4	4.2
1998	57.1	4.4	26.4	2.1	16.5	1.3
1999	74.7	5.7	23.7	1.8	1.6	0.1
2000	65.1	5.5	22.4	1.9	12.5	1.0
2001	50.2	4.2	49.9	4.1	-0.1	
2002	43.9	4.0	48.5	4.4	7.6	0.7
2003	35.8	3.6	63.2	6.3	1.0	0.1
2004	39.5	4.0	54.5	5.5	6.0	0.6
2005	37.9	4.3	39.0	4.4	23.1	2.6
2006	40.0	5.1	43.9	5.6	16.1	2.0
2007	39.2	5.6	42.7	6.1	18.1	2.5
2008	43.5	4.2	47.5	4.6	9.0	0.8
2009	47.6	4.4	91.3	8.4	-38.9	-3.6
2010	36.8	3.8	54.0	5.6	9.2	0.9

注：1.本表按不变价格计算。三大需求指支出法国内生产总值的三大构成项目,即最终消费支出、资本形成总额、货物和服务净出口。

2.贡献率指三大需求增量分别与支出法国内生产总值增量之比。

3.拉动指国内生产总值增长速度分别与三大需求贡献率的乘积。

居民消费水平

年　份	绝对数(元)			指数（1978年=100）		
	全体居民	农村居民	城镇居民	全体居民	农村居民	城镇居民
1978	184	138	405	100.0	100.0	100.0
1979	208	159	425	106.9	106.5	102.8
1980	238	178	489	116.5	115.4	110.2
1981	264	201	521	126.2	126.8	114.6
1982	288	223	536	134.8	138.3	115.4
1983	316	250	558	145.8	153.1	117.9
1984	361	287	618	163.2	172.8	127.2
1985	446	349	765	185.2	195.7	141.3
1986	497	378	872	194.0	200.3	150.8
1987	565	421	998	205.5	210.0	159.3
1988	714	509	1311	221.5	221.0	174.7
1989	788	549	1466	221.0	217.2	176.0
1990	833	560	1596	229.2	215.4	190.9
1991	932	602	1840	249.0	227.1	211.4
1992	1116	688	2262	282.0	246.5	245.3
1993	1393	805	2924	305.8	257.1	270.8
1994	1833	1038	3852	320.0	265.0	282.8
1995	2355	1313	4931	345.1	282.9	303.2
1996	2789	1626	5532	377.6	323.8	313.6
1997	3002	1722	5823	394.6	334.0	320.4
1998	3159	1730	6109	417.8	338.1	339.2
1999	3346	1766	6405	452.3	355.3	363.0
2000	3632	1860	6850	491.0	371.3	391.1
2001	3887	1969	7161	521.2	388.0	406.3
2002	4144	2062	7486	557.6	408.1	426.2
2003	4475	2103	8060	596.9	409.5	456.1
2004	5032	2319	8912	645.3	426.7	487.7
2005	5573	2579	9644	695.2	458.8	514.3
2006	6263	2868	10682	761.9	497.1	555.7
2007	7255	3293	12211	843.4	537.9	609.9
2008	8349	3795	13845	916.8	575.8	656.7
2009	9098	4021	15025	1001.6	616.8	712.2
2010	9963			1062.1		

注：1.本表绝对数按当年价格计算，指数按不变价格计算。

2.居民消费水平指按常住人口平均计算的居民消费支出。

人口基本情况

指　　标	单位	1982年	1990年	2000年	2009年	2010年
总人口(年末)	**万人**	**101654**	**114333**	**126743**	**133474**	**133972**
按性别分						
男性人口	万人	52352	58904	65437	68652	68685
女性人口	万人	49302	55429	61306	64822	65287
按城乡分						
城镇人口	万人	21480	30195	45906	62186	66557
乡村人口	万人	80174	84138	80837	71288	67415
人口比重						
按性别分						
男性人口	%	51.5	51.5	51.6	51.4	51.3
女性人口	%	48.5	48.5	48.4	48.6	48.7
按城乡分						
城镇人口	%	21.1	26.4	36.2	46.6	49.7
乡村人口	%	78.9	73.6	63.8	53.4	50.3
出生率	**‰**	**22.28**	**21.06**	**14.03**	**12.13**	
死亡率	**‰**	**6.60**	**6.67**	**6.45**	**7.08**	
自然增长率	**‰**	**15.68**	**14.39**	**7.58**	**5.05**	
各年龄段人口比重						
0-14岁人口	%	33.6	27.7	22.9	18.5	16.6
15-64岁人口	%	61.5	66.7	70.1	73.0	74.5
65岁以上人口	%	4.9	5.6	7.0	8.5	8.9
总抚养比	**%**	**62.60**	**49.93**	**42.66**	**36.89**	**34.18**
少儿抚养比	%	54.63	41.53	32.67	25.29	22.28
老年抚养比	%	7.97	8.40	9.99	11.60	11.90
各种受教育程度人口占总人口比重						
小学	%	35.4	37.2	35.7	28.2	26.8
初中	%	17.8	23.3	34.0	39.1	38.8
高中	%	6.6	8.0	11.1	12.9	14.0
大专及以上	%	0.6	1.4	3.6	6.8	8.9
平均预期寿命	**岁**	**67.77***	**68.55**	**71.40**		

注：1.总人口包括中国人民解放军现役军人,但不包括香港、澳门特别行政区和台湾地区人口(下表同)。
2.城镇人口中包括中国人民解放军现役军人(下表同)。
3.表中带“*”号的数字为1981年数据。
4.2010年数据为第六次全国人口普查初步汇总数。

人　口　数

（年末数）　　　　　　　　　　　　　　　　单位：万人

年　份	总人口	按性别分		按城乡分	
		男	女	城镇人口	乡村人口
1978	96259	49567	46692	17245	79014
1979	97542	50192	47350	18495	79047
1980	98705	50785	47920	19140	79565
1981	100072	51519	48553	20171	79901
1982	101654	52352	49302	21480	80174
1983	103008	53152	49856	22274	80734
1984	104357	53848	50509	24017	80340
1985	105851	54725	51126	25094	80757
1986	107507	55581	51926	26366	81141
1987	109300	56290	53010	27674	81626
1988	111026	57201	53825	28661	82365
1989	112704	58099	54605	29540	83164
1990	114333	58904	55429	30195	84138
1991	115823	59466	56357	31203	84620
1992	117171	59811	57360	32175	84996
1993	118517	60472	58045	33173	85344
1994	119850	61246	58604	34169	85681
1995	121121	61808	59313	35174	85947
1996	122389	62200	60189	37304	85085
1997	123626	63131	60495	39449	84177
1998	124761	63940	60821	41608	83153
1999	125786	64692	61094	43748	82038
2000	126743	65437	61306	45906	80837
2001	127627	65672	61955	48064	79563
2002	128453	66115	62338	50212	78241
2003	129227	66556	62671	52376	76851
2004	129988	66976	63012	54283	75705
2005	130756	67375	63381	56212	74544
2006	131448	67728	63720	57706	73742
2007	132129	68048	64081	59379	72750
2008	132802	68357	64445	60667	72135
2009	133474	68652	64822	62186	71288
2010	133972	68685	65287	66557	67415

注：1.本表1982年以前数据为户籍统计数；1982–1989年数据根据1990年人口普查数据有所调整；1990–2000年数据根据2000年人口普查数据进行了调整；2001–2004年和2006–2009年数据根据人口变动抽样调查资料推算；2005年数据根据全国1%人口抽样调查数据推算。2010年数据为第六次全国人口普查初步汇总数。

2.1982年以前的城镇人口是指辖区内全部人口；乡村人口是指县人口，但不包括镇人口。1982–1999年的城镇人口是指设区的市所辖区人口和不设区的市所辖街道人口以及不设区的市所辖镇的居民委员会人口和县辖镇的居民委员会人口；乡村人口是指除城镇人口以外的人口。2000–2005年城乡人口是按国家统计局1999年发布的《关于统计上划分城乡的规定（试行）》计算的。2006、2007年的城乡人口是按国家统计局2006年发布的《关于统计上划分城乡的暂行规定》计算的。2008–2010年的城乡人口是按2008年国家统计局《关于统计上划分城乡的规定》计算的。

人口出生率、死亡率、自然增长率、人口密度和城镇人口比重

年 份	出生率 (‰)	死亡率 (‰)	自然增长率 (‰)	人口密度 (人/平方公里)	城镇人口占总人口比重 (%)
1978	18.25	6.25	12.00	100	17.92
1979	17.82	6.21	11.61	102	18.96
1980	18.21	6.34	11.87	103	19.39
1981	20.91	6.36	14.55	104	20.16
1982	22.28	6.60	15.68	106	21.13
1983	20.19	6.90	13.29	107	21.62
1984	19.90	6.82	13.08	109	23.01
1985	21.04	6.78	14.26	110	23.71
1986	22.43	6.86	15.57	112	24.52
1987	23.33	6.72	16.61	114	25.32
1988	22.37	6.64	15.73	116	25.81
1989	21.58	6.54	15.04	117	26.21
1990	21.06	6.67	14.39	119	26.41
1991	19.68	6.70	12.98	121	26.94
1992	18.24	6.64	11.60	122	27.46
1993	18.09	6.64	11.45	123	27.99
1994	17.70	6.49	11.21	125	28.51
1995	17.12	6.57	10.55	126	29.04
1996	16.98	6.56	10.42	127	30.48
1997	16.57	6.51	10.06	129	31.91
1998	15.64	6.50	9.14	130	33.35
1999	14.64	6.46	8.18	131	34.78
2000	14.03	6.45	7.58	132	36.22
2001	13.38	6.43	6.95	133	37.66
2002	12.86	6.41	6.45	134	39.09
2003	12.41	6.40	6.01	135	40.53
2004	12.29	6.42	5.87	135	41.76
2005	12.40	6.51	5.89	136	42.99
2006	12.09	6.81	5.28	137	43.90
2007	12.10	6.93	5.17	138	44.94
2008	12.14	7.06	5.08	138	45.68
2009	12.13	7.08	5.05	139	46.59
2010				140	49.68

各地区年末总人口

单位：万人

地区	2004年	2005年	2006年	2007年	2008年	2009年	2010年
全国	**129988**	**130756**	**131448**	**132129**	**132802**	**133474**	**133972**
北京	1493	1538	1581	1633	1695	1755	1961
天津	1024	1043	1075	1115	1176	1228	1294
河北	6809	6851	6898	6943	6989	7034	7185
山西	3335	3355	3375	3393	3411	3427	3571
内蒙古	2384	2386	2397	2405	2414	2422	2471
辽宁	4217	4221	4271	4298	4315	4319	4375
吉林	2709	2716	2723	2730	2734	2740	2746
黑龙江	3817	3820	3823	3824	3825	3826	3831
上海	1742	1778	1815	1858	1888	1921	2302
江苏	7433	7475	7550	7625	7677	7725	7866
浙江	4720	4898	4980	5060	5120	5180	5443
安徽	6461	6120	6110	6118	6135	6131	5950
福建	3511	3535	3558	3581	3604	3627	3689
江西	4284	4311	4339	4368	4400	4432	4457
山东	9180	9248	9309	9367	9417	9470	9579
河南	9717	9380	9392	9360	9429	9487	9402
湖北	6016	5710	5693	5699	5711	5720	5724
湖南	6698	6326	6342	6355	6380	6406	6568
广东	8304	9194	9304	9449	9544	9638	10430
广西	4889	4660	4719	4768	4816	4856	4603
海南	818	828	836	845	854	864	867
重庆	3122	2798	2808	2816	2839	2859	2885
四川	8725	8212	8169	8127	8138	8185	8042
贵州	3904	3730	3757	3762	3793	3798	3475
云南	4415	4450	4483	4514	4543	4571	4597
西藏	274	277	281	284	287	290	300
陕西	3705	3720	3735	3748	3762	3772	3733
甘肃	2619	2594	2606	2617	2628	2635	2558
青海	539	543	548	552	554	557	563
宁夏	588	596	604	610	618	625	630
新疆	1963	2010	2050	2095	2131	2159	2181

注：1.全国数据包括中国人民解放军现役军人数，但不包括香港、澳门特别行政区和台湾地区数据；分省数据中未包括中国人民解放军现役军人数。

2.除2004年部分地区数据外，分地区数据均为常住人口。

3.2010年数据为第六次全国人口普查初步汇总数。

就业和工资基本情况

项　　目	单位	1978年	1990年	1995年	2000年	2009年	2010年
就业人员(年底数)	**万人**	**40152**	**64749**	**68065**	**72085**	**77995**	
第一产业	万人	28318	38914	35530	36043	29708	
第二产业	万人	6945	13856	15655	16219	21684	
第三产业	万人	4890	11979	16880	19823	26603	
按城乡分就业人员(年底数)							
城镇就业人员	万人	9514	17041	19040	23151	31120	
#国有单位	万人	7451	10346	11261	8102	6420	6516
城镇集体单位	万人	2048	3549	3147	1499	618	597
其他单位	万人		164	894	2011	5535	5938
乡村就业人员	万人	30638	47708	49025	48934	46875	
#乡镇企业	万人	2827	9265	12862	12820	15588	15893
城镇新增就业人员	**万人**					**1102**	**1168**
城镇登记失业人数(年底数)	**万人**	**530**	**383**	**520**	**595**	**921**	**908**
城镇登记失业率	**%**	**5.3**	**2.5**	**2.9**	**3.1**	**4.3**	**4.1**
城镇单位就业人员工资总额	**亿元**	**569**	**2951**	**8100**	**10656**	**40288**	**47270**
国有单位	亿元	469	2324	6080	7613	21863	24886
城镇集体单位	亿元	100	581	1182	919	1273	1434
其他单位	亿元		46	638	2124	17152	20950
城镇单位就业人员平均工资	**元**	**615**	**2140**	**5500**	**9371**	**32244**	**36539**
国有单位	元	644	2284	5625	9552	34130	38359
城镇集体单位	元	506	1681	3931	6262	20607	24010
其他单位	元		2987	7463	10984	31350	35801

注：1.就业人员数据暂缺。

2.城镇单位就业人数、工资总额、平均工资均不包括城镇私营单位。

按三次产业分就业人员

(年底数)

年 份	就业人员总 计(万人)	第一产业	第二产业	第三产业	构成(以合计为100)第一产业	第二产业	第三产业
1978	40152	28318	6945	4890	70.5	17.3	12.2
1979	41024	28634	7214	5177	69.8	17.6	12.6
1980	42361	29122	7707	5532	68.7	18.2	13.1
1981	43725	29777	8003	5945	68.1	18.3	13.6
1982	45295	30859	8346	6090	68.1	18.4	13.5
1983	46436	31151	8679	6606	67.1	18.7	14.2
1984	48197	30868	9590	7739	64.0	19.9	16.1
1985	49873	31130	10384	8359	62.4	20.8	16.8
1986	51282	31254	11216	8811	60.9	21.9	17.2
1987	52783	31663	11726	9395	60.0	22.2	17.8
1988	54334	32249	12152	9933	59.3	22.4	18.3
1989	55329	33225	11976	10129	60.1	21.6	18.3
1990	64749	38914	13856	11979	60.1	21.4	18.5
1991	65491	39098	14015	12378	59.7	21.4	18.9
1992	66152	38699	14355	13098	58.5	21.7	19.8
1993	66808	37680	14965	14163	56.4	22.4	21.2
1994	67455	36628	15312	15515	54.3	22.7	23.0
1995	68065	35530	15655	16880	52.2	23.0	24.8
1996	68950	34820	16203	17927	50.5	23.5	26.0
1997	69820	34840	16547	18432	49.9	23.7	26.4
1998	70637	35177	16600	18860	49.8	23.5	26.7
1999	71394	35768	16421	19205	50.1	23.0	26.9
2000	72085	36043	16219	19823	50.0	22.5	27.5
2001	73025	36513	16284	20228	50.0	22.3	27.7
2002	73740	36870	15780	21090	50.0	21.4	28.6
2003	74432	36546	16077	21809	49.1	21.6	29.3
2004	75200	35269	16920	23011	46.9	22.5	30.6
2005	75825	33970	18084	23771	44.8	23.8	31.4
2006	76400	32561	19225	24614	42.6	25.2	32.2
2007	76990	31444	20629	24917	40.8	26.8	32.4
2008	77480	30654	21109	25717	39.6	27.2	33.2
2009	77995	29708	21684	26603	38.1	27.8	34.1

按城乡分就业人员

(年底数)　　　　单位：万人

年份	合计	城镇小计	#国有单位	#集体单位	#股份合作单位	#联营单位	#有限责任公司
1978	40152	9514	7451	2048			
1980	42361	10525	8019	2425			
1985	49873	12808	8990	3324		38	
1990	64749	17041	10346	3549		96	
1995	68065	19040	11261	3147		53	
1996	68950	19922	11244	3016		49	
1997	69820	20781	11044	2883		43	
1998	70637	21616	9058	1963	136	48	484
1999	71394	22412	8572	1712	144	46	603
2000	72085	23151	8102	1499	155	42	687
2001	73025	23940	7640	1291	153	45	841
2002	73740	24780	7163	1122	161	45	1083
2003	74432	25639	6876	1000	173	44	1261
2004	75200	26476	6710	897	192	44	1436
2005	75825	27331	6488	810	188	45	1750
2006	76400	28310	6430	764	178	45	1920
2007	76990	29350	6424	718	170	43	2075
2008	77480	30210	6447	662	164	43	2194
2009	77995	31120	6420	618	160	37	2433
2010			6516	597	156	36	2613

年份	#股份有限公司	#私营企业	#港澳台商投资单位	#外商投资单位	#个体	乡村小计	#乡镇企业
1978					15	30638	2827
1980					81	31836	3000
1985				6	450	37065	6979
1990		57	4	62	614	47708	9265
1995	317	485	272	241	1560	49025	12862
1996	363	620	265	275	1709	49028	13508
1997	468	750	281	300	1919	49039	13050
1998	410	973	294	293	2259	49021	12537
1999	420	1053	306	306	2414	48982	12704
2000	457	1268	310	332	2136	48934	12820
2001	483	1527	326	345	2131	49085	13086
2002	538	1999	367	391	2269	48960	13288
2003	592	2545	409	454	2377	48793	13573
2004	625	2994	470	563	2521	48724	13866
2005	699	3458	557	688	2778	48494	14272
2006	741	3954	611	796	3012	48090	14680
2007	788	4581	680	903	3310	47640	15090
2008	840	5124	679	943	3609	47270	15451
2009	956	5544	721	978	4245	46875	15588
2010	1024	6071	770	1053	4467		15893

城镇登记失业人数及失业率

（年底数）

年 份	城镇失业人数（万人）	失业率（%）	年 份	城镇失业人数（万人）	失业率（%）
1978	530.0	5.3	1995	519.6	2.9
1979	567.6	5.4	1996	552.8	3.0
1980	541.5	4.9	1997	576.8	3.1
1981	439.5	3.8	1998	571.0	3.1
1982	379.4	3.2	1999	575.0	3.1
1983	271.4	2.3	2000	595.0	3.1
1984	235.7	1.9	2001	681.0	3.6
1985	238.5	1.8	2002	770.0	4.0
1986	264.4	2.0	2003	800.0	4.3
1987	276.6	2.0	2004	827.0	4.2
1988	296.2	2.0	2005	839.0	4.2
1989	377.9	2.6	2006	847.0	4.1
1990	383.2	2.5	2007	830.0	4.0
1991	352.2	2.3	2008	886.0	4.2
1992	363.9	2.3	2009	921.0	4.3
1993	420.1	2.6	2010	908.0	4.1
1994	476.4	2.8			

城镇单位就业人员工资总额和指数

年 份	工资总额(亿元)				指数(上年=100)			
	合 计	国有单位	城镇集体单位	其他单位	合 计	国有单位	城镇集体单位	其他单位
1978	568.9	468.7	100.2		110.5	110.1	112.5	
1980	772.4	627.9	144.5		119.4	118.6	123.3	
1985	1383.0	1064.8	312.3	5.9	122.0	121.6	123.0	163.9
1990	2951.1	2324.1	581.0	46.0	112.7	113.4	108.7	135.7
1995	8100.0	6080.2	1182.0	637.8	121.7	117.4	115.5	140.0
1996	9080.0	6792.7	1241.0	761.4	112.1	111.7	105.0	119.4
1997	9405.3	7211.0	1253.4	940.8	103.6	106.2	101.0	123.6
1998	9296.5	6812.5	1021.6	1462.4	100.2	95.8	83.1	156.9
1999	9875.5	7160.8	962.7	1752.0	106.2	105.1	94.2	119.8
2000	10656.2	7612.9	919.0	2124.3	107.9	106.3	95.5	121.3
2001	11830.9	8355.6	864.6	2610.7	111.0	109.8	94.1	122.9
2002	13161.1	8948.6	828.1	3384.4	111.2	107.1	95.8	129.6
2003	14743.5	9693.8	829.4	4220.3	112.0	108.3	100.2	124.7
2004	16900.2	10777.2	838.4	5284.6	114.6	111.2	101.1	125.2
2005	19789.9	12009.2	867.8	6912.8	117.1	111.4	103.5	130.8
2006	23265.9	13600.1	944.9	8720.8	117.6	113.2	108.9	126.2
2007	28244.0	16291.4	1064.6	10888.0	121.4	119.8	112.7	124.9
2008	33713.8	18957.0	1148.1	13608.8	119.4	116.4	107.8	125.0
2009	40288.2	21862.7	1273.3	17152.1	114.2	112.2	105.8	117.5
2010	47269.9	24886.4	1433.7	20949.7	117.3	113.8	112.6	122.1

注：1.1995年和1996年职工工资总额为推算数，各项相加不等于总计。

2.本表数据不包含私营单位（下表同）。

城镇单位就业人员平均货币工资及指数

年份	平均货币工资(元)				平均货币工资指数(上年=100)			
	合计	国有单位	城镇集体单位	其他单位	合计	国有单位	城镇集体单位	其他单位
1978	615	644	506		106.8	107.0	105.9	
1979	668	705	542		108.6	109.5	107.1	
1980	762	803	623		114.1	113.9	114.9	
1981	772	812	642		101.3	101.1	103.0	
1982	798	836	671		103.4	103.0	104.5	
1983	826	865	698		103.5	103.5	104.0	
1984	974	1034	811	1048	117.9	119.5	116.2	
1985	1148	1213	967	1436	117.9	117.3	119.2	137.0
1986	1329	1414	1092	1629	115.8	116.6	112.9	113.4
1987	1459	1546	1207	1879	109.8	109.3	110.5	115.3
1988	1747	1853	1426	2382	119.7	119.9	118.1	126.8
1989	1935	2055	1557	2707	110.8	110.9	109.2	113.6
1990	2140	2284	1681	2987	110.6	111.1	108.0	110.3
1991	2340	2477	1866	3468	109.3	108.5	111.0	116.1
1992	2711	2878	2109	3966	115.9	116.2	113.0	114.4
1993	3371	3532	2592	4966	124.3	122.7	122.9	125.2
1994	4538	4797	3245	6303	134.6	135.8	125.2	126.9
1995	5500	5625	3931	7463	121.2	117.3	121.1	118.4
1996	6210	6280	4302	8261	112.9	111.6	109.4	110.7
1997	6470	6747	4512	8789	104.2	107.4	104.9	106.4
1998	7479	7668	5331	8972	106.6	106.1	102.5	97.7
1999	8346	8543	5774	9829	111.6	111.4	108.3	109.6
2000	9371	9552	6262	10984	112.3	111.8	108.5	111.8
2001	10870	11178	6867	12140	116.0	117.0	109.7	110.5
2002	12422	12869	7667	13212	114.3	115.1	111.6	108.8
2003	14040	14577	8678	14574	113.0	113.3	113.2	110.3
2004	16024	16729	9814	16259	114.1	114.8	113.1	111.6
2005	18364	19313	11283	18244	114.6	115.4	115.0	112.2
2006	21001	22112	13014	20755	114.4	114.5	115.3	113.8
2007	24932	26620	15595	24058	118.7	120.4	119.8	115.9
2008	29229	31005	18338	28387	117.2	116.5	117.6	118.0
2009	32244	34130	20607	31350	111.6	112.7	113.8	109.8
2010	36539	38359	24010	35801	113.3	112.4	116.5	114.2

城镇单位就业人员平均实际工资指数

年份	平均实际工资指数（1978年=100）				平均实际工资指数(上年=100)			
	合计	国有单位	城镇集体单位	其他单位	合计	国有单位	城镇集体单位	其他单位
1978	100.0	100.0	100.0		106.0	106.2	105.1	
1979	106.6	107.5	105.1		106.6	107.4	105.1	
1980	113.2	113.9	112.4		106.1	106.0	106.9	
1981	111.9	112.4	113.1		98.8	98.7	100.5	
1982	113.4	113.5	115.9		101.3	100.9	102.5	
1983	115.1	115.1	118.2		101.5	101.4	102.0	
1984	132.1	133.9	133.7	100.0	114.8	116.4	113.1	
1985	139.0	140.4	142.4	122.5	105.3	104.8	106.6	122.5
1986	150.4	152.9	150.3	129.8	108.2	108.9	105.5	106.0
1987	151.9	153.7	152.7	137.6	100.9	100.5	101.6	106.0
1988	150.7	152.6	149.5	144.6	99.2	99.3	97.9	105.0
1989	143.5	145.6	140.4	141.3	95.2	95.4	93.9	97.7
1990	156.7	159.8	149.6	153.9	109.2	109.7	106.6	108.9
1991	162.9	164.6	157.9	170.0	104.0	103.2	105.6	110.5
1992	173.8	176.2	164.3	179.0	106.7	107.0	104.1	105.3
1993	186.1	186.2	173.9	193.0	107.1	105.7	105.9	107.9
1994	200.4	202.3	174.3	196.0	107.7	108.7	100.2	101.5
1995	208.0	203.1	180.8	198.7	103.8	100.4	103.7	101.4
1996	215.9	208.4	181.8	202.1	103.8	102.6	100.6	101.7
1997	218.3	217.1	185.0	208.6	101.1	104.2	101.7	103.2
1998	234.0	231.6	190.7	205.1	107.2	106.7	103.1	98.3
1999	264.6	261.4	209.2	227.8	113.1	112.9	109.7	111.0
2000	294.7	289.9	225.2	252.6	111.4	110.9	107.6	110.9
2001	339.5	336.8	245.3	277.2	115.2	116.2	108.9	109.7
2002	391.9	391.6	276.6	304.6	115.5	116.3	112.7	109.9
2003	438.9	439.7	310.3	333.0	112.0	112.3	112.2	109.3
2004	484.8	488.7	339.7	359.8	110.5	111.1	109.5	108.0
2005	546.9	555.3	384.4	397.3	112.8	113.6	113.2	110.4
2006	616.2	626.4	436.8	445.3	112.7	112.8	113.6	112.1
2007	699.9	721.7	500.6	493.9	113.6	115.2	114.6	110.9
2008	777.0	796.0	557.4	551.9	111.0	110.3	111.4	111.7
2009	867.1	897.1	634.3	606.0	111.6	112.7	113.8	109.8
2010	982.5	1008.3	739.0	692.0	113.3	112.4	116.5	114.2

各地区就业人员

(年底数)　　单位：万人

地　区	2003年	2004年	2005年	2007年	2008年	2009年
全国总计	**74432**	**75200**	**75825**	**76990**	**77480**	**77995**
北　京	859	895	920	1111	1174	1255
天　津	420	422	427	433	503	507
河　北	3389	3416	3467	3567	3652	3900
山　西	1469	1475	1476	1550	1583	1600
内蒙古	1005	1019	1041	1082	1103	1142
辽　宁	1861	1952	1979	2071	2098	2190
吉　林	1045	1116	1099	1096	1144	1185
黑龙江	1622	1623	1626	1660	1670	1687
上　海	772	812	856	877	896	929
江　苏	3610	3720	3878	4193	4384	4536
浙　江	2962	3092	3203	3615	3692	3825
安　徽	3416	3453	3485	3598	3595	3690
福　建	1757	1818	1868	1999	2080	2169
江　西	1972	2040	2107	2196	2223	2244
山　东	4851	4940	5111	5262	5352	5450
河　南	5536	5587	5662	5773	5835	5949
湖　北	2537	2589	2676	2763	2876	3024
湖　南	3516	3600	3658	3749	3811	3908
广　东	4120	4316	4702	5293	5478	5643
广　西	2601	2649	2703	2760	2807	2863
海　南	354	367	378	415	412	431
重　庆	1660	1689	1721	1790	1837	1878
四　川	4450	4503	4604	4779	4874	4945
贵　州	2118	2169	2216	2283	2302	2341
云　南	2350	2401	2461	2601	2679	2730
西　藏	131	135	140	154	160	169
陕　西	1911	1885	1883	1922	1947	1919
甘　肃	1304	1322	1348	1374	1389	1407
青　海	254	263	268	276	277	286
宁　夏	291	298	300	309	304	329
新　疆	721	744	764	801	814	829

注：1.2001年起为人口变动抽样调查推算数，分地区数据相加不等于全国总计。

2.2006年进行第二次全国农业普查，各地区就业人员数据空缺。2010年数据暂缺。

固定资产投资概况

指　　标	单位	1990年	1995年	2000年	2009年	2010年
全社会固定资产投资额	**亿元**	**4517.0**	**20019.3**	**32917.7**	**224598.8**	**278139.8**
按城乡划分						
城镇	亿元	3274.4	15643.7	26221.8	193920.4	241414.9
农村	亿元	1242.6	4375.6	6695.9	30678.4	36724.9
按登记注册类型分						
内资	亿元		17790.3	30311.5	209111.0	260952.5
港、澳、台商投资	亿元		673.6	1293.0	7091.7	8294.3
外商投资	亿元		1555.3	1313.2	8396.0	8893.0
按资金来源分						
国家预算内资金	亿元	393.0	621.1	2109.5	12685.7	14672.7
国内贷款	亿元	885.5	4198.7	6727.3	39302.8	47022.8
利用外资	亿元	284.6	2295.9	1696.2	4623.7	5025.3
自筹资金	亿元	2954.4	13409.2	22577.1	153514.8	197552.1
其他资金	亿元				40102.6	46060.8
按隶属关系分						
中央项目	亿元		4533.7	6433.8	20697.4	22605.0
地方项目	亿元		15485.6	26483.9	203901.4	255534.8
按构成分						
建筑安装工程	亿元	3008.7	13173.3	20536.3	138758.3	171539.0
设备工器具购置	亿元	1165.5	4262.5	7785.6	50844.2	61627.8
其他费用	亿元	342.7	2583.5	4595.9	34996.2	44973.0
新增固定资产	**亿元**	**3995.3**	**14521.7**	**26842.2**	**138613.3**	**163872.5**
房屋建筑面积						
施工面积	万平方米	137171	215085	263294	754189	884988
#住宅	万平方米		140452	180634	431463	493120
竣工面积	万平方米	107952	145600	181974	302117	294276
#住宅	万平方米	86425	107433	134529	184210	179213
房地产开发						
房地产开发投资额	亿元	253.3	3149.0	4984.1	36241.8	48267.1
新增固定资产	亿元		1434.7	3698.6	18630.7	21654.9
开发房屋竣工住宅面积	万平方米	3527	12525	20603	59629	61216

按城乡分全社会固定资产投资

年 份	固定资产投 资(亿元)	城 镇	#房地产	农 村	比上年增 长(%)
“六五”时期	**7997.6**	**5770.5**		**2227.1**	**19.4**
1981	961.0	711.1		249.9	5.5
1982	1230.4	900.5		329.9	28.0
1983	1430.1	1014.4		415.7	16.2
1984	1832.9	1279.0		553.9	28.2
1985	2543.2	1865.5		677.7	38.8
“七五”时期	**20593.5**	**14871.3**	**1034.1**	**5722.2**	**16.5**
1986	3120.6	2300.4	101.0	820.2	22.7
1987	3791.7	2730.6	149.9	1061.1	21.5
1988	4753.8	3431.9	257.2	1321.9	25.4
1989	4410.4	3134.0	272.7	1276.4	-7.2
1990	4517.0	3274.4	253.3	1242.6	2.4
“八五”时期	**63808.3**	**49619.0**	**8708.0**	**14189.3**	**36.9**
1991	5594.5	4057.9	336.2	1536.6	23.9
1992	8080.1	6079.7	731.2	2000.4	44.4
1993	13072.3	10303.4	1937.5	2768.9	61.8
1994	17042.1	13534.3	2554.1	3507.8	30.4
1995	20019.3	15643.7	3149.0	4375.6	17.5
“九五”时期	**139033.2**	**109206.6**	**19096.3**	**29826.6**	**11.2**
1996	(22974.0)	(17627.7)	(3216.4)	(5346.3)	14.8
	22913.5	17567.2	3216.4	5346.3	
1997	24941.1	19194.2	3178.4	5746.9	8.8
1998	28406.2	22491.4	3614.2	5914.8	13.9
1999	29854.7	23732.0	4103.2	6122.7	5.1
2000	32917.7	26221.8	4984.1	6695.9	10.3
“十五”时期	**295531.0**	**245425.0**	**53356.4**	**50106.1**	**20.2**
2001	37213.5	30001.2	6344.1	7212.3	13.0
2002	43499.9	35488.8	7790.9	8011.1	16.9
2003	55566.6	45811.7	10153.8	9754.9	27.7
2004	70477.4	59028.2	13158.3	11449.2	26.6
2005	88773.6	75095.1	15909.3	13678.5	26.0
“十一五”时期	**922889.1**	**794906.8**	**160423.8**	**127982.3**	**25.5**
2006	109998.2	93368.7	19422.9	16629.5	23.9
2007	137323.9	117464.5	25288.8	19859.5	24.8
2008	172828.4	148738.3	31203.2	24090.1	25.9
2009	224598.8	193920.4	36241.8	30678.4	30.0
2010	278139.8	241414.9	48267.1	36724.9	23.8
平均每年增长(%)					
1982-2010年	21.2	21.9		18.8	
1991-2010年	22.6	23.8	31.2	18.3	
2001-2010年	23.0	24.2	25.5	17.3	

注：1.1997年起，除房地产投资、农村集体投资、个人投资外，其他固定资产投资的统计起点由5万元提高到50万元。为便于比较，对1996年的相应数据作了全面调整，括号内为原口径数，未加括号的为调整后的新口径数(下表同)，增长速度按可比口径计算。受经济普查影响，2004年投资额与上年有不可比因素，增长速度按可比口径计算。

2.本表增长速度均未扣除价格因素，平均每年增长速度按累计法计算(下表同)。

按构成和隶属关系分全社会固定资产投资

单位：亿元

年　份	按构成分			按隶属关系分	
	建筑安装工程	设备工器具购置	其他费用	中央项目	地方项目
"六五"时期	**5427.3**	**2100.7**	**469.6**		
1981	689.8	223.6	47.5		
1982	871.1	291.4	67.9		
1983	993.3	358.3	78.4		
1984	1217.6	509.2	106.1		
1985	1655.5	718.1	169.7		
"七五"时期	**13638.3**	**5477.0**	**1477.8**		
1986	2059.7	852.0	209.0		
1987	2475.7	1038.8	277.3		
1988	3099.7	1305.4	348.8		
1989	2994.6	1115.3	300.0		
1990	3008.7	1165.5	342.7		
"八五"时期	**40972.1**	**15492.0**	**7345.0**		
1991	3647.7	1460.2	486.6		
1992	5163.4	2125.1	791.6		
1993	8201.2	3315.9	1555.2		
1994	10786.5	4328.3	1928.1		
1995	13173.3	4262.5	2583.5	4533.7	15485.6
"九五"时期	**87930.0**	**32338.0**	**18765.2**	**29487.5**	**109545.7**
1996	(15153.4)	(4940.8)	(2879.8)	(5185.3)	(17788.7)
	15109.3	4926.0	2878.2	5135.3	17778.2
1997	15614.0	6044.8	3282.3	5768.4	19172.7
1998	17874.5	6528.5	4003.1	6255.4	22150.8
1999	18795.9	7053.0	4005.7	5894.6	23960.1
2000	20536.3	7785.6	4595.9	6433.8	26483.9
"十五"时期	**179167.1**	**69350.1**	**47013.8**	**35945.8**	**259585.2**
2001	22954.9	8833.8	5424.8	6669.9	30543.6
2002	26578.9	9884.5	7036.6	6526.7	36973.2
2003	33447.2	12681.9	9437.5	6113.6	49453.1
2004	42803.6	16527.0	11146.8	7524.6	62952.8
2005	53382.6	21422.9	13968.1	9111.0	79662.6
"十一五"时期	**565550.3**	**210204.7**	**147134.0**	**84288.1**	**838601.1**
2006	66775.8	25563.9	17658.4	10647.8	99350.4
2007	83518.3	31574.8	22230.9	13165.3	124158.6
2008	104958.9	40594.1	27275.5	17172.5	155655.9
2009	138758.3	50844.2	34996.2	20697.4	203901.4
2010	171539.0	61627.8	44973.0	22605.0	255534.8
平均每年增长(%)					
1982-2010年	20.5	21.2	26.9		
1991-2010年	22.0	21.7	28.1		
2001-2010年	22.6	22.5	25.3	11.1	25.0

房屋建筑面积

单位：万平方米

年　份	施工面积	#住　宅	竣工面积	#住　宅
"六五"时期	**513964**		**516895**	**394235**
1981			86325	69444
1982	109510		90289	71459
1983	129188		111610	86540
1984	126407		106587	75820
1985	148859		122084	90972
"七五"时期	**800691**		**658745**	**513267**
1986	188184		154621	120516
1987	174597		145425	110641
1988	168951		140190	108418
1989	131788		110557	87267
1990	137171		107952	86425
"八五"时期	**924350**		**643345**	**464473**
1991	152813		120093	94685
1992	172173		116153	85880
1993	183449	98844	124949	78965
1994	200830	126486	136550	97510
1995	215085	140452	145600	107433
"九五"时期	**1240093**	**834639**	**868259**	**644421**
1996	(236308)	(155849)	(162849)	(122204)
	235259	155509	161966	121913
1997	230491	149658	166057	121101
1998	245756	167601	170905	127572
1999	263294	181236	187357	139306
2000	265294	180634	181974	134529
"十五"时期	**1731813**	**1039135**	**1016426**	**652300**
2001	276025	182767	182437	130420
2002	304428	193731	196738	134002
2003	343742	205287	202644	130161
2004	376495	217580	207019	124881
2005	431123	239770	227589	132836
"十一五"时期	**3282657**	**1870133**	**1307667**	**800518**
2006	462677	265565	212542	131408
2007	548542	315630	238425	146283
2008	632261	364354	260307	159405
2009	754189	431463	302117	184210
2010	884988	493120	294276	179213
平均每年增长(%)				
1991-2010年	8.5		5.2	3.6
2001-2010年	11.3	8.5	4.4	1.4

各地区全社会固定资产投资

单位：亿元

地　区	2004年	2005年	2006年	2007年	2008年	2009年	2010年
全国总计	**70477.4**	**88773.6**	**109998.2**	**137323.9**	**172828.4**	**224598.8**	**278139.8**
北　京	2528.2	2827.2	3296.4	3907.2	3814.7	4616.9	5403.0
天　津	1245.7	1495.1	1820.5	2353.1	3389.8	4738.2	6278.6
河　北	3218.8	4139.7	5470.2	6884.7	8866.6	12269.8	15082.5
山　西	1443.9	1826.6	2255.7	2861.5	3531.2	4943.2	6063.2
内蒙古	1788.0	2643.6	3363.2	4372.9	5475.4	7336.8	8929.9
辽　宁	2979.6	4200.4	5689.6	7435.2	10019.1	12292.5	16043.0
吉　林	1169.1	1741.1	2594.3	3651.4	5038.9	6411.6	7870.4
黑龙江	1430.8	1737.3	2236.0	2833.5	3656.0	5028.8	6812.6
上　海	3050.3	3509.7	3900.0	4420.4	4823.1	5043.8	5108.9
江　苏	6557.1	8165.4	10069.2	12268.1	15300.6	18949.9	23186.8
浙　江	5781.3	6520.1	7590.2	8420.4	9323.0	10742.3	12488.1
安　徽	1935.2	2525.1	3533.6	5087.5	6747.0	8990.7	11543.4
福　建	1892.9	2316.7	2981.8	4287.8	5207.7	6231.2	8198.5
江　西	1713.2	2176.6	2683.6	3301.9	4745.4	6643.1	8775.5
山　东	6970.6	9307.3	11111.4	12537.7	15435.9	19034.5	23282.9
河　南	3099.4	4311.6	5904.7	8010.1	10490.6	13704.5	16585.9
湖　北	2264.8	2676.6	3343.5	4330.4	5647.0	7866.9	10262.7
湖　南	2072.6	2629.1	3175.5	4154.8	5534.0	7703.4	9663.8
广　东	5870.0	6977.9	7973.4	9294.3	10868.7	12933.1	15624.0
广　西	1236.5	1661.2	2198.7	2939.7	3756.4	5237.2	7057.6
海　南	317.0	367.2	423.9	502.4	705.4	988.3	1317.0
重　庆	1537.0	1933.2	2407.4	3127.7	3979.6	5214.3	6692.4
四　川	2818.4	3585.2	4412.9	5639.8	7127.8	11371.9	13119.5
贵　州	865.2	998.3	1197.4	1488.8	1864.5	2412.0	3104.9
云　南	1291.5	1777.6	2208.6	2759.0	3435.9	4526.4	5528.7
西　藏	162.4	181.4	231.1	270.3	309.9	378.3	463.3
陕　西	1508.9	1882.2	2480.7	3415.0	4614.4	6246.9	7964.4
甘　肃	733.9	870.4	1022.6	1304.2	1712.8	2363.0	3158.3
青　海	289.2	329.8	408.5	482.8	583.2	798.2	1018.7
宁　夏	376.2	443.3	498.7	599.8	828.9	1075.9	1444.2
新　疆	1147.1	1339.1	1567.1	1850.8	2260.0	2725.5	3392.7
不分地区	1182.5	1677.9	1947.6	2530.8	3734.9	5779.7	6674.4

按登记注册类型分固定资产投资

单位：亿元

注册类型	城镇固定资产投资额		房地产开发投资额	
	2009年	2010年	2009年	2010年
全国总计	**193920.4**	**241414.9**	**36241.8**	**48267.1**
内资	**179786.8**	**225582.0**	**32201.6**	**43226.0**
国有	65907.7	78181.1	2596.0	2749.1
集体	5754.1	6746.8	399.1	491.1
股份合作	1027.1	1365.6	174.9	216.9
联营企业	574.6	699.6	61.8	102.5
国有联营企业	315.5	346.5	29.4	61.0
集体联营企业	79.4	84.9	5.8	12.4
国有与集体联营企业	66.8	83.0	5.4	5.4
其他联营企业	112.8	185.3	21.2	23.6
有限责任公司	49907.1	65316.5	15200.9	21097.7
国有独资公司	5688.4	6645.5	687.6	955.6
其他有限责任公司	44218.7	58671.0	14513.4	20142.1
股份有限公司	13262.3	16096.3	1802.7	2324.9
私营和个体	38814.6	51098.1	11640.1	15726.9
其他企业	4539.4	6077.9	326.0	517.0
港、澳、台商投资企业	**6443.9**	**7637.8**	**2415.7**	**3083.0**
合资经营	2435.1	2762.5	928.3	1237.5
合作经营	463.9	509.2	216.0	223.1
独资	3055.9	3745.0	1167.8	1498.7
股份有限公司	489.1	621.1	103.4	123.7
外商投资企业	**7689.7**	**8195.1**	**1624.6**	**1958.0**
合资经营	3008.7	3069.4	575.9	681.2
合作经营	300.2	350.5	143.1	181.7
独资	3869.9	4136.2	865.5	1031.0
股份有限公司	511.0	639.0	40.1	64.2

按行业分城镇固定资产投资（一）

行业	投资额（亿元）		2010年比上年增长（%）	2010年比重(%)
	2009年	2010年		
全国总计	**193920.4**	**241414.9**	**24.5**	**100.0**
农林牧渔业	**3356.4**	**3966.1**	**18.2**	**1.6**
#林业	584.3	683.7	17.0	0.3
采矿业	**8170.8**	**9653.0**	**18.1**	**4.0**
煤炭开采及洗选业	3056.9	3770.3	23.3	1.6
石油和天然气开采业	2791.5	2892.5	3.6	1.2
黑色金属矿采选业	843.8	1066.2	26.4	0.4
有色金属矿采选业	830.0	1009.8	21.7	0.4
非金属矿采选业	627.4	879.7	40.2	0.4
其他采矿业	21.3	34.4	61.7	
制造业	**58706.1**	**74527.7**	**27.0**	**30.9**
农副食品加工业	2830.1	3626.3	28.1	1.5
食品制造业	1509.5	1944.4	28.8	0.8
饮料制造业	1078.8	1354.9	25.6	0.6
烟草制造业	216.6	215.8	-0.4	0.1
纺织业	1764.4	2229.8	26.4	0.9
纺织服装、鞋、帽制造业	1050.6	1411.8	34.4	0.6
皮革、毛皮、羽毛(绒)及其制品业	518.2	639.5	23.4	0.3
木材加工及木、竹、藤、棕、草制品业	1016.5	1305.5	28.4	0.5
家具制造业	645.2	838.8	30.0	0.3
造纸及纸制品业	1244.1	1346.4	8.2	0.6
印刷业和记录媒介的复制	567.4	692.0	22.0	0.3
文教体育用品制造业	217.2	274.7	26.5	0.1
石油加工、炼焦及核燃料加工业	1839.8	2076.4	12.9	0.9
化学原料及化学制品制造业	5979.9	6863.1	14.8	2.8
医药制造业	1454.3	1941.2	33.5	0.8
化学纤维制造业	276.1	392.5	42.2	0.2
橡胶制品业	658.2	815.8	23.9	0.3
塑料制品业	1405.7	1790.4	27.4	0.7
非金属矿物制品业	5904.4	7556.4	28.0	3.1
黑色金属冶炼及压延加工业	3264.9	3465.0	6.1	1.4
有色金属冶炼及压延加工业	2153.8	2924.0	35.8	1.2
金属制品业	2817.8	3622.5	28.6	1.5
通用设备制造业	4461.2	5459.0	22.4	2.3
专用设备制造业	3076.0	4154.2	35.1	1.7

按行业分城镇固定资产投资（二）

行　　业	投资额（亿元）		2010年比上年增长（%）	2010年比重(%)
	2009年	2010年		
交通运输设备制造业	4975.1	6553.5	31.7	2.7
电气机械及器材制造业	3557.8	4996.3	40.4	2.1
通信设备、计算机及其他电子设备制造业	2623.6	3889.2	48.2	1.6
仪器仪表及文化、办公用机械制造业	527.0	711.7	35.0	0.3
工艺品及其他制造业	826.9	1099.3	32.9	0.5
废弃资源和废旧材料回收加工业	244.9	337.2	37.7	0.1
电力、燃气及水的生产和供应业	**13545.4**	**14535.2**	**7.3**	**6.0**
电力、热力的生产与供应业	11139.1	11869.4	6.6	4.9
燃气生产与供应业	650.7	960.5	47.6	0.4
水的生产与供应业	1755.7	1705.2	-2.9	0.7
建筑业	**1569.1**	**2331.9**	**48.6**	**1.0**
交通运输、仓储和邮政业	**23271.3**	**27819.7**	**19.5**	**11.5**
#铁路运输业	6660.9	7494.9	12.5	3.1
道路运输业	10557.6	12761.7	20.9	5.3
城市公共交通业	2034.1	2360.7	16.1	1.0
水上运输业	1670.7	2079.0	24.4	0.9
航空运输业	604.9	885.1	46.3	0.4
信息传输、计算机服务和软件业	**2543.5**	**2392.1**	**-6.0**	**1.0**
批发和零售业	**4491.0**	**5216.4**	**16.2**	**2.2**
住宿和餐饮业	**2328.6**	**2971.5**	**27.6**	**1.2**
金融业	**348.5**	**475.9**	**36.5**	**0.2**
房地产业	**43127.6**	**57557.0**	**33.5**	**23.8**
租赁和商务服务业	**1880.4**	**2489.8**	**32.4**	**1.0**
科学研究、技术服务和地质勘查业	**1084.0**	**1288.2**	**18.8**	**0.5**
水利、环境和公共设施管理业	**17878.9**	**22260.9**	**24.5**	**9.2**
水利管理业	2217.9	2746.8	23.8	1.1
环境管理业	1197.3	1533.5	28.1	0.6
公共设施管理业	14463.6	17980.6	24.3	7.4
居民服务和其他服务业	**518.6**	**757.9**	**46.1**	**0.3**
教育	**3242.5**	**3717.4**	**14.6**	**1.5**
卫生、社会保障和社会福利业	**1698.0**	**1967.4**	**15.9**	**0.8**
#卫生	1447.6	1690.9	16.8	0.7
文化、体育和娱乐业	**2125.4**	**2595.8**	**22.1**	**1.1**
公共管理和社会组织	**4034.2**	**4891.2**	**21.2**	**2.0**
国际组织				

各地区城镇固定资产投资

单位：亿元

地 区	2004年	2005年	2006年	2007年	2008年	2009年	2010年
全国总计	**59028.19**	**75095.10**	**93368.68**	**117464.47**	**148738.30**	**193920.39**	**241414.93**
北 京	2333.00	2595.41	3012.40	3597.29	3520.95	4149.63	4916.53
天 津	1128.68	1364.00	1678.98	2192.17	3175.14	4446.57	5896.50
河 北	2441.98	3307.77	4403.23	5690.31	7463.77	10476.50	12921.85
山 西	1315.21	1666.47	2055.69	2600.22	3194.57	4509.56	5526.60
内蒙古	1707.50	2555.25	3264.86	4255.00	5327.04	7143.84	8699.16
辽 宁	2580.28	3666.52	4977.84	6576.05	8881.95	11605.12	15106.33
吉 林	1059.35	1581.26	2366.06	3340.19	4592.71	5958.95	7395.23
黑龙江	1316.97	1581.22	2040.41	2591.69	3354.82	4695.74	6292.68
上 海	2862.95	3198.57	3497.48	4045.10	4404.95	4618.91	4630.47
江 苏	5008.21	6218.89	7479.60	9161.37	11609.71	14266.80	17418.94
浙 江	3998.77	4784.68	5429.28	5996.93	6551.10	7454.33	8525.45
安 徽	1613.01	2126.69	3050.15	4444.58	5948.61	7945.50	10281.78
福 建	1594.54	1958.30	2692.36	3829.02	4601.50	5548.61	7385.20
江 西	1477.89	1902.66	2375.39	2954.87	4325.38	6008.12	7856.69
山 东	5418.55	7275.06	8715.50	10153.56	12528.96	15439.10	18846.82
河 南	2434.88	3461.23	4840.80	6609.16	8721.19	11454.89	13934.82
湖 北	2005.15	2387.41	3038.49	3927.36	5148.76	7183.67	9405.63
湖 南	1679.39	2203.95	2718.44	3609.54	4879.96	6880.00	8618.24
广 东	5029.44	5890.11	6553.67	7368.69	8640.87	10230.05	12599.67
广 西	1094.62	1480.92	1947.81	2596.74	3325.95	4689.88	6383.26
海 南	291.02	339.24	397.00	472.77	668.02	942.68	1257.50
重 庆	1400.58	1777.07	2251.98	2937.07	3715.90	4855.11	6170.61
四 川	2322.91	2991.77	3927.37	5043.42	6362.08	9090.09	11062.19
贵 州	780.24	899.33	1052.79	1289.13	1609.34	2049.83	2609.36
云 南	1112.97	1592.29	2001.80	2443.79	3106.33	4117.51	5052.61
西 藏	162.36	181.39	200.65	230.83	271.25	327.64	405.43
陕 西	1378.46	1740.86	2285.71	3168.82	4286.42	5888.37	7570.66
甘 肃	660.76	786.05	923.92	1177.46	1510.75	2076.36	2808.55
青 海	272.74	310.84	384.61	443.69	514.05	689.09	840.01
宁 夏	316.83	381.99	438.73	527.69	735.71	964.16	1292.80
新 疆	1046.43	1210.01	1418.01	1659.19	2025.64	2434.15	3028.94
不分地区	1182.51	1677.90	1947.56	2530.77	3734.93	5779.66	6674.44

各地区农村固定资产投资

单位：亿元

地　区	2004年	2005年	2006年	2007年	2008年	2009年	2010年
全国总计	**11449.2**	**13678.5**	**16629.5**	**19859.5**	**24090.1**	**30678.4**	**36724.9**
北　京	195.2	231.8	283.9	309.9	293.8	467.3	486.4
天　津	117.0	131.1	141.5	161.0	214.7	291.6	382.1
河　北	776.8	831.9	1067.0	1194.4	1402.8	1793.3	2160.7
山　西	128.7	160.1	200.0	261.2	336.6	433.6	536.6
内蒙古	80.4	88.3	98.3	117.9	148.4	193.0	230.7
辽　宁	399.3	533.9	711.8	859.2	1137.1	687.4	936.7
吉　林	109.7	159.8	228.3	311.2	446.2	452.6	475.2
黑龙江	113.8	156.1	195.6	241.8	301.1	333.1	519.9
上　海	187.3	311.1	402.6	375.3	418.2	424.8	478.4
江　苏	1548.8	1946.5	2589.6	3106.7	3690.8	4683.1	5767.8
浙　江	1782.6	1735.4	2160.9	2423.5	2771.9	3288.0	3962.6
安　徽	322.2	398.4	483.4	642.9	798.3	1045.2	1261.7
福　建	298.4	358.4	289.5	458.7	606.2	682.6	813.3
江　西	235.3	273.9	308.2	347.1	420.1	635.0	918.8
山　东	1552.1	2032.2	2395.9	2384.1	2907.0	3595.4	4436.1
河　南	664.5	850.4	1063.9	1401.0	1769.5	2249.6	2651.0
湖　北	259.7	289.2	305.0	403.0	498.3	683.2	857.1
湖　南	393.2	425.1	457.1	545.2	654.1	823.4	1045.6
广　东	840.6	1087.8	1419.7	1925.6	2227.8	2703.1	3024.4
广　西	141.9	180.3	250.9	342.9	430.5	547.4	674.3
海　南	26.0	27.9	26.9	29.6	37.4	45.6	59.5
重　庆	136.5	156.1	155.4	190.7	263.7	359.2	521.8
四　川	495.5	593.4	485.5	596.4	765.7	2281.8	2057.3
贵　州	85.0	98.9	144.6	199.7	255.1	362.2	495.6
云　南	178.6	185.3	206.8	315.2	329.6	408.9	476.1
西　藏			30.5	39.5	38.7	50.6	57.8
陕　西	130.4	141.3	195.0	246.2	328.0	358.5	393.8
甘　肃	73.2	84.3	98.7	126.7	202.0	286.6	349.8
青　海	16.4	19.0	23.9	39.2	69.2	109.1	178.7
宁　夏	59.4	61.3	60.0	72.1	93.1	111.7	151.4
新　疆	100.7	129.1	149.0	191.7	234.3	291.3	363.8

房地产开发企业(单位)概况

指　　标	单位	2005年	2006年	2007年	2008年	2009年	2010年
房地产开发投资额	**亿元**	**15909.3**	**19422.9**	**25288.8**	**31203.2**	**36241.8**	**48267.1**
按工程用途分							
住宅	亿元	10860.9	13638.4	18005.4	22440.9	25613.7	34038.1
办公楼	亿元	763.1	928.1	1035.0	1167.2	1377.2	1806.5
商业营业用房	亿元	2039.5	2353.9	2785.6	3354.5	4180.7	5598.8
其它	亿元	2245.7	2502.6	3462.7	4240.7	5070.2	6823.5
按构成分							
建筑安装工程	亿元	10962.5	13352.9	17205.5	21637.7	25839.3	33085.3
设备工器具购置	亿元	237.4	270.0	340.5	454.1	454.1	554.0
其他费用	亿元	4709.3	5800.1	7742.8	9111.4	9948.4	14627.7
房屋建筑面积及价值							
施工面积	万平方米	166053	194786	236318	283266	320368	405539
#新开工面积	万平方米	68064	79253	95402	102553	116422	163777
竣工面积	万平方米	53417	55831	60607	66545	72677	75961
竣工价值	亿元	7752.2	8729.3	10039.9	11947.6	14689.4	16973.7
商品房销售情况							
商品房销售面积	万平方米	55486	61857	77355	65970	94755	104349
商品房销售额	亿元	17576.1	20826.0	29889.1	25068.2	44355.2	52478.7
资金来源合计	**亿元**	**25497.3**	**32758.3**	**43565.6**	**48491.7**	**66545.5**	**87803.2**
上年末结余资金	亿元	4099.4	5622.7	6087.7	8872.3	8746.5	15308.8
本年资金来源小计	亿元	21397.8	27135.6	37478.0	39619.4	57799.0	72494.3
国内贷款	亿元	3918.1	5357.0	7015.6	7605.7	11364.5	12540.5
利用外资	亿元	257.8	400.2	641.0	728.2	479.4	795.6
#外商直接投资	亿元	171.4	303.0	485.4	635.0	403.3	677.0
自筹资金	亿元	7000.4	8597.1	11772.5	15312.1	17949.1	26704.6
#自有资金	亿元	4022.2	5068.2	6974.1	8849.1	9858.9	14173.0
其他资金	亿元	10221.6	12781.3	18048.8	15973.4	28006.0	32453.7
#定金及预收款	亿元	6954.2	8192.7	10663.2	9756.7	16217.5	19019.8
各项应付款	**亿元**	**2490.8**	**3054.8**	**4133.8**	**6048.0**	**6356.4**	**8220.2**
#工程款	亿元	1424.6	1750.4	2190.2	3219.8	3296.9	4007.7

注：1.2010年数据为快报数据（下表同）。

2.2005年起商品房销售面积和销售额统计口径为期房加现房。

各地区房地产开发企业（单位）投资和房屋施工、竣工面积

地　区	房地产开发投资额（亿元）		房屋施工面积（万平方米）		房屋竣工面积（万平方米）	
	2009年	2010年	2009年	2010年	2009年	2010年
全国总计	**36241.8**	**48267.1**	**320368.2**	**405538.9**	**72677.4**	**75961.0**
北　京	2337.7	2901.1	9719.1	10300.9	2678.6	2386.7
天　津	735.2	866.6	6052.2	7160.7	1902.1	2098.5
河　北	1520.0	2264.8	12753.0	20790.3	2211.7	3028.6
山　西	477.3	592.2	5486.7	7616.4	861.1	1089.7
内蒙古	815.5	1120.0	8288.4	11517.8	2314.8	2192.0
辽　宁	2640.6	3465.8	18579.1	26824.5	4031.7	4466.5
吉　林	756.7	921.0	5369.4	7100.0	1469.6	1871.4
黑龙江	563.9	843.1	4521.3	7543.7	1888.3	2166.8
上　海	1462.1	1980.7	9949.5	11295.0	2105.0	1941.2
江　苏	3338.5	4301.9	29953.9	35063.8	8442.8	8265.6
浙　江	2254.3	3030.0	19932.7	23824.5	3843.8	4049.5
安　徽	1669.8	2251.8	14165.5	17541.9	2861.2	3020.6
福　建	1136.3	1818.9	11668.2	14184.9	2240.3	2244.7
江　西	634.5	706.8	6755.6	7229.9	1646.8	1822.2
山　东	2428.7	3251.8	22125.2	28229.0	5015.9	4999.7
河　南	1553.8	2114.1	16071.5	20394.2	3401.0	4427.1
湖　北	1200.4	1618.2	9546.5	11620.9	2312.1	2558.9
湖　南	1084.6	1469.3	13727.7	16819.5	2965.2	3350.5
广　东	2961.3	3659.7	24814.7	29217.6	5062.2	5234.6
广　西	813.7	1206.2	8346.1	12050.6	1441.6	1564.3
海　南	288.0	467.9	1989.9	2699.0	431.6	451.1
重　庆	1238.9	1620.3	13052.6	17138.5	2907.0	2626.6
四　川	1588.4	2194.6	17731.3	21158.5	4279.5	3966.8
贵　州	371.3	556.7	6101.0	7902.4	1223.5	1028.7
云　南	737.5	900.4	6837.9	8785.0	1680.6	1536.0
西　藏	15.7	9.0	140.6	72.3	46.0	11.9
陕　西	941.6	1160.2	8235.6	9965.2	917.0	860.8
甘　肃	204.1	266.4	2536.3	3130.4	540.6	598.7
青　海	72.8	108.2	900.4	1424.0	182.0	267.7
宁　夏	162.7	254.4	1952.0	2940.5	741.2	936.9
新　疆	235.9	344.9	3064.4	3997.2	1032.7	896.8

各地区房地产开发企业(单位)商品房销售面积和商品房销售额

地　区	商品房销售面积(万平方米)		商品房销售额(亿元)		#住　宅	
	2009年	2010年	2009年	2010年	2009年	2010年
全国总计	**94755.0**	**104349.1**	**44355.2**	**52478.7**	**38432.9**	**43953.3**
北　京	2362.3	1639.5	3259.7	2915.4	2486.8	2060.5
天　津	1590.0	1564.5	1094.8	1282.4	965.4	1070.3
河　北	2966.6	4533.0	968.0	1605.8	905.1	1453.6
山　西	1034.2	1163.4	280.0	404.6	246.0	351.6
内蒙古	2581.7	3020.5	767.2	1065.0	597.0	755.7
辽　宁	5375.5	6798.2	2168.6	3059.9	1883.5	2585.1
吉　林	1944.3	2319.6	567.2	836.6	490.2	711.9
黑龙江	2017.0	2718.1	653.7	1010.1	537.0	830.4
上　海	3372.4	2055.5	4330.2	2959.9	3620.2	2395.3
江　苏	10248.2	9377.7	5106.4	5430.7	4341.0	4462.0
浙　江	5538.1	4810.0	4334.0	4448.7	3755.5	3573.1
安　徽	4030.9	4113.9	1378.4	1732.7	1179.7	1408.4
福　建	2723.2	2575.7	1477.8	1611.0	1299.1	1299.8
江　西	2280.9	2469.7	602.8	776.4	530.6	670.3
山　东	7016.4	9291.2	2459.1	3666.4	2195.8	3223.4
河　南	4335.1	5452.2	1155.9	1658.8	1004.9	1454.6
湖　北	2718.0	3513.6	960.0	1313.1	879.2	1134.6
湖　南	3513.7	4473.0	941.6	1406.5	826.1	1247.9
广　东	7060.0	7322.0	4598.5	5476.5	4176.7	4591.5
广　西	2383.8	2793.9	777.2	995.2	704.8	881.7
海　南	561.4	854.7	351.5	746.6	343.4	734.1
重　庆	4002.9	4314.4	1377.8	1846.9	1231.7	1610.6
四　川	5967.7	6396.9	2094.1	2647.3	1906.9	2330.8
贵　州	1653.0	1730.7	475.1	581.0	407.3	501.6
云　南	2230.0	2959.4	653.5	934.6	555.6	769.3
西　藏	63.3	19.1	15.5	5.6	14.7	5.1
陕　西	2086.9	2590.2	672.7	973.4	621.3	906.0
甘　肃	698.8	756.5	173.5	227.8	158.0	201.5
青　海	216.8	281.0	54.6	84.4	50.8	77.1
宁　夏	775.3	936.0	239.5	309.2	191.5	253.8
新　疆	1406.6	1505.0	366.3	466.0	327.2	401.6

各地区房地产开发企业(单位)土地购置及开发情况

单位：万平方米

地 区	土地购置面积		2010年比上年增长(%)	土地开发面积		2010年比上年增长(%)
	2009年	2010年		2009年	2010年	
全国总计	**31909.5**	**40969.5**	**28.4**	**23037.4**	**21253.7**	**-7.7**
北 京	625.0	858.7	37.4	364.0	48.4	-86.7
天 津	444.8	652.5	46.7	369.8	352.9	-4.6
河 北	2022.7	2844.3	40.6	1118.7	1317.4	17.8
山 西	614.7	838.6	36.4	865.7	998.6	15.4
内蒙古	1109.3	2006.1	80.8	607.8	1013.9	66.8
辽 宁	2086.9	3652.0	75.0	1692.5	1918.5	13.4
吉 林	723.9	935.9	29.3	212.9	297.4	39.7
黑龙江	833.3	1137.8	36.5	471.2	588.6	24.9
上 海	184.9	432.4	133.9	87.9	237.8	170.7
江 苏	1857.9	2224.2	19.7	1647.0	1450.6	-11.9
浙 江	1308.3	1833.7	40.2	1062.1	1295.0	21.9
安 徽	1918.6	2611.1	36.1	856.5	813.1	-5.1
福 建	1120.6	1532.5	36.8	465.1	203.8	-56.2
江 西	694.5	777.2	11.9	649.9	544.4	-16.2
山 东	2178.7	3290.5	51.0	1827.7	1456.0	-20.3
河 南	2701.5	2864.3	6.0	1351.1	1184.2	-12.4
湖 北	1000.1	1529.7	53.0	1361.7	1365.0	0.2
湖 南	1001.5	1096.1	9.4	1119.6	451.1	-59.7
广 东	2259.9	1755.6	-22.3	1497.1	1867.6	24.7
广 西	1287.2	1183.9	-8.0	383.3	363.4	-5.2
海 南	286.7	520.2	81.4	306.1	353.2	15.4
重 庆	1227.8	1369.2	11.5	1050.9	649.1	-38.2
四 川	1046.8	963.3	-8.0	987.7	546.4	-44.7
贵 州	373.3	980.1	162.6	161.4	356.6	120.9
云 南	1269.8	1031.4	-18.8	826.0	391.8	-52.6
西 藏	5.2	4.5	-13.1	17.0	20.4	20.3
陕 西	408.0	579.5	42.0	508.1	308.9	-39.2
甘 肃	335.7	279.5	-16.7	170.1	119.5	-29.8
青 海	178.2	112.4	-36.9	143.0	9.4	-93.4
宁 夏	374.3	548.8	46.6	180.1	231.1	28.3
新 疆	429.3	523.5	21.9	675.4	499.7	-26.0

对外贸易和利用外资

指 标	单 位	1990年	1995年	2000年	2005年	2009年	2010年
对外经济贸易							
货物进出口总额	**亿美元**	**1154.4**	**2808.6**	**4742.9**	**14219.1**	**22075.4**	**29727.6**
出口总额	亿美元	620.9	1487.8	2492.0	7619.5	12016.1	15779.3
初级产品	亿美元	158.9	214.9	254.6	490.4	631.1	817.2
工业制成品	亿美元	462.0	1272.9	2237.4	7129.2	11384.8	14962.2
进口总额	亿美元	533.5	1320.8	2250.9	6599.5	10059.2	13948.3
初级产品	亿美元	98.5	244.2	467.4	1477.1	2898.0	4325.6
工业制成品	亿美元	434.9	1076.7	1783.5	5122.4	7161.2	9622.7
进出口差额	亿美元	87.4	167.0	241.1	1020.0	1956.9	1831.0
吸收外商投资							
合同项目	个	7371	37184	22347	44001	23435	27406
#外商直接投资	个	7273	37011	22347	44001	23435	27406
合同金额	亿美元	120.9	1032.1	711.3	1925.9		
#外商直接投资	亿美元	66.0	912.8	623.8	1890.7		
外商其他投资	亿美元	3.9	6.4	87.5	35.3		
实际使用外资额	亿美元	102.9	481.3	593.6	638.1	918.0	1088.2
#外商直接投资	亿美元	34.9	375.2	407.2	603.3	900.3	1057.3
外商其他投资	亿美元	2.7	2.9	86.4	34.8	17.7	30.9
非金融类对外直接投资额	**亿美元**				**122.6**	**565.3**	**590.0**
对外经济合作							
合同金额	亿美元	26.0	96.7	149.4	342.2	1336.8	1430.9
#对外承包工程	亿美元	21.3	74.8	117.2	296.1	1262.1	1343.7
对外劳务合作	亿美元	4.8	20.1	29.9	42.5	74.7	87.2
完成营业额	亿美元	18.7	65.9	113.3	267.8	866.2	1010.5
#对外承包工程	亿美元	16.4	51.1	83.8	217.6	777.1	921.7
对外劳务合作	亿美元	2.2	13.5	28.1	47.9	89.1	88.8

注：1.本表进出口、对外经济数据分别由海关总署和商务部提供（以下相关表同）。

2.2000年起吸收外商投资数据不包括对外借款。

3.非金融类对外直接投资从2002年开始统计。

4.2007年起商务部不再对外公布合同外资金额数据。

货物进出口总额

年　份	人民币(亿元)			美元（亿美元）		
	进出口总额	出口额	进口额	进出口总额	出口额	进口额
1978	355.0	167.6	187.4	206.4	97.5	108.9
1979	454.6	211.7	242.9	293.3	136.6	156.7
1980	570.0	271.2	298.8	381.4	181.2	200.2
“六五”时期	**5634.4**	**2609.1**	**3025.3**	**2524.1**	**1200.5**	**1323.6**
1981	735.3	367.6	367.7	440.3	220.1	220.2
1982	771.3	413.8	357.5	416.1	223.2	192.9
1983	860.1	438.3	421.8	436.2	222.3	213.9
1984	1201.0	580.5	620.5	535.5	261.4	274.1
1985	2066.7	808.9	1257.8	696.0	273.5	422.5
“七五”时期	**19202.4**	**9260.6**	**9941.8**	**4864.1**	**2325.3**	**2538.8**
1986	2580.4	1082.1	1498.3	738.5	309.4	429.1
1987	3084.2	1470.0	1614.2	826.5	394.4	432.1
1988	3821.8	1766.7	2055.1	1027.9	475.2	552.7
1989	4155.9	1956.0	2199.9	1116.8	525.4	591.4
1990	5560.1	2985.8	2574.3	1154.4	620.9	533.5
“八五”时期	**71498.2**	**36661.8**	**34836.4**	**10144.1**	**5183.8**	**4960.3**
1991	7225.8	3827.1	3398.7	1357.0	719.1	637.9
1992	9119.6	4676.3	4443.3	1655.3	849.4	805.9
1993	11271.0	5284.8	5986.2	1957.0	917.4	1039.6
1994	20381.9	10421.8	9960.1	2366.2	1210.1	1156.1
1995	23499.9	12451.8	11048.1	2808.6	1487.8	1320.8
“九五”时期	**147120.2**	**79754.9**	**67365.3**	**17739.1**	**9616.8**	**8122.3**
1996	24133.8	12576.4	11557.4	2898.8	1510.5	1388.3
1997	26967.2	15160.7	11806.5	3251.6	1827.9	1423.7
1998	26849.7	15223.6	11626.1	3239.5	1837.1	1402.4
1999	29896.3	16159.8	13736.5	3606.3	1949.3	1657.0
2000	39273.2	20634.4	18638.8	4742.9	2492.0	2250.9
“十五”时期	**376506.2**	**197011.6**	**179494.6**	**45578.7**	**23852.0**	**21726.6**
2001	42183.6	22024.4	20159.2	5096.5	2661.0	2435.5
2002	51378.2	26947.9	24430.3	6207.7	3256.0	2951.7
2003	70483.5	36287.9	34195.6	8509.9	4382.3	4127.6
2004	95539.1	49103.3	46435.8	11545.5	5933.2	5612.3
2005	116921.8	62648.1	54273.7	14219.1	7619.5	6599.5
“十一五”时期	**839968.4**	**454499.4**	**379469.0**	**116805.6**	**63996.8**	**52808.8**
2006	140971.5	77594.6	63376.9	17604.4	9689.8	7914.6
2007	166740.2	93455.6	73284.6	21765.7	12204.6	9561.1
2008	179921.5	100394.9	79526.5	25632.6	14306.9	11325.6
2009	150648.1	82029.7	68618.4	22075.4	12016.1	10059.2
2010	201687.3	101024.5	94662.7	29727.6	15779.3	13948.3

注：本表1979年前为外贸部门数据，1980年起为海关数据。

人民币对主要外币年平均汇价

（中间价）　　单位：人民币元

年　份	100美元	100日元	100港元	100欧元
1985	293.66	1.2457	37.57	
1986	345.28	2.0694	44.22	
1987	372.21	2.5799	47.74	
1988	372.21	2.9082	47.70	
1989	376.51	2.7360	48.28	
1990	478.32	3.3233	61.39	
1991	532.33	3.9602	68.45	
1992	551.46	4.3608	71.24	
1993	576.20	5.2020	74.41	
1994	861.87	8.4370	111.53	
1995	835.10	8.9225	107.96	
1996	831.42	7.6352	107.51	
1997	828.98	6.8600	107.09	
1998	827.91	6.3488	106.88	
1999	827.83	7.2932	106.66	
2000	827.84	7.6864	106.18	
2001	827.70	6.8075	106.08	
2002	827.70	6.6237	106.07	800.58
2003	827.70	7.1466	106.24	936.13
2004	827.68	7.6552	106.23	1029.00
2005	819.17	7.4484	105.30	1019.53
2006	797.18	6.8570	102.62	1001.90
2007	760.40	6.4632	97.46	1041.75
2008	694.51	6.7427	89.19	1022.27
2009	683.10	7.2986	88.12	952.70
2010	676.95	7.7279	87.13	897.25

注：本表资料由国家外汇管理局提供。2002年的欧元汇价为4-12月的平均汇价。

货物进出口额分类

单位：亿美元

指　　标	2009年		2010年	
	出口	进口	出口	进口
总　额	**12016.1**	**10059.2**	**15779.3**	**13948.3**
初级产品	**631.1**	**2898.0**	**817.2**	**4325.6**
食品及主要供食用的活动物	326.3	148.3	411.5	215.7
饮料及烟草类	16.4	19.5	19.1	24.3
非食用原料（燃料除外）	81.5	1413.5	116.0	2111.2
矿物燃料、润滑油及有关原料	203.7	1240.4	267.0	1887.0
动植物油、脂及蜡	3.2	76.4	3.6	87.4
工业制成品	**11384.8**	**7161.2**	**14962.2**	**9622.7**
化学成品及有关产品	620.2	1120.9	875.9	1496.4
轻纺产品、橡胶制品、矿冶产品及其制品	1848.2	1077.4	2491.5	1311.1
机械及运输设备	5902.7	4078.0	7803.3	5495.6
杂项制品	2997.5	851.9	3776.8	1135.3
未分类的其他商品	16.3	33.1	14.7	184.4

各地区货物进出口总额

（按经营单位所在地分） 单位：亿美元

地　区	2004年	2005年	2006年	2007年	2008年	2009年	2010年
全国总计	**11545.5**	**14219.1**	**17604.4**	**21765.7**	**25632.6**	**22075.4**	**29727.6**
北　京	945.8	1255.1	1580.4	1930.0	2716.9	2147.3	3014.8
天　津	420.3	532.8	644.6	714.5	804.0	638.3	822.0
河　北	135.3	160.7	185.3	255.2	384.2	296.3	419.3
山　西	53.8	55.5	66.3	115.8	144.0	85.7	125.8
内蒙古	37.2	48.8	59.6	77.4	89.2	67.7	87.2
辽　宁	344.1	410.1	483.9	594.7	724.3	629.3	806.7
吉　林	67.9	65.3	79.1	103.0	133.3	117.4	168.5
黑龙江	67.9	95.7	128.6	173.0	231.3	162.3	255.0
上　海	1600.1	1863.4	2275.2	2828.5	3220.6	2777.1	3688.9
江　苏	1708.5	2279.2	2839.8	3494.7	3922.7	3387.4	4657.9
浙　江	852.0	1073.9	1391.4	1768.5	2111.3	1877.3	2534.7
安　徽	72.1	91.2	122.5	159.3	201.8	156.8	242.8
福　建	475.3	544.1	626.6	744.5	848.2	796.5	1087.8
江　西	35.3	40.6	61.9	94.5	136.2	127.8	214.7
山　东	606.6	767.4	952.1	1224.7	1584.1	1390.5	1889.5
河　南	66.2	77.2	97.9	127.9	174.8	134.8	177.9
湖　北	67.7	90.5	117.6	148.7	207.1	172.5	259.1
湖　南	54.4	60.0	73.5	96.9	125.5	101.5	146.7
广　东	3571.3	4279.6	5272.0	6341.9	6849.7	6110.9	7846.6
广　西	42.8	51.8	66.7	92.6	132.4	142.5	177.0
海　南	34.0	25.4	28.5	35.1	45.3	48.8	86.3
重　庆	38.6	42.9	54.7	74.4	95.2	77.1	124.3
四　川	68.7	79.0	110.2	143.8	221.1	241.7	327.8
贵　州	15.1	14.0	16.2	22.7	33.7	23.0	31.4
云　南	37.4	47.4	62.2	87.9	96.0	80.5	133.7
西　藏	2.0	2.1	3.3	3.9	7.7	4.0	8.4
陕　西	36.4	45.8	53.6	68.9	83.3	84.1	120.8
甘　肃	17.6	26.3	38.2	55.2	61.0	38.7	73.3
青　海	5.8	4.1	6.5	6.1	6.9	5.9	7.9
宁　夏	9.1	9.7	14.4	15.8	18.8	12.0	19.6
新　疆	56.3	79.4	91.0	137.2	222.2	139.5	171.3

各地区货物进出口总额

（按境内目的地、货源地分）　　单位：亿美元

地　区	2004年	2005年	2006年	2007年	2008年	2009年	2010年
全国总计	**11545.5**	**14219.1**	**17604.4**	**21765.7**	**25632.6**	**22075.4**	**29727.6**
北　京	428.2	534.9	704.6	820.4	950.4	870.9	1107.1
天　津	432.4	546.3	672.8	755.6	869.0	720.3	916.9
河　北	152.8	193.3	234.8	344.7	508.8	402.7	619.2
山　西	90.7	90.9	96.6	152.4	201.9	93.2	138.6
内蒙古	43.7	53.0	61.1	90.9	104.3	94.6	116.0
辽　宁	399.3	470.4	524.2	651.8	821.6	698.5	952.5
吉　林	74.9	73.6	87.0	113.1	136.2	118.8	170.2
黑龙江	71.8	104.7	140.7	184.3	204.2	133.6	183.0
上　海	1568.0	1815.0	2212.3	2738.7	3138.8	2733.3	3654.4
江　苏	1795.4	2384.8	2990.4	3722.5	4304.7	3659.3	4987.6
浙　江	946.6	1238.1	1600.8	1992.0	2444.1	2107.1	2871.6
安　徽	69.9	92.6	122.5	157.4	195.5	156.6	233.8
福　建	498.5	568.0	648.9	752.9	867.2	812.4	1105.5
江　西	48.2	49.6	72.5	103.1	150.1	138.3	208.0
山　东	694.2	891.2	1106.4	1408.0	1876.4	1635.2	2248.7
河　南	73.6	90.7	109.8	142.1	198.9	150.7	199.7
湖　北	75.6	99.9	121.1	153.1	213.6	176.7	260.0
湖　南	60.8	69.6	79.8	102.0	136.0	116.1	156.2
广　东	3633.5	4391.8	5418.3	6524.1	7177.8	6319.9	8337.4
广　西	48.3	57.6	76.1	104.7	148.6	135.6	195.2
海　南	29.0	21.2	33.9	70.7	95.9	84.8	103.6
重　庆	37.3	42.3	53.1	71.6	90.5	77.2	118.3
四　川	66.9	76.7	106.7	136.2	199.3	215.2	263.5
贵　州	23.7	20.4	22.1	32.0	48.1	27.3	34.5
云　南	37.3	50.0	63.8	88.0	93.3	74.6	103.0
西　藏	1.7	1.3	2.3	3.2	3.5	2.9	5.9
陕　西	45.6	61.5	69.2	82.4	104.6	86.7	116.9
甘　肃	19.6	29.9	44.4	58.7	65.6	44.8	73.1
青　海	6.5	4.9	9.4	6.8	8.0	7.2	8.2
宁　夏	11.3	11.8	16.1	19.6	25.8	19.6	25.7
新　疆	60.2	83.0	102.1	154.4	249.8	161.3	213.6

各地区货物进出口总额

(2010年) 单位：亿美元

地　区	按经营单位所在地分		按境内目的地、货源地分	
	出口额	进口额	出口额	进口额
全国总计	**15779.3**	**13948.3**	**15779.3**	**13948.3**
北　京	554.6	2460.2	307.4	799.7
天　津	375.2	446.8	378.0	538.9
河　北	225.7	193.6	279.9	339.3
山　西	47.1	78.7	67.5	71.1
内蒙古	33.3	53.8	43.6	72.4
辽　宁	431.2	375.5	429.7	522.8
吉　林	44.8	123.7	45.1	125.2
黑龙江	162.8	92.2	85.1	98.0
上　海	1807.2	1881.7	1732.8	1921.6
江　苏	2705.5	1952.4	2814.6	2173.0
浙　江	1804.8	729.9	2009.6	862.0
安　徽	124.2	118.6	109.3	124.5
福　建	715.0	372.9	666.2	439.2
江　西	134.2	80.5	118.1	89.9
山　东	1042.5	847.0	1103.2	1145.5
河　南	105.3	72.6	122.0	77.7
湖　北	144.4	114.7	139.1	120.9
湖　南	79.6	67.1	85.8	70.4
广　东	4532.0	3314.6	4671.9	3665.5
广　西	96.0	81.0	65.2	129.9
海　南	23.2	63.1	21.6	82.0
重　庆	74.9	49.4	70.0	48.4
四　川	188.5	139.3	124.1	139.4
贵　州	19.2	12.2	20.1	14.3
云　南	76.1	57.6	51.1	51.9
西　藏	7.7	0.6	5.4	0.5
陕　西	62.1	58.7	56.4	60.5
甘　肃	16.4	56.9	12.8	60.4
青　海	4.7	3.2	3.2	5.0
宁　夏	11.7	7.9	15.5	10.2
新　疆	129.7	41.6	125.6	88.1

各地区外商投资企业货物进出口总额

单位：万美元

地　区	2009年			2010年		
	进出口总　额	出口额	进口额	进出口总　额	出口额	进口额
全国总计	**121747836**	**67207409**	**54540427**	**160030605**	**86230617**	**73799989**
北　京	5334148	2008999	3325149	6984186	2216185	4768001
天　津	4488051	2166105	2321946	5889901	2646466	3243436
河　北	1343558	657571	685987	1750183	922360	827824
山　西	163150	69143	94007	220097	88034	132063
内蒙古	108694	52317	56377	161034	96009	65025
辽　宁	3076882	1640160	1436721	3897765	2064415	1833350
吉　林	555747	101950	453797	760601	127787	632814
黑龙江	78345	49296	29050	111243	69874	41369
上　海	18670215	9701509	8968706	24991367	12593814	12397553
江　苏	25969712	14661957	11307755	34719838	19231859	15487980
浙　江	6929148	4477938	2451210	9231275	5814098	3417177
安　徽	523140	223759	299381	811961	325399	486561
福　建	4377455	2739325	1638130	5833996	3495367	2338628
江　西	770607	322582	448024	1177923	499463	678460
山　东	7559835	4478307	3081528	9628034	5656789	3971245
河　南	376612	182754	193857	451803	255591	196212
湖　北	703772	338756	365016	1105371	569496	535875
湖　南	182177	86058	96118	309950	129182	180768
广　东	38241318	22379781	15861537	48440679	28185319	20255360
广　西	367765	127751	240014	492168	203315	288853
海　南	301396	58544	242852	622520	127682	494838
重　庆	295047	79951	215096	475766	165090	310676
四　川	936469	418911	517558	1278591	444296	834295
贵　州	18647	9737	8910	17583	10519	7063
云　南	43593	27236	16356	64499	33003	31497
西　藏	99	98	1	549	3	546
陕　西	252626	110813	141813	506154	215667	290487
甘　肃	10693	8206	2487	14426	9750	4676
青　海	19432	364	19068	13467	984	12483
宁　夏	22142	12246	9896	32158	14930	17228
新　疆	27362	15283	12080	35518	17873	17646

货物进出口总额(按主要国家和地区分)

单位：亿美元

国家和地区	2004年	2005年	2006年	2007年	2008年	2009年	2010年
总　　额	**11546**	**14219**	**17604**	**21767**	**25633**	**22075**	**29728**
#中国香港	1127	1367	1661	1972	2036	1749	2306
印度	136	187	249	386	518	434	618
日本	1679	1844	2073	2360	2667	2288	2978
韩国	901	1119	1342	1599	1861	1562	2072
中国台湾	783	912	1078	1245	1292	1062	1454
南非	59	73	99	140	179	161	256
俄罗斯联邦	212	291	334	482	569	388	554
巴西	123	148	203	297	487	424	625
加拿大	155	192	232	303	345	297	371
美国	1696	2115	2627	3021	3337	2983	3853
澳大利亚	204	273	329	438	597	601	881
东盟	1059	1304	1608	2025	2313	2130	2928
欧盟	1773	2173	2723	3561	4258	3639	4797

外商直接投资实际使用金额(按主要国家和地区分)

单位：亿美元

国家和地区	2004年	2005年	2006年	2007年	2008年	2009年	2010年
总　　额	**606**	**603**	**630**	**748**	**924**	**900**	**1057**
#中国香港	190	179	202	277	410	461	606
日本	55	65	46	36	37	41	41
新加坡	20	22	23	32	44	36	54
韩国	62	52	39	37	31	27	27
中国台湾	31	22	21	18	19	19	25
英国	8	10	7	8	9	7	7
德国	11	15	20	7	9	12	9
法国	7	6	4	5	6	7	12
开曼群岛	20	19	21	26	31	26	25
英属维尔京群岛	67	90	112	166	160	113	104
加拿大	6	5	4	4	5	9	6
美国	39	31	29	26	29	26	30
澳大利亚	7	4	6	4	4	4	3

实际使用外资额

年份	总计（亿美元）	对外借款	外商直接投资	外商其他投资	外商直接投资相当于国内生产总值的比重(%)
1979-2010	**12504.4**	**1471.5**	**10483.8**	**549.0**	
1979-1982	130.6	106.9	17.7	6.0	
1983	22.6	10.7	9.2	2.8	0.3
1984	28.7	12.9	14.2	1.6	0.5
1985	47.6	25.1	19.6	3.0	0.6
“七五”时期	**466.5**	**301.3**	**146.3**	**19.0**	
1986	76.3	50.1	22.4	3.7	0.8
1987	84.5	58.1	23.1	3.3	0.7
1988	102.3	64.9	31.9	5.5	0.8
1989	100.6	62.9	33.9	3.8	0.8
1990	102.9	65.3	34.9	2.7	0.9
“八五”时期	**1610.5**	**455.8**	**1141.7**	**13.0**	
1991	115.5	68.9	43.7	3.0	1.1
1992	192.0	79.1	110.1	2.8	2.3
1993	389.6	111.9	275.1	2.6	4.5
1994	432.1	92.6	337.7	1.8	6.0
1995	481.3	103.3	375.2	2.9	5.2
“九五”时期	**2897.9**	**559.0**	**2134.9**	**204.0**	
1996	548.0	126.7	417.3	4.1	4.9
1997	644.1	120.2	452.6	71.3	4.8
1998	585.6	110.0	454.6	20.9	4.5
1999	526.6	102.1	403.2	21.3	3.7
2000	593.6	100.0	407.2	86.4	3.4
“十五”时期	**2887.0**		**2740.8**	**146.2**	
2001	496.7		468.8	27.9	3.5
2002	550.1		527.4	22.7	3.6
2003	561.4		535.1	26.4	3.3
2004	640.7		606.3	34.4	3.1
2005	638.1		603.3	34.8	2.7
“十一五”时期	**4413.0**		**4259.5**	**153.4**	
2006	670.8		630.2	40.6	2.4
2007	783.4		747.7	35.7	2.3
2008	952.5		924.0	28.6	2.1
2009	918.0		900.3	17.7	1.8
2010	1088.2		1057.3	30.9	1.8

对外经济合作

年　　份	合同数 (份)	合同金额 (亿美元)	#对外承包工程	#对外劳务合作	完　成 营业额 (亿美元)	#对外承包工程	#对外劳务合作
“五五”时期	**215**						
1976	2				1.7		
1977	1						
1978	4						
1979	36	0.5					
1980	172	1.9					
“六五”时期	**2800**	**49.4**					
1981	363	5.0					
1982	314	5.1			3.5		
1983	460	9.2			4.5		
1984	740	17.4			6.2		
1985	923	12.7			8.4		
“七五”时期	**12794**	**102.3**			**72.2**		
1986	944	13.6			9.7		
1987	1449	18.9			12.6		
1988	2126	21.7			14.3		
1989	3100	22.1	17.8	4.3	16.9	14.8	2.0
1990	5175	26.0	21.3	4.8	18.7	16.4	2.2
“八五”时期	**66260**	**346.6**	**264.8**	**80.0**	**225.2**	**180.3**	**43.5**
1991	8438	36.1	25.2	10.9	23.6	19.7	3.9
1992	9405	65.9	52.5	13.4	30.5	24.0	6.5
1993	11605	68.0	51.9	16.1	45.4	36.7	8.7
1994	17491	79.9	60.3	19.6	59.8	48.8	11.0
1995	19321	96.7	74.8	20.1	65.9	51.1	13.5
“九五”时期	**123979**	**613.4**	**474.1**	**128.4**	**487.7**	**365.3**	**115.9**
1996	24891	102.7	77.3	22.8	77.0	58.2	17.1
1997	28442	113.6	85.2	25.5	83.8	60.4	21.7
1998	25955	117.7	92.4	23.9	101.3	77.7	22.8
1999	21126	130.0	102.0	26.3	112.3	85.2	26.2
2000	23565	149.4	117.2	29.9	113.3	83.8	28.1
“十五”时期	**249465**	**1172.0**	**992.1**	**169.1**	**918.7**	**731.6**	**181.0**
2001	39400	164.6	130.4	33.3	121.4	89.0	31.8
2002	34461	178.9	150.5	27.5	143.5	111.9	30.7
2003	42059	209.3	176.7	30.9	172.3	138.4	33.1
2004	60312	277.0	238.4	35.0	213.7	174.7	37.5
2005	73233	342.2	296.1	42.5	267.8	217.6	47.9
“十一五”时期	**848333**	**5467.7**	**5087.5**	**356.9**	**3363.7**	**2971.1**	**379.9**
2006	107744	716.5	660.0	52.3	356.9	299.9	53.7
2007	168240	853.5	776.2	67.0	479.0	406.4	67.7
2008	163881	1130.1	1045.6	75.6	651.2	566.1	80.6
2009	162081	1336.7	1262.0	74.7	866.1	777.0	89.1
2010	246387	1430.9	1343.7	87.2	1010.5	921.7	88.8

注：2009年起，“对外承包工程”数据包含了“对外设计咨询”。

国家财政收支和债务收支情况

单位：亿元

指　　标	1990年	1995年	2000年	2009年	2010年
财政收入	**2937.1**	**6242.2**	**13395.2**	**68518.3**	**83080.3**
中央	992.4	3256.6	6989.2	35915.7	42470.5
地方	1944.7	2985.6	6406.1	32602.6	40609.8
财政收入指数（上年=100）	110.2	119.6	117.0	111.7	121.3
财政收入按项目分					
#各项税收	2821.9	6038.0	12581.5	59521.6	73202.3
#国内增值税	400.0	2602.3	4553.2	18481.2	21092.0
国内消费税		541.5	858.3	4761.2	6071.5
营业税	515.8	865.6	1868.8	9014.0	11157.6
企业所得税	716.0	878.4	999.6	11536.8	12842.8
个人所得税	21.1	131.3	659.6	3949.4	4837.2
关税	159.0	291.8	750.5	1483.8	2027.5
财政支出	**3083.6**	**6823.7**	**15886.5**	**76299.9**	**89575.4**
中央	1004.5	1995.4	5519.9	15255.8	15972.9
地方	2079.1	4828.3	10366.7	61044.1	73602.5
财政支出指数（上年=100）	109.2	117.8	120.5	121.9	117.4
财政支出按项目分					
一般公共服务				9164.2	9352.6
国防				4951.1	5334.8
教育				10437.5	12449.7
科学技术				2744.5	3226.9
社会保障和就业				7606.7	9081.4
医疗卫生				3994.2	4745.3
环境保护				1934.0	2425.9
城乡事务				5107.7	5979.7
农林水事务				6720.4	8051.7
交通运输				4647.6	5487.7
年末国债余额				**60237.7**	**67526.9**
内债余额				59737.0	66968.7
外债余额				500.7	558.3

注：1.本表及其他各表有关财政数据由财政部提供。2010年全国数据为预算执行数，以前各年数据为财政决算数。

2.财政收支不包括国内外债务收支，2000年起财政支出包括国内外债务付息支出(下表同)。

3.中央、地方财政收支均为本级收支。

4.1990年和1995年企业所得税数据仅包括国有和集体企业所得税。

5.2007年起实施《政府收支分类科目》，本表所列财政支出项目按照支出功能分类科目重新设置。

国家财政收支总额和指数

年　份	财政收入（亿元）	财政支出（亿元）	指数（上年=100）		财政收入相当于国内生产总值的比重(%)	财政支出相当于国内生产总值的比重(%)
			财政收入	财政支出		
1978	1132.26	1122.09	129.5	133.0	31.1	30.8
1979	1146.38	1281.79	101.2	114.2	28.2	31.6
1980	1159.93	1228.83	101.2	95.9	25.5	27.0
“六五”时期	**7402.75**	**7483.18**	**111.6**	**110.3**		
1981	1175.79	1138.41	101.4	92.6	24.0	23.3
1982	1212.33	1229.98	103.1	108.0	22.8	23.1
1983	1366.95	1409.52	112.8	114.6	22.9	23.6
1984	1642.86	1701.02	120.2	120.7	22.8	23.6
1985	2004.82	2004.25	122.0	117.8	22.2	22.2
“七五”时期	**12280.60**	**12865.67**	**107.9**	**109.0**		
1986	2122.01	2204.91	105.8	110.0	20.7	21.5
1987	2199.35	2262.18	103.6	102.6	18.2	18.8
1988	2357.24	2491.21	107.2	110.1	15.7	16.6
1989	2664.90	2823.78	113.1	113.3	15.7	16.6
1990	2937.10	3083.59	110.2	109.2	15.7	16.5
“八五”时期	**22442.10**	**24387.46**	**116.3**	**117.2**		
1991	3149.48	3386.62	107.2	109.8	14.5	15.5
1992	3483.37	3742.20	110.6	110.5	12.9	13.9
1993	4348.95	4642.30	124.8	124.1	12.3	13.1
1994	5218.10	5792.62	120.0	124.8	10.8	12.0
1995	6242.20	6823.72	119.6	117.8	10.3	11.2
“九五”时期	**50774.39**	**57043.46**	**116.5**	**118.4**		
1996	7407.99	7937.55	118.7	116.3	10.4	11.2
1997	8651.14	9233.56	116.8	116.3	11.0	11.7
1998	9875.95	10798.18	114.2	116.9	11.7	12.8
1999	11444.08	13187.67	115.9	122.1	12.8	14.7
2000	13395.23	15886.50	117.0	120.5	13.5	16.0
“十五”时期	**115050.69**	**128022.85**	**118.8**	**116.4**		
2001	16386.04	18902.58	122.3	119.0	14.9	17.2
2002	18903.64	22053.15	115.4	116.7	15.7	18.3
2003	21715.25	24649.95	114.9	111.8	16.0	18.1
2004	26396.47	28486.89	121.6	115.6	16.5	17.8
2005	31649.29	33930.28	119.9	119.1	17.1	18.3
“十一五”时期	**303010.95**	**318672.05**	**121.3**	**121.4**		
2006	38760.20	40422.73	122.5	119.1	17.9	18.7
2007	51321.78	49781.35	132.4	123.2	19.3	18.7
2008	61330.35	62592.66	119.5	125.7	19.5	19.9
2009	68518.30	76299.93	111.7	121.9	20.1	22.4
2010	83080.32	89575.38	121.3	117.4	20.9	22.5

注：各时期指数为该时期年平均发展速度。

中央和地方财政收支

单位：亿元

年　份	国家财政收入	中央	地方	国家财政支出	中央	地方
1978	1132.26	175.77	956.49	1122.09	532.12	589.97
1979	1146.38	231.34	915.04	1281.79	655.08	626.71
1980	1159.93	284.45	875.48	1228.83	666.81	562.02
"六五"时期	**7402.75**	**2583.02**	**4819.73**	**7483.18**	**3725.64**	**3757.54**
1981	1175.79	311.07	864.72	1138.41	625.65	512.76
1982	1212.33	346.84	865.49	1229.98	651.81	578.17
1983	1366.95	490.01	876.94	1409.52	759.60	649.92
1984	1642.86	665.47	977.39	1701.02	893.33	807.69
1985	2004.82	769.63	1235.19	2004.25	795.25	1209.00
"七五"时期	**12280.60**	**4104.41**	**8176.19**	**12865.67**	**4420.27**	**8445.40**
1986	2122.01	778.42	1343.59	2204.91	836.36	1368.55
1987	2199.35	736.29	1463.06	2262.18	845.63	1416.55
1988	2357.24	774.76	1582.48	2491.21	845.04	1646.17
1989	2664.90	822.52	1842.38	2823.78	888.77	1935.01
1990	2937.10	992.42	1944.68	3083.59	1004.47	2079.12
"八五"时期	**22442.10**	**9038.39**	**13403.71**	**24387.46**	**7323.13**	**17064.33**
1991	3149.48	938.25	2211.23	3386.62	1090.81	2295.81
1992	3483.37	979.51	2503.86	3742.20	1170.44	2571.76
1993	4348.95	957.51	3391.44	4642.30	1312.06	3330.24
1994	5218.10	2906.50	2311.60	5792.62	1754.43	4038.19
1995	6242.20	3256.62	2985.58	6823.72	1995.39	4828.33
"九五"时期	**50774.39**	**25618.37**	**25156.02**	**57043.46**	**17481.55**	**39561.91**
1996	7407.99	3661.07	3746.92	7937.55	2151.27	5786.28
1997	8651.14	4226.92	4424.22	9233.56	2532.50	6701.06
1998	9875.95	4892.00	4983.95	10798.18	3125.60	7672.58
1999	11444.08	5849.21	5594.87	13187.67	4152.33	9035.34
2000	13395.23	6989.17	6406.06	15886.50	5519.85	10366.65
"十五"时期	**115050.69**	**61888.28**	**53162.41**	**128022.85**	**36629.87**	**91392.98**
2001	16386.04	8582.74	7803.30	18902.58	5768.02	13134.56
2002	18903.64	10388.64	8515.00	22053.15	6771.70	15281.45
2003	21715.25	11865.27	9849.98	24649.95	7420.10	17229.85
2004	26396.47	14503.10	11893.37	28486.89	7894.08	20592.81
2005	31649.29	16548.53	15100.76	33930.28	8775.97	25154.31
"十一五"时期	**303010.95**	**159272.57**	**143738.38**	**318672.05**	**66006.31**	**252665.74**
2006	38760.20	20456.62	18303.58	40422.73	9991.40	30431.33
2007	51321.78	27749.16	23572.62	49781.35	11442.06	38339.29
2008	61330.35	32680.56	28649.79	62592.66	13344.17	49248.49
2009	68518.30	35915.71	32602.59	76299.93	15255.79	61044.14
2010	83080.32	42470.52	40609.80	89575.38	15972.89	73602.49

注：中央、地方财政收支均为本级收支。

金融、证券、保险基本情况

(年底数)

项目	单位	2005年	2006年	2007年	2008年	2009年	2010年
金融							
金融机构人民币存款余额	亿元	287163	335460	389371	466203	597741	718238
金融机构人民币贷款余额	亿元	194690	225347	261691	303468	399685	479196
金融机构现金收入和支出							
现金收入	亿元	626978	705733	824836	807613	866418	
现金支出	亿元	629542	708774	828139	811456	870445	
投放(+) 回笼(-)	亿元	2563	3041	3303	3844	4027	6381
货币供应量							
货币和准货币(M_2)	亿元	298756	345604	403442	475167	606225	725852
狭义货币(M_1)	亿元	107279	126035	152560	166217	220002	266622
流通中现金(M_0)	亿元	24032	27073	30375	34219	38246	44628
黄金储备	万盎司	1929	1929	1929	1929	3389	3389
外汇储备	亿美元	8189	10663	15282	19460	23992	28473
证券							
境内上市公司（A、B股）	家	1381	1434	1550	1625	1718	2063
境外上市公司（H股）	家	122	143	148	153	159	165
股票发行量	亿股	567.1	1287.8	637.2	180.3	416.0	561.7
股票筹资额	亿元	1882.5	5594.3	8680.2	3852.2	6124.7	8954.9
保险							
保险系统职工人数	万人	36.6	43.4	50.0	59.9	63.1	68.6
保险公司业务经济技术指标							
保费	亿元	4929	5640	7036	9784	11137	14528
赔款及给付	亿元	1137	1438	2265	2971	3125	3200

金融机构本外币存贷款余额

项目	存款余额	#企业存款	#城乡居民储蓄存款	#人民币	贷款余额	#短期贷款	#中长期贷款
年底余额(亿元)							
2003	220364	76785	110695	103618	169771	87398	67252
2004	253188	89438	126196	119555	188566	90808	81010
2005	300209	101751	147054	141051	206838	91157	92941
2006	348065	118881	166617	161587	238519	101762	113173
2007	401051	144814	176213	172534	277747	118900	138579
2008	478444	164386	221503	217885	320049	128571	164160
2009	612006	224357	264761	260772	425597	151353	235579
2010	733382	252960	307166	303302	509226	171236	305127
比上年增长(%)							
2003	20.2	19.4	17.4	19.2	21.4	13.8	30.0
2004	15.3	16.4	14.0	15.4	14.4	7.4	22.1
2005	18.2	13.8	16.5	18.0	12.8	6.5	16.2
2006	16.0	16.8	13.3	14.6	14.7	10.9	21.3
2007	15.2	21.8	5.8	6.8	16.4	16.8	22.4
2008	19.3	13.5	25.7	26.3	17.9	12.3	20.2
2009	27.9	36.5	19.5	19.7	33.0	17.7	43.5
2010	19.8	12.7	16.0	16.3	19.7	13.1	29.5

注：本表中外币存贷余额已折合人民币。

金融机构人民币信贷收支

（年底余额）　　单位：亿元

项　目	2004年	2005年	2006年	2007年	2008年	2009年	2010年
资金来源合计	**262740**	**302043**	**365230**	**454268**	**542844**	**681875**	**805879**
各项存款	241424	287163	335460	389371	466203	597741	718238
企业存款	84669	96144	113239	138674	157632	217110	244496
财政存款	6236	7990	10927	17632	18040	22411	25455
机关团体存款	8152	12052	15046	19033	21963	29560	66175
城乡储蓄存款	119555	141051	161587	172534	217885	260772	303303
农业存款	5526	6204	7414	9283	10075	14568	17244
信托类存款	3009	3462	2759	3156	3733	5945	6465
其他类存款	14276	20261	24488	29059	36875	47375	55101
金融债券	3955	5673	6483	11505	20852	16203	13527
流通中现金	21468	24032	27073	30334	34219	38246	44628
对国际金融机构负债	562	642	926	947	733	761	720
其他	-4670	-15466	-4712	22110	20836	28923	28766
资金运用合计	**262740**	**302043**	**365230**	**454268**	**542844**	**681875**	**805879**
各项贷款	178198	194690	225347	261691	303468	399685	479196
短期贷款	86841	87449	98534	114478	125216	146611	166233
工业贷款	23897	22517	28654	33623	36146	38769	
商业贷款	17074	16448	16672	17833	17743	19483	
建筑业贷款	2780	2984	3613	3742	3687	3647	
农业贷款	9843	11530	13208	15429	17629	21623	
乡镇企业贷款	8069	7902	6222	7113	7454	9029	
三资企业贷款	2198	1975	1834	2069	2271	2180	
私营企业及个体贷款	2082	2181	2668	3508	4224	7117	
其他短期贷款	20897	21913	25665	31161	36063	44763	
中长期贷款	76703	81370	106549	131539	155034	222419	288930
信托类贷款	2721	3126	2519	2356	3026	5277	6163
其他类贷款	11933	22746	17745	13318	20191	25378	17869
有价证券及投资	30931	34942	39491	62790	71952	86643	98526
金银占款	337	337	337	337	337	670	670
外汇占款	52591	71211	98980	128377	166146	193112	225795
财政借款							
在国际金融机构资产	683	862	1075	1073	941	1765	1693

注：1.2006年起资金来源项目发生变化，“其他”项数据与历史数据不可比。

2.2004-2009年数据来源于《中国金融年鉴》，2010年数据来自《中国人民银行统计季报》和《中国金融机构人民币信贷收支月报》。

金融机构现金收入和支出

单位：亿元

项　　目	2004年	2005年	2006年	2007年	2008年	2009年
收入总计	**567879**	**626978**	**705733**	**824836**	**807613**	**866418**
商品销售收入	57944	61763	65605	69473	68023	69377
服务业收入	22865	24091	25924	28525	28226	28390
税款收入	2880	3157	3520	4765	5180	5309
城乡个体经营收入	19109	20230	20665	21905	21797	21934
储蓄存款收入	404744	454954	520492	619272	601905	651259
其他金融机构收入	2565	2347	2183	2057	1840	1746
居民归还贷款收入	10290	11875	12705	13474	13475	14529
汇兑收入	5444	5326	5045	5550	4734	4551
有价证券收入	1148	928	833	1130	744	708
其他收入	40889	42307	48771	58684	61688	68615
#兑换外币收入	186	207	343	692	765	805
支出总计	**569601**	**629542**	**708774**	**828139**	**811456**	**870445**
工资性支出	34307	36963	39936	42841	42352	41875
农副产品采购支出	13059	14898	15897	16742	16570	15440
工矿及其它产品采购支出	11125	12697	13901	15065	12892	11021
行政企事业管理费支出	27241	28585	30139	33464	32781	31878
城乡个体经营支出	24774	26450	27157	29397	28267	27469
储蓄存款支出	401910	451556	517701	617682	607478	667300
其他金融机构支出	2353	2123	2177	2336	1941	1625
居民提取贷款支出	9467	10322	10119	9985	9025	9941
汇兑支出	3280	2981	2822	3369	2680	2482
有价证券支出	923	762	689	1063	831	711
其他支出	41163	42205	48235	56226	56639	60704

金融机构人民币存贷款余额和货币供应量

单位：亿元

年 份	金融机构		货币供应量		
	存款余额	贷款余额	货币和准货币 (M_2)	狭义货币 (M_1)	流通中现金 (M_0)
1978	1155.0	1890.4			212.0
1979	1362.6	2082.5			267.7
1980	1689.7	2478.1			346.2
1981	2097.2	2853.3			396.3
1982	2449.1	3162.7			439.1
1983	2883.3	3566.6			529.8
1984	3735.3	4746.8			792.1
1985	4560.0	6198.4			987.8
1986	5933.9	8142.7			1218.4
1987	7392.4	9814.1			1454.5
1988	8810.4	11964.3			2134.0
1989	10709.6	14248.8			2344.0
1990	13942.9	17511.0	15293.4	6950.7	2644.4
1991	17972.8	21116.4	19349.9	8633.3	3177.8
1992	23143.8	25742.8	25402.2	11731.5	4336.0
1993	29646.0	32955.8	34879.8	16280.4	5864.7
1994	40502.5	39976.0	46923.5	20540.7	7288.6
1995	53882.1	50544.1	60750.5	23987.1	7885.3
1996	68595.6	61156.6	76094.9	28514.8	8802.0
1997	82392.8	74914.1	90995.3	34826.3	10177.6
1998	95697.9	86524.1	104498.5	38953.7	11204.2
1999	108778.9	93734.3	119897.9	45837.3	13455.5
2000	123804.4	99371.1	134610.3	53147.2	14652.7
2001	143617.2	112314.7	158301.9	59871.6	15688.8
2002	170917.4	131293.9	185007.0	70881.8	17278.0
2003	208055.6	158996.2	221222.8	84118.6	19745.9
2004	241424.3	178197.8	254107.0	95969.7	21467.3
2005	287163.0	194690.4	298755.7	107278.8	24031.7
2006	335459.8	225347.2	345603.6	126035.1	27072.6
2007	389371.2	261690.9	403442.2	152560.1	30375.2
2008	466203.3	303394.6	475166.6	166217.1	34219.0
2009	597741.1	399684.8	606225.0	220001.5	38246.0
2010	718237.9	479195.6	725851.8	266621.5	44628.2

注：2001年6月起货币供应量(M_2)含证券公司客户保证金。

金融机构人民币存贷款余额和货币供应量同比增长率

单位：%

年 份	金融机构		货币供应量		
	存款余额	贷款余额	货币和准货币 (M_2)	狭义货币 (M_1)	流通中现金 (M_0)
1978	6.9	11.2			
1979	18.0	10.2			26.3
1980	24.0	19.0			29.3
1981	24.1	15.1			14.5
1982	16.8	10.8			10.8
1983	17.7	12.8			20.7
1984	29.5	33.1			49.5
1985	22.1	30.6			24.7
1986	30.1	31.4			23.3
1987	24.6	20.5			19.4
1988	19.2	21.9			46.7
1989	21.6	19.1			9.8
1990	30.2	22.9			12.8
1991	28.9	20.6	26.5	24.2	20.2
1992	28.8	21.9	31.3	35.9	36.4
1993	28.1	28.0			
1994	36.6	21.3	34.5	26.2	24.3
1995	33.0	26.4	29.5	16.8	8.2
1996	27.3	21.0	25.3	18.9	11.6
1997	20.1	22.5	17.3	16.5	15.6
1998	15.7	15.5	14.8	11.9	10.1
1999	13.5	12.3	14.7	17.7	20.1
2000	13.8	17.6	12.3	16.0	8.9
2001	16.0	12.9	17.6	12.7	7.1
2002	18.9	15.8	16.8	16.8	10.1
2003	21.7	21.1	19.6	18.7	14.3
2004	16.0	14.4	14.7	13.6	8.7
2005	18.9	13.3	17.6	11.8	11.9
2006	16.8	15.1	17.0	17.5	12.7
2007	16.1	16.1	16.7	21.0	12.2
2008	19.7	16.0	17.8	9.1	12.7
2009	28.2	31.7	27.7	32.4	11.8
2010	20.2	19.9	19.7	21.2	16.7

注：本表按可比口径计算。

人民币一年期存贷款利率

单位：年利率 %

执行日期	金融机构存款基准利率	金融机构贷款基准利率	中央银行对金融机构贷款基准利率
1978	3.24	5.04	
1980	3.96-5.76	5.04	
1985	5.40-7.20	3.60-7.92	
1990.01.01	11.34	11.34	
1990.04.15	10.08	10.08	
1990.08.21	8.64	9.36	
1991.04.21	7.56	8.64	
1993.05.15	9.18	9.36	
1993.07.11	10.98	10.98	
1995.07.01	10.98	12.06	
1996.05.01	9.18	10.98	10.98
1996.08.23	7.47	10.08	10.62
1997.10.23	5.67	8.64	9.36
1998.03.25	5.22	7.92	7.92
1998.07.01	4.77	6.93	5.67
1998.12.07	3.78	6.39	5.13
1999.06.10	2.25	5.85	3.78
2002.02.21	1.98	5.31	3.24
2004.03.25	1.98	5.31	3.87
2004.10.29	2.25	5.58	3.87
2006.04.28	2.25	5.85	3.87
2006.08.19	2.52	6.12	3.87
2007.03.18	2.79	6.39	3.87
2007.05.19	3.06	6.57	3.87
2007.07.21	3.33	6.84	3.87
2007.08.22	3.60	7.02	3.87
2007.09.15	3.87	7.29	3.87
2007.12.21	4.14	7.47	3.87
2008.01.01	4.14	7.47	4.68
2008.09.16	4.14	7.20	4.68
2008.10.09	3.87	6.93	4.68
2008.10.30	3.60	6.66	4.68
2008.11.27	2.52	5.58	3.60
2008.12.23	2.25	5.31	3.33
2010.10.20	2.50	5.56	3.33
2010.12.26	2.75	5.81	3.85

金融机构存款利率调整时间表

单位：年利率%

项　　目	2010年 10月20日	2010年 12月26日
活期存款	**0.36**	**0.36**
定期存款		
整存整取		
三个月	1.91	2.25
半　年	2.20	2.50
一　年	2.50	2.75
二　年	3.25	3.55
三　年	3.85	4.15
五　年	4.20	4.55
零存整取、整存零取、存本取息		
一　年	1.91	2.25
三　年	2.20	2.50
五　年	2.50	2.75
定活两便	按一年期以内定期整存整取同档次利率打6折执行	
协定存款	**1.17**	**1.17**
通知存款		
一　天	0.81	0.81
七　天	1.35	1.35

金融机构贷款利率调整时间表

单位：年利率%

项　　目	2010年 10月20日	2010年 12月26日
短期贷款		
六个月以内(含六个月)	5.10	5.35
六个月至一年(含一年)	5.56	5.81
中长期贷款		
一至三年(含三年)	5.60	5.85
三至五年(含五年)	5.96	6.22
五年以上	6.14	6.40
贴现	以再贴现利率为下限加点确定	
个人住房贷款		
个人住房公积金贷款		
五年以下(含五年)	3.50	3.75
五年以上	4.05	4.30

黄金和国家外汇储备

年　份	黄金储备（万盎司）	国家外汇储备（亿美元）	年　份	黄金储备（万盎司）	国家外汇储备（亿美元）
1978	1280	1.67	1995	1267	735.97
1979	1280	8.40	1996	1267	1050.29
1980	1280	-12.96	1997	1267	1398.90
1981	1267	27.08	1998	1267	1449.59
1982	1267	69.86	1999	1267	1546.75
1983	1267	89.01	2000	1267	1655.74
1984	1267	82.20	2001	1608	2121.65
1985	1267	26.44	2002	1929	2864.07
1986	1267	20.72	2003	1929	4032.51
1987	1267	29.23	2004	1929	6099.32
1988	1267	33.72	2005	1929	8188.72
1989	1267	55.50	2006	1929	10663.40
1990	1267	110.93	2007	1929	15282.49
1991	1267	217.12	2008	1929	19460.30
1992	1267	194.43	2009	3389	23991.52
1993	1267	211.99	2010	3389	28473.38
1994	1267	516.20			

注：本表资料由国家外汇管理局提供。

证券市场基本情况

项　　　目	单位	2006年	2007年	2008年	2009年	2010年
境内上市公司数（A、B股）	家	1434	1550	1625	1718	2063
境内上市外资股（B股）	家	109	109	109	108	108
境外上市公司数（H股）	家	143	148	153	159	165
股票发行量	亿股	1287.8	637.7	180.3	416.0	561.7
股票筹资额	亿元	5594.3	8680.2	3852.2	6124.7	8954.9
股票总发行股本	亿股	14926	22417	24523	26163	33184
#流通股本	亿股	5638	10332	12579	19760	25642
股票市价总值	亿元	89404	327141	121366	243939	265423
#股票流通市值	亿元	25004	93064	45214	151259	193110
股票成交量	百万股	1614523	3640376	2413138	5110700	4215683
股票成交金额	亿元	90469	460556	267113	535987	545634
上证综合指数(收盘)		2675	5262	1821	3277	2808
深证综合指数(收盘)		551	1447	553	1201	1291
投资者帐户数	万户	7854	13886	15198	17150	18858
平均市盈率						
上海		33	59	15	29	22
深圳		33	70	17	46	45
平均换手率						
上海	%	541	927	393	499	198
深圳	%	609	987	469	793	557
国债发行额	亿元	8883	23139	8558	17927	19778
企业债发行额	亿元	3938	5059	8435	15864	15491
债券成交量	万手	182454	205795	288912	405677	760076
债券成交额	亿元	18279	20667	28885	40635	76206
国债现货成交金额	亿元	1541	1267	2123	2086	1662
国债回购成交金额	亿元	15487	18345	24269	35929	65878
证券投资基金只数	只	307	346	439	557	704
证券投资基金规模	亿份	6221	22340	25742	26767	24228
证券投资基金成交金额	亿元	2003	8620	5831	10250	8996
期货总成交量	万手	44951	72846	136396	215752	312890
期货总成交额	亿元	210063	409741	719173	1305143	2959480

注：本表资料由中国证券监督管理委员会提供。

保险业基本情况

年份	机构数（个）	职工人数（人）	保费（亿元）	财产保险公司	人寿保险公司	赔款及给付（亿元）	财产保险公司	人寿保险公司
1994			376					
1995			453					
1996			538					
1997			773	382	390	247	215	32
1998		172892	1256	506	750	532	290	242
1999		171865	1406	527	879	508	280	228
2000	33	166602	1598	608	990	526	308	218
2001	35	185502	2109	685	1424	597	333	264
2002	44	194383	3054	780	2274	707	403	304
2003	62	199705	3880	869	3011	841	476	365
2004	68	262429	4318	1125	3194	1004	579	426
2005	93	366559	4932	1283	3649	1137	691	446
2006	107	434001	5643	1579	4061	1438	825	614
2007	120	500441	7036	2086	4950	2265	1064	1201
2008	130	599344	9784	2446	7338	2971	1475	1496
2009	138	630734	11137	2993	8144	3125	1638	1487
2010	142	685856	14528	4027	10501	3200	1815	1385

保险公司业务经济技术指标

单位：亿元

项目	保费		赔款及给付	
	2009年	2010年	2009年	2010年
合计	**11137.3**	**14528.0**	**3125.5**	**3200.4**
财产保险公司	**2992.9**	**4026.9**	**1638.2**	**1815.2**
企业财产保险	221.4	271.6	127.6	117.2
家庭财产保险	15.1	19.2	5.8	6.4
机动车辆保险	2155.6	3004.2	1200.7	1375.8
工程保险	51.6	70.9	17.2	18.6
责任保险	92.2	115.9	38.9	44.0
信用保险	70.2	96.0	31.1	31.2
保证保险	8.0	22.9	4.6	2.5
船舶保险	41.8	50.8	19.2	23.7
货物运输保险	61.3	78.7	26.2	28.9
特殊风险保险	23.7	26.8	9.0	11.5
农业保险	133.9	135.9	95.2	96.0
健康险	43.1	45.7	34.2	31.1
意外伤害保险	73.9	85.5	28.2	28.1
其他险	0.9	2.8	0.2	0.2
人寿保险公司	**8144.4**	**10501.1**	**1487.3**	**1385.2**
寿险	7457.4	9679.5	1268.7	1109.0
健康险	530.8	631.7	182.9	232.9
人身意外伤害险	156.1	189.8	35.7	43.3

国际收支概况

单位：百万美元

年份	经常项目差额	货物和服务	收益	经常转移	资本和金融项目差额	资本项目	金融项目	储备资产	净误差与遗漏
1982	5674	4812	376	486	-1736		-1736	-4217	279
1983	4240	2571	1158	511	-1372		-1732	-2695	-173
1984	2030	54	1534	442	-3752		-3752	531	1191
1985	-11417	-12501	841	243	8485		8485	5422	-2490
1986	-7035	-7390	-23	378	6540		6540	1727	-1232
1987	300	291	-215	224	2731		2731	-1660	-1371
1988	-3803	-4061	-161	419	5269		5269	-455	-1011
1989	-4318	-4928	229	381	6428		6428	-2202	92
1990	11997	10668	1055	274	-2774		-2774	-6089	-3134
1991	13271	11601	840	830	4580		4580	-11091	-6760
1992	6401	4998	248	1155	-251		-251	2102	-8252
1993	-11904	-11792	-1284	1172	23474		23474	-1767	-9803
1994	7658	7357	-1036	1337	32644		32644	-30527	-9775
1995	1618	11958	-11774	1434	38675		38675	-22463	-17830
1996	7242	17550	-12437	2129	39967		39967	-31662	-15547
1997	36963	42823	-11004	5143	21015	-21	21036	-35724	-22254
1998	31471	43837	-16644	4278	-6321	-47	-6275	-6426	-18724
1999	21114	30641	-14470	4943	5180	-26	5205	-8505	-17788
2000	20519	28873	-14666	6311	1922	-35	1958	-10548	-11893
2001	17405	28086	-19173	8492	34775	-54	34829	-47325	-4856
2002	35422	37383	-14945	12984	32291	-50	32340	-75507	7794
2003	45875	36079	-7838	17634	52726	-48	52774	-117023	18422
2004	68659	49284	-3523	22898	110660	-69	110729	-206364	27045
2005	160818	124798	10635	25385	62964	4102	58862	-207016	-16766
2006	253268	208912	15156	29199	6662	4020	2642	-246981	-12949
2007	371833	307477	25688	38668	73509	3099	70410	-461744	16402
2008	426107	348870	31438	45799	18965	3051	15913	-418978	-26094
2009	297142	220112	43282	33748	144828	3958	140871	-398422	-43548
2010	305374	232062	30380	42932	226045	4630	221414	-471739	-59680

注：国际收支数据来源于国家外汇管理局(下表同)。

国际收支平衡表

单位：百万美元

项　　目	2009年			2010年		
	差　额	贷　方	借　方	差　额	贷　方	借　方
一、经常项目	**297142**	**1484573**	**1187431**	**305374**	**1946763**	**1641389**
A.货物和服务	220112	1333346	1113234	232062	1752621	1520559
a.货物	249509	1203797	954287	254180	1581417	1327238
b.服务	-29398	129549	158947	-22118	171203	193321
1.运输	-23005	23569	46574	-29046	34211	63257
2.旅游	-4027	39675	43702	-9066	45814	54880
3.通讯服务	-11	1198	1210	83	1220	1137
4.建筑服务	3595	9463	5868	9423	14495	5072
5.保险服务	-9713	1596	11309	-14028	1727	15755
6.金融服务	-289	437	726	-56	1331	1387
7.计算机和信息服务	3279	6512	3233	6291	9256	2965
8.专有权利使用费和特许费	-10636	429	11065	-12209	830	13040
9.咨询	5206	18623	13417	7676	22770	15094
10.广告、宣传	358	2313	1955	845	2885	2040
11.电影、音像	-181	97	278	-248	123	371
12.其它商业服务	5916	24688	18772	18411	35587	17176
13.别处未提及的政府服务	110	950	840	-193	955	1147
B.收益	43282	108582	65299	30380	144622	114242
1.职工报酬	7158	9209	2052	12181	13636	1455
2.投资收益	36124	99372	63248	18199	130986	112787
C.经常转移	33748	42645	8897	42932	49521	6588
1.各级政府	-247	43	291	-272	22	294
2.其它部门	33996	42602	8606	43204	49499	6295
二、资本和金融项目	**144828**	**746439**	**601611**	**226045**	**1108029**	**881984**
A.资本项目	3958	4204	247	4630	4815	185
B.金融项目	140871	742235	601364	221414	1103214	881799
1. 直接投资	34294	114198	79904	124930	214364	89434
2. 证券投资	38691	98112	59420	24038	63585	39546
3. 其它投资	67885	529925	462040	72446	825265	752819
三、储备资产	**-398422**		**398422**	**-471739**		**471739**
1.货币黄金	-4876		4876			
2.特别提款权	-11092.00		11092.00	-107.10		107.10
3.在基金组织的储备头寸	-402.00		402.00	-2075.58		2075.58
4.外汇	-382051		382051	-469556.3		469556.3
5.其它债权						
四、净误差与遗漏	**-43548**		**43548**	**-59680**		**59680**

国家外债余额和外债风险指标

年份	外债余额	按偿还期限分		外债风险指标（%）		
	（亿美元）	长期债务	短期债务	偿债率	负债率	债务率
1985	158.3	94.1	64.2	2.7	5.2	56.0
1986	214.8	167.1	47.7	15.4	7.3	72.1
1987	302.0	244.8	57.2	9.0	9.4	77.1
1988	400.0	326.9	73.1	6.5	10.0	87.1
1989	413.0	370.3	42.7	8.3	9.2	86.4
1990	525.5	457.8	67.7	8.7	13.5	91.6
1991	605.6	502.6	103.0	8.5	14.9	91.9
1992	693.2	584.7	108.5	7.1	14.4	87.9
1993	835.7	700.2	135.5	10.2	13.9	96.5
1994	928.1	823.9	104.2	9.1	17.1	78.0
1995	1065.9	946.7	119.2	7.6	15.2	72.4
1996	1162.8	1021.7	141.1	6.0	14.2	67.7
1997	1309.6	1128.2	181.4	7.3	14.5	63.2
1998	1460.4	1287.0	173.4	10.9	15.2	70.4
1999	1518.3	1366.5	151.8	11.3	15.3	69.5
2000	1457.3	1326.5	130.8	9.2	13.5	52.1
2001	1701.1	1195.3	505.8	7.5	14.7	56.8
2002	1713.6	1155.6	558.0	7.9	13.6	46.1
2003	1936.3	1165.9	770.4	6.9	13.7	39.9
2004	2286.0	1242.9	1043.1	3.2	13.9	34.9
2005	2810.5	1249.0	1561.4	3.1	12.6	33.6
2006	3229.9	1393.6	1836.3	2.1	12.3	30.4
2007	3736.2	1535.3	2200.8	2.0	11.5	27.8
2008	3746.6	1638.8	2107.9	1.8	8.7	23.7
2009	4286.5	1693.9	2592.6	2.9	8.7	32.2
2010	5489.4	1732.4	3757.0	1.6	9.3	29.3

注：1.本表数据由国家外汇管理局提供。2001年起外债余额增加3个月以内贸易项下的对外融资余额。
2.偿债率指偿还外债本息与当年贸易和非贸易外汇收入(国际收支口径)之比；负债率指外债余额与当年国内生产总值之比；债务率指外债余额与当年贸易和非贸易外汇收入(国际收支口径)之比。

各种价格指数

(上年=100)

年份	居民消费价格指数	商品零售价格指数	农业生产资料价格指数	农产品生产价格指数	工业品出厂价格指数	原材料、燃料、动力购进价格指数	固定资产投资价格指数
1978	100.7	100.7	99.9	103.9	100.1		
1979	101.9	102.0	100.4	122.1	101.5		
1980	107.5	106.0	101.0	107.1	100.5		
1981	102.5	102.4	101.7	105.9	100.2		
1982	102.0	101.9	101.9	102.2	99.8		
1983	102.0	101.5	103.0	104.4	99.9		
1984	102.7	102.8	108.9	104.0	101.4		
1985	109.3	108.8	104.8	108.6	108.7		
1986	106.5	106.0	101.1	106.4	103.8		
1987	107.3	107.3	107.0	112.0	107.9		
1988	118.8	118.5	116.2	123.0	115.0		
1989	118.0	117.8	118.9	115.0	118.6	126.4	
1990	103.1	102.1	105.5	97.4	104.1	105.6	108.0
1991	103.4	102.9	102.9	98.0	106.2	109.1	109.5
1992	106.4	105.4	103.7	103.4	106.8	111.0	115.3
1993	114.7	113.2	114.1	113.4	124.0	135.1	126.6
1994	124.1	121.7	121.6	139.9	119.5	118.2	110.4
1995	117.1	114.8	127.4	119.9	114.9	115.3	105.9
1996	108.3	106.1	108.4	104.2	102.9	103.9	104.0
1997	102.8	100.8	99.5	95.5	99.7	101.3	101.7
1998	99.2	97.4	94.5	92.0	95.9	95.8	99.8
1999	98.6	97.0	95.8	87.8	97.6	96.7	99.6
2000	100.4	98.5	99.1	96.4	102.8	105.1	101.1
2001	100.7	99.2	99.1	103.1	98.7	99.8	100.4
2002	99.2	98.7	100.5	99.7	97.8	97.7	100.2
2003	101.2	99.9	101.4	104.4	102.3	104.8	102.2
2004	103.9	102.8	110.6	113.1	106.1	111.4	105.6
2005	101.8	100.8	108.3	101.4	104.9	108.3	101.6
2006	101.5	101.0	101.5	101.2	103.0	106.0	101.5
2007	104.8	103.8	107.7	118.5	103.1	104.4	103.9
2008	105.9	105.9	120.3	114.1	106.9	110.5	108.9
2009	99.3	98.8	97.5	97.6	94.6	92.1	97.6
2010	103.3	103.1	102.9	110.9	105.5	109.6	103.6

注：居民消费价格指数1985年及以前为职工生活费用价格指数（下表同）。

各种价格定基指数

年份	居民消费价格指数(1978年=100)	商品零售价格指数(1978年=100)	农业生产资料价格指数(1978年=100)	农产品生产价格指数(1978年=100)	工业品出厂价格指数(1985年=100)	原材料、燃料、动力购进价格指数(1990年=100)	固定资产投资价格指数(1991年=100)
1978	100.0	100.0	100.0	100.0			
1979	101.9	102.0	100.4	122.1			
1980	109.5	108.1	101.4	130.8			
1981	112.2	110.7	103.1	138.5			
1982	114.4	112.8	105.1	141.5			
1983	116.7	114.5	108.3	147.8			
1984	119.9	117.7	117.9	153.7			
1985	131.1	128.1	123.6	166.9	100.0		
1986	139.6	135.8	125.0	177.6	103.8		
1987	149.8	145.7	133.8	198.9	112.0		
1988	177.9	172.7	155.5	244.6	128.8		
1989	209.9	203.4	184.9	281.3	152.8		
1990	216.4	207.7	195.1	274.0	159.0	100.0	
1991	223.8	213.7	200.8	268.5	168.9	109.1	100.0
1992	238.1	225.2	208.2	277.6	180.4	121.1	115.3
1993	273.1	254.9	237.6	314.8	223.7	163.6	145.9
1994	339.0	310.2	288.9	440.5	267.3	193.4	161.1
1995	396.9	356.1	368.1	528.1	307.1	222.9	170.6
1996	429.9	377.8	399.0	550.3	316.0	231.6	177.4
1997	441.9	380.8	397.0	525.5	315.0	234.6	180.4
1998	438.4	370.9	375.2	483.5	302.1	224.7	180.0
1999	432.2	359.8	359.4	424.5	294.8	217.3	179.3
2000	434.0	354.4	356.2	409.2	303.1	228.4	181.3
2001	437.0	351.6	353.0	421.9	299.2	227.9	182.0
2002	433.5	347.0	354.8	420.6	292.6	222.7	182.4
2003	438.7	346.7	359.8	439.0	299.3	233.4	186.4
2004	455.8	356.4	397.9	496.5	317.6	260.0	196.8
2005	464.0	359.3	430.9	503.4	333.2	281.6	199.9
2006	471.0	362.9	437.4	509.4	343.2	298.5	202.9
2007	493.6	376.7	471.1	603.6	353.9	311.7	210.8
2008	522.7	398.9	566.7	688.5	378.2	344.4	229.6
2009	519.0	394.1	552.5	672.0	357.8	317.2	224.1
2010	536.1	406.3	568.5	745.3	377.5	347.7	232.2

居民消费价格指数

(上年=100)

项　　目	2008年	2009年	2010年		
				城　市	农　村
居民消费价格指数	**105.9**	**99.3**	**103.3**	**103.2**	**103.6**
食品	**114.3**	**100.7**	**107.2**	**107.1**	**107.5**
#粮食	107.0	105.6	111.8	111.5	112.3
油脂	125.4	81.7	103.8	103.4	104.4
肉禽及其制品	121.7	91.3	102.9	102.6	103.5
蛋	104.3	101.6	108.3	108.4	108.2
水产品	114.2	102.5	108.1	108.5	106.9
菜	111.0	113.6	118.5	117.8	120.6
糖	104.0	102.5	108.3	106.6	111.1
茶及饮料	103.7	101.8	101.3	101.3	101.4
干鲜瓜果	110.8	107.1	114.6	114.1	116.0
液体乳及乳制品	117.0	101.5	102.8	103.0	102.0
烟酒及用品	**102.9**	**101.5**	**101.6**	**101.7**	**101.4**
#烟草	100.4	100.4	100.5	100.5	100.4
酒	107.5	103.4	103.6	104.1	103.1
衣着	**98.5**	**98.0**	**99.0**	**98.9**	**99.4**
#服装	98.3	97.8	99.1	99.1	99.2
鞋袜帽	98.2	97.8	98.2	97.9	99.0
家庭设备用品及服务	**102.8**	**100.2**	**100.0**	**99.9**	**100.1**
#耐用消费品	101.2	98.1	98.5	98.3	99.1
室内装饰品	100.2	99.7	99.9	99.9	100.1
家庭服务及加工维修服务	109.0	105.2	106.7	107.2	104.8
医疗保健和个人用品	**102.9**	**101.2**	**103.2**	**103.2**	**103.2**
医疗保健	102.2	101.4	103.3	103.2	103.4
个人用品及服务费	104.4	100.8	103.0	103.0	103.0
交通和通信	**99.1**	**97.6**	**99.6**	**99.4**	**100.3**
交通	102.2	98.6	101.7	101.5	102.2
通信	95.6	96.3	97.3	97.1	97.7
娱乐教育文化	**99.3**	**99.3**	**100.6**	**100.4**	**100.9**
文娱用耐用消费品及服务	92.3	90.6	94.3	93.6	96.1
教育	100.5	101.6	101.4	101.2	101.9
文化娱乐用品	101.3	102.5	101.0	101.0	100.9
旅游	101.1	97.5	104.9	105.0	104.3
居住	**105.5**	**96.4**	**104.5**	**104.5**	**104.5**
建房及装修材料	107.1	100.2	103.3	102.9	103.5
租房	103.5	101.6	104.9	105.0	104.3
自有住房	102.8	85.3	103.6	103.7	102.9
水电燃料	106.4	97.9	105.5	105.2	106.2

各地区居民消费价格指数

(上年=100)

地　区	2004年	2005年	2006年	2007年	2008年	2009年	2010年
全　国	**103.9**	**101.8**	**101.5**	**104.8**	**105.9**	**99.3**	**103.3**
北　京	101.0	101.5	100.9	102.4	105.1	98.5	102.4
天　津	102.3	101.5	101.5	104.2	105.4	99.0	103.5
河　北	104.3	101.8	101.7	104.7	106.2	99.3	103.1
山　西	104.1	102.3	102.0	104.6	107.2	99.6	103.0
内蒙古	102.9	102.4	101.5	104.6	105.7	99.7	103.2
辽　宁	103.5	101.4	101.2	105.1	104.6	100.0	103.0
吉　林	104.1	101.5	101.4	104.8	105.1	100.1	103.7
黑龙江	103.8	101.2	101.9	105.4	105.6	100.2	103.9
上　海	102.2	101.0	101.2	103.2	105.8	99.6	103.1
江　苏	104.1	102.1	101.6	104.3	105.4	99.6	103.8
浙　江	103.9	101.3	101.1	104.2	105.0	98.5	103.8
安　徽	104.5	101.4	101.2	105.3	106.2	99.1	103.1
福　建	104.0	102.2	100.8	105.2	104.6	98.2	103.2
江　西	103.5	101.7	101.2	104.8	106.0	99.3	103.0
山　东	103.6	101.7	101.0	104.4	105.3	100.0	102.9
河　南	105.4	102.1	101.3	105.4	107.0	99.4	103.5
湖　北	104.9	102.9	101.6	104.8	106.3	99.6	102.9
湖　南	105.1	102.3	101.4	105.6	106.0	99.6	103.1
广　东	103.0	102.3	101.8	103.7	105.6	97.7	103.1
广　西	104.4	102.4	101.3	106.1	107.8	97.9	103.0
海　南	104.4	101.5	101.5	105.0	106.9	99.3	104.8
重　庆	103.7	100.8	102.4	104.7	105.6	98.4	103.2
四　川	104.9	101.7	102.3	105.9	105.1	100.8	103.2
贵　州	104.0	101.0	101.7	106.4	107.6	98.7	102.9
云　南	106.0	101.4	101.9	105.9	105.7	100.4	103.7
西　藏	102.7	101.5	102.0	103.4	105.7	101.4	102.2
陕　西	103.1	101.2	101.5	105.1	106.4	100.5	104.0
甘　肃	102.3	101.7	101.3	105.5	108.2	101.3	104.1
青　海	103.2	100.8	101.6	106.6	110.1	102.6	105.4
宁　夏	103.7	101.5	101.9	105.4	108.5	100.7	104.1
新　疆	102.7	100.7	101.3	105.5	108.1	100.7	104.3

各地区居民消费价格分类指数

(2010年)　　　　(上年=100)

地　区	居民消费价格指数	食品	烟酒及用品	衣着	家庭设备用品及服务	医疗保健和个人用品	交通和通信	娱乐教育文化	居住
全　国	**103.3**	**107.2**	**101.6**	**99.0**	**100.0**	**103.2**	**99.6**	**100.6**	**104.5**
北　京	102.4	105.5	101.1	98.4	99.4	101.5	100.8	99.4	105.0
天　津	103.5	108.0	104.3	102.8	99.5	103.7	98.1	98.8	102.3
河　北	103.1	107.8	101.5	97.5	99.8	102.5	99.1	100.1	104.1
山　西	103.0	108.5	102.8	96.8	98.5	102.3	98.5	100.5	103.8
内蒙古	103.2	109.5	101.9	99.4	98.8	101.8	99.7	99.6	102.2
辽　宁	103.0	107.9	100.7	96.2	99.8	102.4	99.9	99.9	103.4
吉　林	103.7	109.2	100.7	100.7	99.6	101.8	99.1	100.5	102.4
黑龙江	103.9	108.1	101.2	98.0	100.0	106.5	99.8	98.8	105.6
上　海	103.1	107.7	101.1	98.6	101.1	103.7	97.4	100.9	103.5
江　苏	103.8	107.4	102.4	100.7	100.1	102.9	99.8	101.6	105.0
浙　江	103.8	107.3	100.7	99.3	100.4	105.4	100.3	101.6	106.0
安　徽	103.1	106.6	102.0	98.1	98.9	103.3	99.6	100.5	105.5
福　建	103.2	107.8	101.4	95.7	99.2	103.1	99.5	100.2	105.4
江　西	103.0	105.6	100.3	98.8	99.3	102.7	99.0	100.4	106.9
山　东	102.9	108.3	102.5	97.6	99.6	101.9	99.3	99.7	103.6
河　南	103.5	107.9	101.2	101.1	99.6	103.2	99.4	100.6	104.3
湖　北	102.9	105.8	101.5	100.9	101.4	103.2	100.2	100.2	103.4
湖　南	103.1	105.4	100.7	100.7	100.5	101.8	100.5	101.7	105.1
广　东	103.1	105.9	102.3	99.6	100.0	103.8	99.6	100.4	104.8
广　西	103.0	107.1	101.6	99.8	98.8	101.5	100.4	98.4	105.7
海　南	104.8	107.6	100.6	101.2	104.6	102.0	100.6	99.4	109.7
重　庆	103.2	106.5	104.3	98.4	100.2	102.5	99.5	102.7	105.4
四　川	103.2	106.1	101.8	99.1	100.8	104.3	100.7	100.6	103.1
贵　州	102.9	107.7	102.0	97.4	99.3	101.3	100.8	100.4	102.4
云　南	103.7	108.4	101.0	96.8	99.6	104.0	100.0	101.0	104.6
西　藏	102.2	104.5	101.1	102.1	100.6	101.2	99.8	99.7	102.8
陕　西	104.0	108.5	101.0	99.1	100.0	105.8	99.8	101.0	104.0
甘　肃	104.1	109.4	102.8	100.0	100.6	103.5	99.3	100.4	104.1
青　海	105.4	108.3	101.1	106.7	101.5	104.9	103.0	104.7	102.8
宁　夏	104.1	108.3	101.4	101.3	100.9	101.8	100.1	103.9	103.4
新　疆	104.3	110.7	102.0	99.2	101.2	102.0	100.0	101.2	102.7

商品零售价格指数

(上年=100)

项　　目	2008年	2009年	2010年	城　市	农　村
商品零售价格指数	**105.9**	**98.8**	**103.1**	**102.8**	**103.6**
食品	**114.4**	**100.9**	**107.6**	**107.5**	**107.9**
#粮食	107.0	105.7	111.7	111.7	111.7
油脂	125.0	81.8	103.7	103.4	104.0
肉禽及其制品	121.7	91.7	103.0	102.7	103.5
蛋	104.3	101.6	108.3	108.4	108.1
水产品	114.5	102.3	108.3	108.9	106.7
菜	110.4	113.2	119.0	118.4	120.4
干鲜瓜果	111.3	106.7	114.3	113.8	115.6
液体乳及乳制品	117.4	101.4	102.9	103.2	101.9
饮料、烟酒	**103.4**	**101.7**	**101.7**	**101.8**	**101.4**
服装、鞋帽	**98.4**	**97.9**	**98.8**	**98.8**	**99.0**
纺织品	**100.5**	**99.6**	**101.2**	**101.0**	**101.7**
家用电器及音像器材	**96.9**	**94.2**	**96.1**	**95.5**	**97.5**
#家庭设备	100.7	97.3	97.5	97.1	98.6
文娱用耐用消费品	91.6	89.4	93.7	92.7	96.0
音像器材	97.2	97.0	97.8	97.4	99.6
文化办公用品	**96.8**	**96.2**	**97.8**	**97.2**	**99.2**
日用品	**103.7**	**102.0**	**100.3**	**100.2**	**100.5**
体育娱乐用品	**97.7**	**97.8**	**98.3**	**97.7**	**99.6**
#体育用品	100.8	101.0	99.9	99.8	100.2
娱乐用品	95.4	95.4	97.1	96.3	99.1
交通、通信用品	**93.2**	**93.7**	**95.6**	**95.3**	**96.6**
#交通运输机械	97.7	97.9	98.8	98.7	99.2
通讯器材	84.4	85.4	89.0	87.3	92.8
家具	**102.6**	**99.7**	**100.1**	**100.2**	**100.0**
化妆品	**100.7**	**100.8**	**100.4**	**100.4**	**100.3**
金银珠宝	**116.8**	**95.6**	**114.5**	**114.3**	**114.8**
中西药品及医疗保健用品	**103.1**	**101.5**	**104.3**	**104.1**	**104.8**
#中药材及中成药	106.9	102.4	111.1	110.8	111.6
西药	101.3	101.1	101.0	101.0	101.2
书报杂志及电子出版物	**101.5**	**105.0**	**101.3**	**101.1**	**101.7**
#教材及参考书	100.7	102.9	102.3	101.8	103.1
书报杂志	103.7	109.5	101.1	101.2	101.1
电子音像制品	98.1	98.7	99.6	99.6	99.7
燃料	**116.0**	**92.7**	**112.3**	**112.3**	**112.5**
#煤炭及制品	127.0	106.8	107.0	107.6	106.4
石油及制品	113.4	89.1	113.9	113.2	116.1
建筑材料及五金电料	**107.9**	**98.4**	**103.5**	**103.4**	**103.8**
#建筑装潢材料	109.5	97.9	104.0	103.8	104.3
五金电料	102.9	100.2	101.9	101.9	101.8

各地区农业生产资料价格分类指数

（2010年）　　　　（上年=100）

地区	农业生产资料价格指数	农用手工工具	饲料	产品畜	半机械化农具	机械化农具	化学肥料	农药及农药械	农用机油	其他农业生产资料	农业生产服务
全　国	**102.9**	**102.5**	**108.3**	**100.8**	**100.7**	**101.4**	**98.6**	**100.4**	**110.3**	**107.2**	**104.3**
北　京											
天　津											
河　北	104.4	105.0	108.2	105.0	99.9	101.8	100.2	97.6	115.2	108.0	103.1
山　西	102.0	103.3	109.7	96.1	100.0	99.6	94.7	101.3	109.8	105.7	107.2
内蒙古	102.0	100.2	106.2	101.7	99.9	101.5	97.4	104.5	111.2	103.3	101.5
辽　宁	103.7	104.9	112.8	99.6	102.9	103.4	95.3	99.0	112.5	103.6	108.4
吉　林	99.1	100.9	103.9	97.9	99.8	99.8	92.8	98.4	110.4	101.8	112.8
黑龙江	105.6	100.9	107.0	101.9	101.0	100.8	97.7	98.5	110.2	126.0	117.4
上　海											
江　苏	104.2	102.1	110.4	99.4	100.2	102.3	99.4	100.2	113.0	104.4	103.4
浙　江	102.9	101.9	108.7	93.0	101.5	100.9	101.3	98.9	108.1	103.5	101.0
安　徽	102.0	99.4	104.5	106.1	99.0	96.9	99.6	99.0	111.4	104.4	104.0
福　建	102.4	101.5	105.5	107.8	101.0	101.5	97.4	100.3	109.3	106.2	105.0
江　西	101.9	103.4	103.7	99.2	106.2	103.2	96.4	100.7	108.7	111.1	102.9
山　东	103.0	103.2	106.1	113.4	101.0	101.8	99.0	101.4	110.7	103.7	105.0
河　南	103.1	101.1	109.1	101.8	100.9	100.1	98.5	100.6	113.1	109.5	102.3
湖　北	101.9	103.6	104.3	97.5	101.0	101.8	97.8	101.1	107.4	111.1	104.3
湖　南	101.4	104.9	108.4	100.0	102.2	109.6	96.5	102.3	110.1	113.6	102.8
广　东	101.7	101.7	102.1	95.9	100.9	100.6	101.7	100.0	108.4	104.0	103.2
广　西	101.9	103.1	106.2	101.4	101.0	101.9	97.1	100.8	113.9	104.9	100.5
海　南	107.3	104.1	107.9	103.4	105.6	106.5	109.3	100.3	114.8	114.6	103.4
重　庆											
四　川	103.6	100.9	108.3	98.7	99.8	100.1	101.0	101.0	107.0	108.0	109.9
贵　州	101.1	107.5	109.4	97.1	99.3	98.9	92.7	99.1	107.5	99.9	102.9
云　南	101.4	100.5	108.7	92.7	100.7	102.1	98.2	100.7	107.4	106.0	106.5
西　藏	100.6	99.9	100.0	101.2	99.8	99.9	100.7	100.1	101.0	100.7	100.2
陕　西	105.3	103.1	108.9	100.4	98.9	100.0	108.2	100.7	107.8	105.8	104.6
甘　肃	101.7	104.4	126.3	82.6	98.6	101.8	97.8	102.1	108.1	103.8	101.8
青　海	103.5	99.9	115.6	104.1	96.7	95.5	102.6	101.8	108.0	105.6	116.3
宁　夏	104.4	101.7	115.9	106.2	97.8	101.2	97.1	100.9	109.1	104.9	105.9
新　疆	103.1	101.0	114.0	127.1	101.7	100.1	95.3	101.7	110.1	100.7	102.0

农产品生产价格指数

（上年＝100）

指　　标	2005年	2006年	2007年	2008年	2009年	2010年
农产品生产价格指数	**101.4**	**101.2**	**118.5**	**114.1**	**97.6**	**110.9**
农业产品	**101.6**	**104.5**	**109.8**	**108.4**	**102.9**	**116.6**
谷物	99.2	102.1	109.0	107.1	104.9	112.8
小麦	96.4	100.1	105.5	108.7	107.9	107.9
稻谷	101.6	102.0	105.4	106.6	105.2	112.8
玉米	98.0	103.0	115.0	107.3	98.5	116.1
大豆	94.2	99.2	124.2	119.7	92.3	107.9
油料	91.3	104.8	133.4	128.0	94.2	112.1
棉花	111.8	97.1	109.6	90.6	111.8	157.7
糖料	111.6	121.1	100.0	98.4	101.5	106.0
蔬菜	107.2	109.3	106.9	104.7	111.8	116.8
水果	107.4	111.4	101.3	101.4	107.0	118.9
林业产品	**104.8**	**112.8**	**104.4**	**108.5**	**94.9**	**122.8**
畜牧产品	**100.5**	**94.3**	**131.4**	**123.9**	**90.1**	**103.0**
猪（毛重）	97.6	90.6	145.9	130.8	81.6	98.3
牛（毛重）	101.7	100.6	117.5	123.6	101.0	104.7
羊（毛重）	101.7	101.8	121.0	118.8	101.1	108.7
家禽（毛重）	105.6	97.2	117.0	111.9	102.2	107.0
蛋类	106.4	96.0	115.9	112.2	102.8	107.5
奶类	99.6	102.9	106.2	125.5	91.6	115.3
渔业产品	**104.7**	**103.9**	**108.1**	**111.2**	**99.0**	**107.6**
海水鱼类	104.2	109.6	110.1	109.4	99.9	110.5
淡水鱼类	106.2	99.9	106.8	114.6	101.3	104.9

各地区农产品生产价格指数

(上年=100)

地 区	2005年	2006年	2007年	2008年	2009年	2010年
全 国	**101.4**	**101.2**	**118.5**	**114.1**	**97.6**	**110.9**
北 京	103.5	99.1	114.4	112.3	98.3	106.5
天 津	103.4	103.4	107.8	107.1	103.0	110.2
河 北	102.5	100.2	116.2	109.0	99.7	115.1
山 西	103.5	100.2	113.0	109.2	100.4	110.2
内蒙古	103.2	103.6	114.9	111.0	99.8	111.4
辽 宁	101.5	105.8	116.6	109.8	102.9	110.6
吉 林	100.3	104.6	114.0	104.5	103.8	111.8
黑龙江	101.0	100.0	119.9	117.0	98.1	109.2
上 海	105.7	101.9	110.2	109.7	102.2	107.1
江 苏	100.3	99.9	112.6	114.3	99.9	108.8
浙 江	105.9	102.7	108.6	112.9	100.3	114.8
安 徽	98.7	99.3	114.1	114.7	99.1	110.8
福 建	103.9	102.7	112.6	110.7	98.0	111.5
江 西	100.5	101.4	115.0	114.2	96.8	107.5
山 东	102.9	103.4	114.0	112.5	101.2	118.8
河 南	100.7	100.9	117.7	115.0	99.1	112.5
湖 北	100.3	99.5	117.0	117.0	96.3	112.3
湖 南	99.5	100.7	130.6	126.7	90.6	109.9
广 东	103.5	102.6	109.7	113.9	95.0	107.6
广 西	100.0	106.8	121.5	113.0	89.3	107.6
海 南	102.2	105.6	104.7	112.5	101.9	107.9
重 庆	100.0	93.6	121.8	120.2	89.0	103.2
四 川	103.2	102.7	120.8	118.4	96.9	105.9
贵 州	101.8	101.4	113.0	115.5	96.1	106.7
云 南	104.0	106.6	117.5	115.5	96.5	112.5
西 藏						
陕 西	104.9	103.2	115.4	111.2	95.8	121.7
甘 肃	103.1	102.6	111.4	114.0	100.2	113.8
青 海	103.3	104.5	119.0	114.9	94.6	124.3
宁 夏	103.3	101.2	115.0	118.7	99.4	117.0
新 疆	108.3	98.4	114.7	119.8	92.9	131.5

工业品出厂价格指数

(上年=100)

项　　目	2004年	2005年	2006年	2007年	2008年	2009年	2010年
工业品出厂价格指数	**106.1**	**104.9**	**103.0**	**103.1**	**106.9**	**94.6**	**105.5**
生产资料	**107.8**	**106.8**	**103.9**	**103.2**	**107.7**	**93.3**	**106.6**
采掘工业	118.8	125.8	114.1	103.8	123.2	84.2	122.2
原材料工业	110.2	109.8	106.6	105.6	108.9	91.9	110.1
加工工业	104.8	102.2	101.1	102.0	105.2	95.1	103.1
生活资料	**101.2**	**99.8**	**100.2**	**102.8**	**104.1**	**98.8**	**102.0**
食品类	105.2	100.9	100.5	107.0	108.3	98.6	103.8
衣着类	100.9	100.8	101.3	101.2	102.2	100.1	102.0
一般日用品类	101.9	101.9	100.8	101.5	103.6	99.2	101.9
耐用消费品类	96.2	96.8	98.0	99.0	99.5	97.7	99.4

原材料、燃料、动力购进价格分类指数

(上年=100)

项　　目	2004年	2005年	2006年	2007年	2008年	2009年	2010年
原材料、燃料、动力购进价格指数	**111.4**	**108.3**	**106.0**	**104.4**	**110.5**	**92.1**	**109.6**
燃料、动力类	109.7	115.0	111.9	104.3	120.6	89.2	116.3
黑色金属材料类	120.4	107.5	98.3	105.4	118.4	86.3	106.6
有色金属材料类	120.1	114.0	130.8	111.6	98.6	81.1	122.2
化工原料类	108.9	108.3	102.1	103.6	105.2	91.3	107.0
木材及纸浆类	102.8	103.5	102.6	102.7	105.2	95.8	103.0
建材类	105.1	103.1	101.9	103.0	109.5	101.1	103.8
农副产品类	114.2	101.7	104.3	106.1	107.5	97.0	110.4
纺织原料类	104.7	102.4	102.9	101.4	103.1	98.8	106.7

按行业分工业品出厂价格指数

(上年＝100)

行　　业	2006年	2007年	2008年	2009年	2010年
工业品出厂价格指数	**103.0**	**103.1**	**106.9**	**94.6**	**105.5**
煤炭开采和洗选业	105.0	103.8	128.7	101.9	110.0
石油和天然气开采业	122.0	102.0	122.1	66.0	137.8
黑色金属矿采选业	96.8	110.3	131.4	74.3	117.5
有色金属矿采选业	123.4	112.6	104.8	88.9	119.0
非金属矿采选业	102.5	103.1	111.0	97.8	106.4
农副食品加工业	100.1	113.3	114.4	96.0	105.5
食品制造业	101.1	102.6	108.0	101.1	103.3
饮料制造业	100.5	101.2	103.7	100.6	102.9
烟草制品业	100.5	100.4	100.5	100.5	100.4
纺织业	102.1	100.8	101.5	98.3	108.5
纺织服装、鞋、帽制造业	100.9	100.7	102.1	99.9	101.7
皮革、毛皮、羽毛(绒)及其制品业	101.2	102.4	102.3	98.5	101.7
木材加工及木、竹、藤、棕、草制品业	102.3	103.6	104.1	98.8	101.5
家具制造业	100.3	101.5	103.3	100.2	101.4
造纸及纸制品业	100.7	101.0	105.8	94.4	103.5
印刷业和记录媒介的复制	99.8	100.5	102.6	99.9	100.7
文教体育用品制造业	101.4	101.5	101.9	100.3	102.4
石油加工、炼焦及核燃料加工业	118.0	105.0	120.3	91.2	117.8
化学原料及化学制品制造业	100.4	103.8	111.2	88.1	108.0
医药制造业	98.6	102.1	103.8	100.2	103.2
化学纤维制造业	101.2	103.3	99.4	90.5	114.1
橡胶制品业	104.7	103.3	104.9	99.6	103.8
塑料制品业	101.0	102.0	102.7	96.1	102.3
非金属矿物制品业	101.5	101.3	107.9	99.9	102.1
黑色金属冶炼及压延加工业	96.0	107.9	119.7	83.9	107.4
有色金属冶炼及压延加工业	122.5	113.9	96.8	83.4	117.3
金属制品业	101.0	102.6	106.7	96.8	101.7
通用设备制造业	100.2	101.3	104.8	98.7	100.1
专用设备制造业	101.2	101.5	103.3	100.0	101.2
交通运输设备制造业	99.5	100.1	101.5	99.9	100.3
电气机械及器材制造业	107.4	103.7	101.1	95.0	103.2
通信设备、计算机及其他电子设备制造业	96.6	97.5	98.3	95.7	98.3
仪器仪表及文化、办公用机械制造业	99.2	98.9	100.3	99.1	99.1
工艺品及其他制造业	102.5	104.3	105.5	100.5	103.5
废弃资源和废旧材料回收加工业	103.4	104.4	108.9	85.0	107.5
电力、热力的生产和供应业	102.8	102.2	101.9	102.4	102.0
燃气生产和供应业	106.8	104.8	105.9	100.5	105.4
水的生产和供应业	106.4	104.8	102.9	103.2	105.5

固定资产投资价格指数

年 份	上年=100				1990年=100			
	固定资产投资	建筑安装工程	设备工器具购置	其他费用	固定资产投资	建筑安装工程	设备工器具购置	其他费用
1990	108.0	106.9	109.1	112.4	100.0	100.0	100.0	100.0
1991	109.5	109.7	106.1	116.8	109.5	109.7	106.1	116.8
1992	115.3	116.8	109.4	120.9	126.3	128.1	116.1	141.2
1993	126.6	131.3	119.7	123.4	159.8	168.2	138.9	174.3
1994	110.4	110.4	109.5	112.1	176.5	185.7	152.1	195.3
1995	105.9	104.7	106.3	112.4	186.9	194.5	161.7	219.6
1996	104.0	105.1	101.6	104.3	194.3	204.4	164.3	229.0
1997	101.7	102.9	98.1	102.9	197.6	210.3	161.2	235.6
1998	99.8	100.5	97.5	100.4	197.3	211.4	157.2	236.6
1999	99.6	100.3	97.5	99.9	196.5	212.0	153.2	236.3
2000	101.1	102.4	97.4	101.0	198.6	217.1	149.2	238.7
2001	100.4	101.4	97.0	101.0	199.4	220.1	144.8	241.1
2002	100.2	101.0	97.0	101.2	199.8	222.3	140.4	244.0
2003	102.2	104.2	97.0	101.6	204.2	231.7	136.2	247.9
2004	105.6	108.2	99.4	103.5	215.7	250.7	135.4	256.6
2005	101.6	101.8	99.4	103.2	219.1	255.2	134.6	264.8
2006	101.5	101.3	100.7	103.3	222.4	258.5	135.5	273.5
2007	103.9	105.1	100.2	104.2	231.1	271.8	135.7	284.9
2008	108.9	112.9	100.6	105.4	251.8	306.9	136.4	300.3
2009	97.6	96.3	97.6	102.4	245.8	295.5	133.1	307.5
2010	103.6	104.9	100.3	103.1	254.6	310.0	133.5	317.0

建筑安装工程价格指数

(上年=100)

项 目	2004年	2005年	2006年	2007年	2008年	2009年	2010年
建筑安装工程价格指数	**108.2**	**101.8**	**101.3**	**105.1**	**112.9**	**96.3**	**104.9**
人工费	104.6	105.6	106.7	108.9	113.8	106.6	109.1
材料费	110.7	100.9	99.8	104.5	114.1	92.8	104.3
#钢材	117.4	100.6	96.5	106.0	120.1	85.3	105.0
木材	103.7	102.1	102.5	104.1	108.3	101.5	103.8
水泥	106.4	98.0	100.8	103.9	110.4	100.4	103.1

各地区固定资产投资价格指数

（上年=100）

地 区	2004年	2005年	2006年	2007年	2008年	2009年	2010年
全 国	**105.6**	**101.6**	**101.5**	**103.9**	**108.9**	**97.6**	**103.6**
北 京	104.3	100.7	100.4	102.8	107.8	97.1	102.5
天 津	107.3	101.2	100.7	102.6	109.2	97.6	102.6
河 北	107.0	101.9	101.7	103.8	109.6	96.5	103.7
山 西	105.2	103.0	101.5	104.1	113.3	98.1	103.7
内蒙古	105.0	103.7	103.3	103.8	108.1	98.5	105.4
辽 宁	104.8	102.8	102.1	104.3	109.1	97.0	103.3
吉 林	104.1	102.0	102.2	103.9	107.3	99.4	102.4
黑龙江	105.0	102.2	102.1	104.5	109.0	97.6	105.2
上 海	106.7	100.8	100.1	103.5	107.9	97.0	103.8
江 苏	109.4	100.9	101.2	104.9	110.0	97.7	105.1
浙 江	105.9	100.3	101.5	104.4	109.3	96.7	104.7
安 徽	106.1	101.0	101.9	105.4	109.4	96.0	105.4
福 建	103.4	100.7	102.0	105.9	105.9	98.0	103.3
江 西	107.4	100.5	103.2	105.4	110.4	96.1	104.8
山 东	107.4	102.9	101.8	104.0	107.7	96.9	103.6
河 南	110.1	101.4	101.6	104.6	109.0	96.4	103.5
湖 北	106.0	102.2	101.8	104.1	109.4	98.8	104.7
湖 南	105.5	103.6	103.1	105.8	109.9	99.7	104.0
广 东	106.4	101.6	100.7	102.4	108.6	96.7	103.0
广 西	104.6	101.4	101.2	102.3	107.9	97.9	103.0
海 南	105.6	101.2	101.0	106.1	113.3	97.7	105.2
重 庆	105.1	102.3	101.7	105.5	110.2	97.8	102.1
四 川	106.8	103.9	102.9	104.7	112.5	98.3	102.5
贵 州	104.9	101.4	101.1	103.5	108.9	100.5	102.7
云 南	108.0	104.6	101.8	104.2	107.4	98.1	102.7
西 藏							
陕 西	104.5	103.7	102.6	104.0	109.5	99.3	103.6
甘 肃	105.5	102.2	104.1	102.8	106.7	101.5	103.5
青 海	102.8	102.1	102.4	104.2	110.5	100.9	103.8
宁 夏	104.9	102.1	101.3	103.2	109.0	100.2	104.2
新 疆	104.5	102.8	102.2	104.4	111.2	98.0	104.6

人民生活基本情况

指标名称	单 位	1990年	2000年	2009年	2010年
就业					
城镇居民家庭每一就业者负担人数	人	1.77	1.86	1.94	1.93
农村居民家庭每一劳动力负担人数	人	1.64	1.52	1.40	1.39
城镇登记失业率	%	2.5	3.1	4.3	4.1
收入与支出					
城镇居民人均可支配收入	元	1510	6280	17175	19109
农村居民人均纯收入	元	686	2253	5153	5919
城镇居民人均可支配收入指数	1978年=100	198	384	895	965
农村居民人均纯收入指数	1978年=100	311	483	861	954
城镇居民人均消费性支出	元	1279	4998	12265	13471
农村居民人均生活消费支出	元	585	1670	3993	4382
人均储蓄存款余额	元	623	5076	19537	22639
城镇居民家庭恩格尔系数	%	54.2	39.4	36.5	35.7
农村居民家庭恩格尔系数	%	58.8	49.1	41.0	41.1
住房					
城镇新建住宅面积	亿平方米	1.73	5.49	8.21	8.34
农村新建住宅面积	亿平方米	6.91	7.97	10.21	9.58
城镇居民人均住房建筑面积	平方米			31.3	31.6
农村人均住房面积	平方米	17.8	24.8	33.6	34.1
文化					
城镇每百户彩色电视机拥有量	台	59.0	116.6	135.7	137.4
农村每百户彩色电视机拥有量	台	4.7	48.7	108.9	111.8
城镇每百户家用电脑拥有量	台		9.7	65.7	71.2
农村每百户家用电脑拥有量	台		0.5	7.5	10.4
广播综合人口覆盖率	%	74.7	92.5	96.3	96.8
电视综合人口覆盖率	%	79.4	93.7	97.2	97.6
教育					
小学学龄儿童入学率	%	97.8	99.1	99.4	99.7
每十万人口高等学校在校学生数	人	326	723	2128	2189
卫生和社会服务					
每万人口医院、卫生院床位数	张	23.2	23.8	30.6	32.8
每万人口执业(助理)医师	人	15.6	16.8	17.5	18.0
社区服务设施覆盖率	%	7.7	22.4	25.6	22.4
社会保障					
参加城镇基本养老保险人数	万人	6166	13617	23550	25707
参加城镇基本医疗保险人数	万人		3787	40147	43263
参加失业保险人数	万人		10408	12715	13376
参加工伤保险人数	万人		4350	14896	16161
参加生育保险人数	万人		3002	10876	12336
社会保险基金收入	亿元	187	2645	16116	18823

注：1.本表价值量指标按当年价格计算，指数按可比价格计算。

2.城镇居民人均住房建筑面积为城镇住户抽样调查数据(不含集体户)。

城乡居民家庭人均收入和指数

年 份	城镇居民家庭人均可支配收入			农村居民家庭人均纯收入		
	绝对数(元)	指 数(上年=100)	指 数(1978年=100)	绝对数(元)	指 数(上年=100)	指 数(1978年=100)
1978	343.4		100.0	133.6		100.0
1979	405.0	115.7	115.7	160.2	119.2	119.2
1980	477.6	109.7	127.0	191.3	116.6	139.0
1981	500.4	102.2	129.9	223.4	115.4	160.4
1982	535.3	104.9	136.3	270.1	119.9	192.3
1983	564.6	103.9	141.5	309.8	114.2	219.6
1984	652.1	112.2	158.7	355.3	113.6	249.5
1985	739.1	101.1	160.4	397.6	107.8	268.9
1986	900.9	113.9	182.7	423.8	103.2	277.6
1987	1002.1	102.2	186.8	462.6	105.2	292.0
1988	1180.2	97.6	182.3	544.9	106.4	310.7
1989	1373.9	100.1	182.5	601.5	98.4	305.7
1990	1510.2	108.5	198.1	686.3	101.8	311.2
1991	1700.6	107.1	212.4	708.6	102.0	317.4
1992	2026.6	109.7	232.9	784.0	105.9	336.2
1993	2577.4	109.5	255.1	921.6	103.2	346.9
1994	3496.2	108.5	276.8	1221.0	105.0	364.3
1995	4283.0	104.9	290.3	1577.7	105.3	383.6
1996	4838.9	103.8	301.6	1926.1	109.0	418.1
1997	5160.3	103.4	311.9	2090.1	104.6	437.3
1998	5425.1	105.8	329.9	2162.0	104.3	456.1
1999	5854.0	109.3	360.6	2210.3	103.8	473.5
2000	6280.0	106.4	383.7	2253.4	102.1	483.4
2001	6859.6	108.5	416.3	2366.4	104.2	503.7
2002	7702.8	113.4	472.1	2475.6	104.8	527.9
2003	8472.2	109.0	514.6	2622.2	104.3	550.6
2004	9421.6	107.7	554.2	2936.4	106.8	588.0
2005	10493.0	109.6	607.4	3254.9	106.2	624.5
2006	11759.5	110.4	670.7	3587.0	107.4	670.7
2007	13785.8	112.2	752.5	4140.4	109.5	734.4
2008	15780.8	108.4	815.7	4760.6	108.0	793.2
2009	17174.7	109.8	895.4	5153.2	108.5	860.6
2010	19109.4	107.8	965.2	5919.0	110.9	954.4
平均每年增长(%)						
1979-2010年			7.3			7.3
1991-2010年			8.2			5.8
2001-2010年			9.7			7.0

注：本表绝对数按当年价格计算，指数和平均增长速度按可比价格计算。

城乡居民家庭人均消费支出和住房情况

年 份	城镇居民家庭		农村居民家庭		城镇居民人均住房建筑面积(平方米)	农村人均住房面积(平方米)
	人均消费性支出(元)	恩格尔系 数(%)	人均生活消费支出(元)	恩格尔系 数(%)		
1978	311.16	57.5	116.06	67.7		8.1
1979			134.51	64.0		8.4
1980	412.44	56.9	162.21	61.8		9.4
1981	456.84	56.7	190.81	59.9		10.2
1982	471.00	58.6	220.23	60.7		10.7
1983	505.92	59.2	248.29	59.4		11.6
1984	559.44	58.0	273.80	59.2		13.6
1985	673.20	53.3	317.42	57.8		14.7
1986	798.96	52.4	356.95	56.4		15.3
1987	884.40	53.5	398.29	55.8		16.0
1988	1103.98	51.4	476.66	54.0		16.6
1989	1210.95	54.5	535.37	54.8		17.2
1990	1278.89	54.2	584.63	58.8		17.8
1991	1453.81	53.8	619.79	57.6		18.5
1992	1671.73	53.0	659.21	57.6		18.9
1993	2110.81	50.3	769.65	58.1		20.7
1994	2851.34	50.0	1016.81	58.9		20.2
1995	3537.57	50.1	1310.36	58.6		21.0
1996	3919.47	48.8	1572.08	56.3		21.7
1997	4185.64	46.6	1617.15	55.1		22.5
1998	4331.61	44.7	1590.33	53.4		23.3
1999	4615.91	42.1	1577.42	52.6		24.2
2000	4998.00	39.4	1670.13	49.1		24.8
2001	5309.01	38.2	1741.09	47.7		25.7
2002	6029.88	37.7	1834.31	46.2	24.5	26.5
2003	6510.94	37.1	1943.30	45.6	25.3	27.2
2004	7182.10	37.7	2184.65	47.2	26.4	27.9
2005	7942.90	36.7	2555.40	45.5	27.8	29.7
2006	8696.55	35.8	2829.02	43.0	28.5	30.7
2007	9997.47	36.3	3223.85	43.1	30.1	31.6
2008	11242.85	37.9	3660.68	43.7	30.6	32.4
2009	12264.55	36.5	3993.45	41.0	31.3	33.6
2010	13471.45	35.7	4381.82	41.1	31.6	34.1

注：城镇居民人均住房建筑面积为城镇住户抽样调查数据（不含集体户）。

城乡居民人民币储蓄存款

单位：亿元

年 份	年底余额			年增加额		
	总 计	定 期	活 期	总 计	定 期	活 期
1978	210.6	128.9	81.7	29.0	17.2	11.8
1980	395.8	304.9	90.9	114.8	138.5	-23.7
1985	1622.6	1225.2	397.4	407.9	324.3	83.6
1990	7119.6	5909.4	1210.2	1935.1	1700.9	234.2
1991	9244.9	7634.9	1610.0	2125.3	1725.5	399.8
1992	11757.3	9445.0	2312.3	2512.4	1810.1	702.3
1993	15203.5	12108.3	3095.2	3446.2	2663.3	782.9
1994	21518.8	16838.7	4680.1	6315.3	4730.4	1584.9
1995	29662.3	23778.3	5884.1	8143.5	6939.6	1203.9
1996	38520.8	30873.2	7647.6	8858.6	7095.0	1763.6
1997	46279.8	36226.7	10053.1	7759.0	5353.5	2405.4
1998	53407.5	41791.6	11615.9	7127.7	5564.8	1562.8
1999	59621.8	44955.1	14666.7	6214.4	3163.5	3050.8
2000	64332.4	46141.7	18190.7	4710.6	1186.6	3524.0
2001	73762.4	51434.9	22327.6	9430.1	5293.2	4136.9
2002	86910.7	58788.9	28121.7	13148.2	7354.1	5794.1
2003	103617.7	68498.7	35119.0	16707.0	9709.7	6997.3
2004	119555.4	78138.9	41416.5	15937.7	9640.2	6297.6
2005	141051.0	92263.5	48787.5	21495.6	14124.7	7370.9
2006	161587.3	103011.4	58575.9	20544.0	10777.3	9766.7
2007	172534.2	104934.5	67599.7	10946.9	1923.1	9023.8
2008	217885.4	139300.2	78585.2	45351.2	34365.7	10985.5
2009	260771.7	160230.4	100541.3	42886.3	20930.2	21956.1
2010	303302.5	178413.9	124888.6	42530.8	18183.5	24347.3

农村居民贫困状况

年 份	贫困标准(元/人)	贫困人口(万人)	贫困发生率(%)	年 份	贫困标准(元/人)	贫困人口(万人)	贫困发生率(%)
1978	100	25000	30.7	1998	635	4210	4.6
1984	200	12800	15.1	1999	625	3412	3.7
1985	206	12500	14.8	2000	625	3209	3.5
1986	213	13100	15.5	2001	630	2927	3.2
1987	227	12200	14.3	2002	627	2820	3.0
1988	236	9600	11.1	2003	637	2900	3.1
1989	259	10200	11.6	2004	668	2610	2.8
1990	300	8500	9.4	2005	683	2365	2.5
1991	304	9400	10.4	2006	693	2148	2.3
1992	317	8000	8.8	2007	785	1479	1.6
1994	440	7000	7.7	2008	1196	4007	4.2
1995	530	6540	7.1	2009	1196	3597	3.8
1997	640	4962	5.4	2010	1274	2688	2.8

注：1.贫困发生率也称贫困人口比重，指低于贫困线标准的人口数占总人口数的比重。

2.从2008年始,农村贫困人口数据根据新修订的农村贫困标准统计，新贫困标准将原低收入人口纳入贫困人口统计，因此2008年及以后数据与历史数据不可比。

城镇居民家庭基本情况

项　　目	单位	1990年	1995年	2000年	2005年	2009年	2010年
调查户数	**户**	**35660**	**35520**	**42220**	**54496**	**65506**	**65607**
平均每户家庭人口数	人	3.50	3.23	3.13	2.96	2.89	2.88
平均每户就业人口数	人	1.98	1.87	1.68	1.51	1.49	1.49
平均每户就业面	%	56.57	57.89	53.67	51.01	51.56	51.74
平均每一就业者负担人数(含本人)	人	1.77	1.73	1.86	1.96	1.94	1.93
平均每人全部年收入	**元**	**1516.2**	**4279.0**	**6295.9**	**11320.8**	**18858.1**	**21033.4**
工资性收入	元	1149.7	3390.2	4480.5	7797.5	12382.1	13707.7
经营净收入	元	22.5	72.6	246.2	679.6	1528.7	1713.5
财产性收入	元	15.6	90.4	128.4	192.9	431.8	520.3
转移性收入	元	328.4	725.8	1440.8	2650.7	4515.5	5091.9
#可支配收入	元	1510.2	4283.0	6280.0	10493.0	17174.7	19109.4
平均每人每年总支出	**元**	**1413.9**	**4102.9**	**6147.4**	**10579.5**	**17248.3**	**18258.4**
消费性支出	元	1278.9	3537.6	4998.0	7942.9	12264.6	13471.5
非消费性支出	元	37.2	561.1	1146.1	2636.6	4983.8	4786.9
恩格尔系数	**%**	**54.2**	**50.1**	**39.4**	**36.7**	**36.5**	**35.7**

注：本表为城镇居民家庭抽样调查资料。2002年起城镇住户调查对象由原来的非农业人口改为城市市区和县城关镇区常住人口。

城镇居民家庭平均每人全年消费支出和购买的主要商品数量

项　　目	单位	2004年	2005年	2006年	2007年	2008年	2009年	2010年
消费性支出	**元**	**7182.1**	**7942.9**	**8696.6**	**9997.5**	**11242.9**	**12264.6**	**13471.5**
食品	元	2709.6	2914.4	3111.9	3628.0	4259.8	4478.5	4804.7
#粮油类	元	382.3	389.4	395.7	465.2	576.0	552.5	619.2
肉禽蛋水产品类	元	773.1	825.2	816.1	1030.9	1268.8	1261.7	1339.1
蔬菜类	元	256.5	275.5	298.5	348.6	409.3	446.6	501.7
糖烟酒饮料类	元	285.6	309.7	346.5	398.0	433.4	488.8	504.6
干鲜瓜果类	元	189.6	206.3	240.2	272.2	293.5	332.7	378.8
糕点、奶及奶制品	元	189.8	200.0	214.4	234.7	273.3	287.5	296.8
饮食服务	元	534.3	608.5	692.6	762.9	879.4	977.7	1020.9
衣着	元	686.8	800.5	901.8	1042.0	1165.9	1284.2	1444.3
居住	元	733.5	808.7	904.2	982.3	1145.4	1228.9	1332.1
#住房	元	247.9	249.3	285.1	302.2	345.1	397.0	421.2
水电燃料及其他	元	451.5	516.3	569.4	620.8	724.3	746.6	807.9
家庭设备用品及服务	元	407.4	446.5	498.5	601.8	691.8	786.9	908.0
医疗保健	元	528.2	600.9	620.5	699.1	786.2	856.4	871.8
交通和通信	元	843.6	996.7	1147.1	1357.4	1417.1	1682.6	1983.7
交通	元	389.1	499.6	606.9	759.1	804.4	1040.9	1254.8
通信	元	454.6	497.1	540.2	598.3	612.7	641.7	728.9
教育文化娱乐服务	元	1032.8	1097.5	1203.0	1329.2	1358.3	1472.8	1627.6
文化娱乐用品	元	256.7	280.2	310.3	343.2	354.8	381.3	407.0
文化娱乐服务	元	217.2	245.9	280.8	347.6	381.3	445.6	559.3
教育	元	559.0	571.3	612.0	638.4	622.2	645.9	661.3
其他商品和服务	元	240.2	277.8	309.5	357.7	418.3	474.2	499.2
购买的主要商品数量								
粮食	千克	78.2	77.0	75.9	77.6		81.3	81.5
鲜菜	千克	122.3	118.6	117.6	117.8	123.2	120.5	116.1
食用植物油	千克	9.3	9.3	9.4	9.6	10.3	9.7	8.8
猪肉	千克	19.2	20.2	20.0	18.2	19.3	20.5	20.7
牛羊肉	千克	3.7	3.7	3.8	3.9	3.4	3.7	3.8
禽类	千克	6.4	9.0	8.3	9.7		10.5	10.2
鲜蛋	千克	10.4	10.4	10.4	10.3	10.7	10.6	10.0
水产品	千克	12.5	12.6	13.0	14.2			
酒	千克	8.9	8.9	9.1	9.1			7.0
煤炭	千克	92.0	84.0	70.9	51.0	55.7	43.3	34.4

城镇居民家庭平均每百户耐用消费品年底拥有量

项　　目	单位	2004年	2005年	2006年	2007年	2008年	2009年	2010年
摩托车	辆	24.8	25.0	25.3	24.8	21.4	22.4	22.5
洗衣机	台	95.9	95.5	96.8	96.8	94.7	96.0	96.9
电冰箱	台	90.2	90.7	91.8	95.0	93.6	95.4	96.6
彩色电视机	台	133.4	134.8	137.4	137.8	132.9	135.7	137.4
组合音响	台	28.3	28.8	29.1	30.2	27.4	28.2	28.1
照相机	台	47.0	46.9	48.0	45.1	39.1	41.7	43.7
空调器	台	69.8	80.7	87.8	95.1	100.3	106.8	112.1
淋浴热水器	台	69.4	72.7	75.1	79.5	80.7	83.4	84.8
家用电脑	台	33.1	41.5	47.2	53.8	59.3	65.7	71.2
摄像机	台	3.2	4.3	5.1	6.2	7.1	7.8	8.2
微波炉	台	41.7	47.6	50.6	53.4	54.6	57.2	59.0
健身器材	件	4.2	4.7	5.0	4.4	4.0	4.1	4.2
家用汽车	辆	2.2	3.4	4.3	6.1	8.8	10.9	13.1
移动电话	部	111.4	137.0	152.9	165.2	172.0	181.0	188.9
固定电话	部	96.4	94.4	93.3	90.5	82.0	81.9	80.9

按五等份分组的城镇居民家庭收入与支出

单位：元

项　　目	2004年	2005年	2006年	2007年	2008年	2009年	2010年
平均每人可支配收入	**9421.6**	**10493.0**	**11759.5**	**13785.8**	**15780.8**	**17174.7**	**19109.4**
低收入户	3642.2	4017.3	4567.1	5364.3	6074.9	6725.2	7605.2
中低收入户	6024.1	6710.6	7554.2	8900.5	10195.6	11243.6	12702.1
中等收入户	8166.5	9190.1	10269.7	12042.2	13984.2	15399.9	17224.0
中高收入户	11050.9	12603.4	14049.2	16385.8	19254.1	21018.0	23188.9
高收入户	20101.6	22902.3	25410.8	29478.9	34667.8	37433.9	41158.0
平均每人消费性支出	**7182.1**	**7942.9**	**8696.6**	**9997.5**	**11242.9**	**12264.6**	**13471.5**
低收入户	3396.3	3708.3	4102.7	4840.1	5374.6	5833.0	6409.5
中低收入户	5096.2	5574.3	6108.3	7123.7	7993.7	8738.8	9649.2
中等收入户	6498.4	7308.1	7905.4	9097.4	10344.7	11309.7	12609.4
中高收入户	8345.7	9410.8	10218.3	11570.4	13316.6	14964.4	16140.4
高收入户	13753.1	15575.9	17050.1	19300.9	22296.8	24043.1	26338.9

各地区城镇居民家庭人均可支配收入

单位：元

地　区	2004年	2005年	2006年	2007年	2008年	2009年	2010年
全国总计	**9421.6**	**10493.0**	**11759.5**	**13785.8**	**15780.8**	**17174.7**	**19109.4**
北　京	15637.8	17653.0	19977.5	21988.7	24724.9	26738.5	29072.9
天　津	11467.2	12638.6	14283.1	16357.4	19422.5	21402.0	24292.6
河　北	7951.3	9107.1	10304.6	11690.5	13441.1	14718.3	16263.4
山　西	7902.9	8913.9	10027.7	11565.0	13119.1	13996.6	15647.7
内蒙古	8123.0	9136.8	10358.0	12377.8	14432.6	15849.2	17698.2
辽　宁	8007.6	9107.6	10369.6	12300.4	14392.7	15761.4	17712.6
吉　林	7840.6	8690.6	9775.1	11285.5	12829.5	14006.3	15411.5
黑龙江	7470.7	8272.5	9182.3	10245.3	11581.3	12566.0	13856.5
上　海	16682.8	18645.0	20667.9	23622.7	26674.9	28837.8	31838.1
江　苏	10481.9	12318.6	14084.3	16378.0	18679.5	20551.7	22944.3
浙　江	14546.4	16293.8	18265.1	20573.8	22726.7	24610.8	27359.0
安　徽	7511.4	8470.7	9771.1	11473.6	12990.4	14085.7	15788.2
福　建	11175.4	12321.3	13753.3	15506.1	17961.5	19576.8	21781.3
江　西	7559.6	8619.7	9551.1	11451.7	12866.4	14021.5	15481.1
山　东	9437.8	10744.8	12192.2	14264.7	16305.4	17811.0	19945.8
河　南	7704.9	8668.0	9810.3	11477.1	13231.1	14371.6	15930.3
湖　北	8022.8	8785.9	9802.7	11485.8	13152.9	14367.5	16058.4
湖　南	8617.5	9524.0	10504.7	12293.5	13821.2	15084.3	16565.7
广　东	13627.7	14770.0	16015.6	17699.3	19732.9	21574.7	23897.8
广　西	8690.0	9286.7	9898.8	12200.4	14146.0	15451.5	17063.9
海　南	7735.8	8123.9	9395.1	10996.9	12607.8	13750.9	15581.1
重　庆	9221.0	10243.5	11569.7	12590.8	14367.6	15748.7	17532.4
四　川	7709.9	8386.0	9350.1	11098.3	12633.4	13839.4	15461.2
贵　州	7322.1	8151.1	9116.6	10678.4	11758.8	12862.5	14142.7
云　南	8870.9	9265.9	10069.9	11496.1	13250.2	14423.9	16064.5
西　藏	9106.1	9431.2	8941.1	11130.9	12481.5	13544.4	14980.5
陕　西	7492.5	8272.0	9267.7	10763.3	12857.9	14128.8	15695.2
甘　肃	7376.7	8086.8	8920.6	10012.3	10969.4	11929.8	13188.6
青　海	7319.7	8057.9	9000.4	10276.1	11640.4	12691.9	13855.0
宁　夏	7217.9	8093.6	9177.3	10859.3	12931.5	14024.7	15344.5
新　疆	7503.4	7990.2	8871.3	10313.4	11432.1	12257.5	13643.8

注：本表绝对数按当年价格计算。

各地区城镇居民家庭人均可支配收入指数

(上年=100)

地　区	2004年	2005年	2006年	2007年	2008年	2009年	2010年
全国总计	**107.7**	**109.6**	**110.4**	**112.2**	**108.4**	**109.8**	**107.8**
北　京	111.6	111.3	112.2	107.5	107.0	109.8	106.2
天　津	108.7	108.5	111.3	109.9	112.7	111.3	109.6
河　北	105.9	112.9	111.3	108.7	109.3	110.8	107.5
山　西	108.9	111.0	110.5	110.7	106.0	107.7	108.4
内蒙古	113.0	110.2	112.0	114.6	110.7	110.2	108.5
辽　宁	107.6	112.9	112.6	113.4	112.1	109.5	109.3
吉　林	108.0	109.3	111.2	110.6	108.2	109.3	106.4
黑龙江	108.0	109.8	109.1	105.9	107.7	108.7	106.5
上　海	109.8	110.7	109.5	110.8	106.7	108.6	107.1
江　苏	109.1	115.3	112.6	111.8	108.4	110.5	107.7
浙　江	107.3	110.3	110.8	108.4	105.4	109.7	106.9
安　徽	106.2	111.7	113.7	111.5	106.8	109.7	108.8
福　建	107.7	108.2	110.4	107.3	110.9	110.9	107.9
江　西	106.0	112.4	109.8	114.9	106.1	109.6	107.3
山　东	109.3	112.6	112.3	112.7	109.1	109.3	109.2
河　南	105.5	110.2	111.9	111.0	108.3	109.9	107.2
湖　北	104.8	106.7	110.0	111.9	108.5	110.0	108.8
湖　南	107.9	108.3	108.6	111.3	106.3	109.5	106.5
广　东	107.2	106.2	106.5	106.5	105.7	112.0	107.5
广　西	107.3	103.8	109.3	116.7	107.7	111.5	107.3
海　南	103.2	103.7	109.9	111.9	108.1	109.7	108.5
重　庆	109.9	110.2	110.3	103.9	108.1	111.4	107.8
四　川	104.7	107.0	108.9	112.1	108.7	108.8	108.1
贵　州	107.7	110.7	110.1	110.6	102.9	111.0	106.6
云　南	109.4	102.7	106.7	107.8	109.3	108.3	107.2
西　藏	101.8	102.0	104.3	120.9	106.1	106.9	108.2
陕　西	106.9	109.4	109.7	110.4	112.5	109.9	107.1
甘　肃	109.4	108.3	109.0	106.7	101.5	107.8	105.9
青　海	106.3	110.5	109.7	107.4	104.0	105.7	103.8
宁　夏	107.0	110.4	111.5	112.5	110.4	108.1	105.5
新　疆	102.4	105.9	110.0	111.1	103.3	107.1	107.4

注：本表按可比价格计算。

各地区城镇居民家庭人均收支情况

(2010年)　　单位：元

地　区	总收入	#可支配收入	总支出	消费性支出	非消费性支出	恩格尔系数(%)
全国总计	**21033.4**	**19109.4**	**18258.4**	**13471.5**	**4786.9**	**35.7**
北　京	33360.4	29072.9	26921.0	19934.5	6986.5	32.1
天　津	26942.0	24292.6	24345.2	16561.8	7783.4	35.9
河　北	17334.4	16263.4	13332.2	10318.3	3013.9	32.3
山　西	16893.0	15647.7	13417.2	9792.7	3624.5	31.2
内蒙古	19014.2	17698.2	18074.2	13994.6	4079.6	30.1
辽　宁	20014.6	17712.6	18397.5	13280.0	5117.4	35.1
吉　林	16794.5	15411.5	15834.1	11679.0	4155.1	32.3
黑龙江	15095.6	13856.5	14172.8	10683.9	3488.9	35.4
上　海	35738.5	31838.1	32575.1	23200.4	9374.7	33.5
江　苏	25115.4	22944.3	20139.3	14357.5	5781.8	36.5
浙　江	30134.8	27359.0	25852.7	17858.2	7994.5	34.3
安　徽	17626.7	15788.2	16144.5	11512.6	4632.0	38.0
福　建	24149.6	21781.3	20189.5	14750.0	5439.5	39.3
江　西	16558.0	15481.1	13922.7	10618.7	3304.0	39.5
山　东	21736.9	19945.8	17416.0	13118.2	4297.7	32.1
河　南	17141.8	15930.3	13802.5	10838.5	2964.0	33.0
湖　北	17572.8	16058.4	15612.3	11451.0	4161.3	38.7
湖　南	17657.1	16565.7	16179.4	11825.3	4354.1	36.5
广　东	26896.9	23897.8	24531.0	18489.5	6041.5	36.5
广　西	18742.2	17063.9	16155.2	11490.1	4665.1	38.1
海　南	16929.6	15581.1	14361.8	10926.7	3435.1	44.8
重　庆	18990.5	17532.4	16964.9	13335.0	3629.9	37.6
四　川	17128.9	15461.2	16181.9	12105.1	4076.8	39.5
贵　州	15138.8	14142.7	13479.4	10058.3	3421.1	39.9
云　南	17478.9	16064.5	14693.5	11074.1	3619.4	41.5
西　藏	16539.0	14980.5	12054.3	9685.5	2368.7	50.0
陕　西	17064.7	15695.2	15559.6	11821.9	3737.7	37.1
甘　肃	14307.3	13188.6	12552.0	9895.4	2656.6	37.4
青　海	15480.8	13855.0	13604.4	9613.8	3990.6	39.4
宁　夏	17536.8	15344.5	16742.5	11334.4	5408.0	33.2
新　疆	15421.6	13643.8	13980.3	10197.1	3783.2	36.2

农村居民家庭基本情况

项　　目	单位	1990年	1995年	2000年	2009年	2010年
调查户数	**户**	**66960**	**67340**	**68116**	**68190**	**68190**
调查户常住人口	**人**	**321429**	**301878**	**286162**	**271403**	**269676**
平均每户常住人口	人	4.80	4.48	4.20	3.98	3.95
平均每户整、半劳动力	人	2.92	2.88	2.76	2.85	2.85
平均每个劳动力负担人口(含本人)	人	1.64	1.56	1.52	1.40	1.39
平均每户生产性固定资产原值	元	1258	2774	4673	9971	10706
平均每人经营耕地面积	亩	2.10	2.17	1.98	2.26	2.28
平均每人年收入						
总收入	**元**	**990.4**	**2337.9**	**3146.2**	**7115.6**	**8119.5**
工资性收入	元	138.8	353.7	702.3	2061.3	2431.1
家庭经营收入	元	815.8	1877.4	2251.3	4404.0	4937.5
财产性收入	元	35.8	41.0	45.0	167.2	202.2
转移性收入	元		65.8	147.6	483.1	548.7
纯收入	**元**	**686.3**	**1577.7**	**2253.4**	**5153.2**	**5919.0**
工资性收入	元	138.8	353.7	702.3	2061.3	2431.1
家庭经营收入	元	518.6	1125.8	1427.3	2526.8	2832.8
财产性收入	元	29.0	41.0	45.0	167.2	202.2
转移性收入	元		57.3	78.8	398.0	452.9
现金收入	**元**	**676.7**	**1595.6**	**2381.6**	**6270.2**	**7088.8**
工资性收入	元	136.4	352.9	700.4	2057.8	2427.9
家庭经营收入	元	481.2	1116.7	1498.8	3590.8	3955.4
财产性收入	元	59.1	38.2	38.9	148.4	168.3
转移性收入	元		87.8	143.5	473.2	537.2
平均每人年支出						
总支出	元	903.5	2138.3	2652.4	6333.9	6991.8
#生活消费支出	元	584.6	1310.4	1670.1	3993.5	4381.8
恩格尔系数	%	58.8	58.6	49.1	41.0	41.1
现金支出	元	639.1	1545.8	2140.4	5694.8	6307.4
房屋使用情况						
平均每人年内新建房屋面积	平方米	0.82	0.78	0.87	1.21	0.80
平均每人年末住房面积	平方米	17.83	21.01	24.82	33.58	34.08

农村居民家庭平均每人全年支出和主要食品消费量

项　目	单位	2005年	2006年	2007年	2008年	2009年	2010年
平均每人总支出	**元**	**4126.9**	**4485.4**	**5137.7**	**5915.7**	**6333.9**	**6991.8**
#家庭经营费用支出	元	1189.7	1242.3	1432.7	1704.5	1700.1	1915.6
购置生产性固定资产支出	元	131.1	139.6	147.2	161.6	201.0	193.3
税费支出	元	13.1	10.9	11.9	11.6	10.1	8.6
#缴纳生产税	元	4.7	2.9	3.5	3.5	3.5	3.4
#生活消费支出	元	2555.4	2829.0	3223.9	3660.7	3993.5	4381.8
食品	元	1162.2	1217.0	1389.0	1598.7	1636.0	1800.7
衣着	元	148.6	168.0	193.5	211.8	232.5	264.0
居住	元	370.2	469.0	573.8	678.8	805.0	835.2
家庭设备用品及服务	元	111.4	126.6	149.1	174.0	204.8	234.1
交通和通讯	元	245.0	288.8	328.4	360.2	402.9	461.1
文化教育娱乐用品及服务	元	295.5	305.1	305.7	314.5	340.6	366.7
医疗保健	元	168.1	191.5	210.2	246.0	287.5	326.0
其他商品及服务	元	54.5	63.1	74.2	76.7	84.1	94.0
平均每人现金支出	**元**	**3567.3**	**3931.8**	**4533.1**	**5257.9**	**5694.8**	**6307.4**
#家庭经营费用支出	元	1052.5	1104.1	1287.2	1551.0	1554.6	1757.6
生活消费支出	元	2134.6	2415.5	2767.1	3159.4	3504.8	3859.3
#食品	元	770.7	835.5	967.6	1135.2	1180.7	1313.2
衣着	元	147.9	167.3	192.6	211.1	231.9	263.4
居住	元	342.3	438.3	540.1	642.3	772.6	801.4
主要食品消费量							
粮食(原粮)	千克	208.9	205.6	199.5	199.1	189.3	181.4
#细粮	千克	181.8	178.0	173.8	173.7	165.2	159.4
蔬菜	千克	102.3	100.5	99.0	99.7	98.4	93.3
食油	千克	6.0	5.8	6.0	6.2	6.3	6.3
猪牛羊肉	千克	17.1	17.0	14.9	13.9	15.3	15.8
家禽	千克	3.7	3.5	3.9	4.4	4.3	4.2
蛋及制品	千克	4.7	5.0	4.7	5.4	5.3	5.1
水产品	千克	4.9	5.0	5.4	5.2	5.3	5.2
食糖	千克	1.1	1.1	1.1	1.1	1.1	1.0
酒	千克	9.6	10.0	10.2	9.7	10.1	9.7

农村居民家庭平均每百户主要耐用消费品年底拥有量

项　目	单 位	2004年	2005年	2006年	2007年	2008年	2009年	2010年
电视机	台	113.0	105.9	106.9	106.5	109.1	116.6	118.2
#彩电	台	75.1	84.1	89.4	94.4	99.2	108.9	111.8
电冰箱	台	17.8	20.1	22.5	26.1	30.2	37.1	45.2
摩托车	辆	36.2	40.7	44.6	48.5	52.5	56.6	59.0
洗衣机	台	37.3	40.2	43.0	45.9	49.1	53.1	57.3
空调机	台	4.7	6.4	7.3	8.5	9.8	12.2	16.0
电话机	部	54.5	58.4	64.1	68.4	67.0	62.7	60.8
移动电话	部	34.7	50.2	62.1	77.8	96.1	115.2	136.5
家用计算机	台	1.9	2.1	2.7	3.7	5.4	7.5	10.4

按五等份分组的农村居民家庭纯收入与生活消费支出

单位：元

项　目	2004年	2005年	2006年	2007年	2008年	2009年	2010年
平均每人全年纯收入	**2936**	**3255**	**3587**	**4140**	**4761**	**5153**	**5919**
低收入户	1007	1067	1182	1347	1500	1549	1870
中低收入户	1842	2018	2222	2582	2935	3110	3621
中等收入户	2579	2851	3149	3659	4203	4502	5222
中高收入户	3608	4003	4447	5130	5929	6468	7441
高收入户	6931	7747	8475	9791	11290	12319	14050
平均每人生活消费支出	**2185**	**2555**	**2829**	**3224**	**3661**	**3993**	**4382**
低收入户	1248	1548	1625	1851	2145	2355	2535
中低收入户	1581	1913	2039	2358	2653	2871	3219
中等收入户	1951	2328	2568	2938	3286	3546	3964
中高收入户	2460	2879	3230	3683	4191	4592	5026
高收入户	4129	4593	5277	5994	6854	7486	8190

各地区农村居民家庭人均纯收入

单位：元

地　区	2004年	2005年	2006年	2007年	2008年	2009年	2010年
全国总计	**2936.4**	**3254.9**	**3587.0**	**4140.4**	**4760.6**	**5153.2**	**5919.0**
北　京	6170.3	7346.3	8275.5	9439.6	10661.9	11668.6	13262.3
天　津	5019.5	5579.9	6227.9	7010.1	7910.8	8687.6	10074.9
河　北	3171.1	3481.6	3801.8	4293.4	4795.5	5149.7	5958.0
山　西	2589.6	2890.7	3180.9	3665.7	4097.2	4244.1	4736.3
内蒙古	2606.4	2988.9	3341.9	3953.1	4656.2	4937.8	5529.6
辽　宁	3307.1	3690.2	4090.4	4773.4	5576.5	5958.0	6907.9
吉　林	2999.6	3264.0	3641.1	4191.3	4932.7	5265.9	6237.4
黑龙江	3005.2	3221.3	3552.4	4132.3	4855.6	5206.8	6210.7
上　海	7066.3	8247.8	9138.7	10144.6	11440.3	12482.9	13978.0
江　苏	4753.9	5276.3	5813.2	6561.0	7356.5	8003.5	9118.2
浙　江	5944.1	6660.0	7334.8	8265.2	9257.9	10007.3	11302.6
安　徽	2499.3	2641.0	2969.1	3556.3	4202.5	4504.3	5285.2
福　建	4089.4	4450.4	4834.8	5467.1	6196.1	6680.2	7426.9
江　西	2786.8	3128.9	3459.5	4044.7	4697.2	5075.0	5788.6
山　东	3507.4	3930.5	4368.3	4985.3	5641.4	6118.8	6990.3
河　南	2553.2	2870.6	3261.0	3851.6	4454.2	4807.0	5523.7
湖　北	2890.0	3099.2	3419.4	3997.5	4656.4	5035.3	5832.3
湖　南	2837.8	3117.7	3389.6	3904.2	4512.5	4909.0	5622.0
广　东	4365.9	4690.5	5079.8	5624.0	6399.8	6906.9	7890.3
广　西	2305.2	2494.7	2770.5	3224.1	3690.3	3980.4	4543.4
海　南	2817.6	3004.0	3255.5	3791.4	4390.0	4744.4	5275.4
重　庆	2510.4	2809.3	2873.8	3509.3	4126.2	4478.4	5276.7
四　川	2518.9	2802.8	3002.4	3546.7	4121.2	4462.1	5086.9
贵　州	1721.6	1877.0	1984.6	2374.0	2796.9	3005.4	3471.9
云　南	1864.2	2041.8	2250.5	2634.1	3102.6	3369.3	3952.0
西　藏	1861.3	2077.9	2435.0	2788.2	3175.8	3531.7	4138.7
陕　西	1866.5	2052.6	2260.2	2644.7	3136.5	3437.6	4105.0
甘　肃	1852.2	1979.9	2134.1	2328.9	2723.8	2980.1	3424.7
青　海	1957.7	2151.5	2358.4	2683.8	3061.2	3346.2	3862.7
宁　夏	2320.1	2508.9	2760.1	3180.8	3681.4	4048.3	4674.9
新　疆	2244.9	2482.2	2737.3	3183.0	3502.9	3883.1	4642.7

注：本表按当年价格计算。

各地区农村居民家庭人均收支情况

(2010年) 单位：元

地　区	总收入	#纯收入	#现金收入	总支出	#生活消费	#现金支出	恩格尔系数(%)
全国总计	**8119.5**	**5919.0**	**7088.8**	**6991.8**	**4381.8**	**6307.4**	**41.1**
北　京	15119.6	13262.3	14793.8	11864.1	9254.8	11753.2	32.4
天　津	13258.4	10074.9	12509.0	8329.1	4936.7	8211.2	41.7
河　北	8293.9	5958.0	7248.6	6402.9	3844.9	6011.1	35.1
山　西	6393.6	4736.3	5667.4	5566.8	3663.9	5170.0	37.5
内蒙古	9358.0	5529.6	7718.2	9114.1	4460.8	8093.0	37.5
辽　宁	10902.5	6907.9	9907.7	9604.7	4489.5	8937.5	38.2
吉　林	10085.5	6237.4	8386.0	9182.4	4147.4	8646.2	36.7
黑龙江	11526.8	6210.7	10431.0	10982.0	4391.2	10535.6	33.8
上　海	14777.6	13978.0	14603.8	11973.9	10210.5	11799.1	37.3
江　苏	11138.5	9118.2	10230.8	9163.6	6542.9	8587.3	38.1
浙　江	15366.5	11302.6	15042.9	13646.6	8928.9	13374.7	34.2
安　徽	6895.6	5285.2	5959.8	5909.6	4013.3	5377.4	40.7
福　建	8993.1	7426.9	8270.2	7414.4	5498.3	6868.0	46.1
江　西	7468.5	5788.6	6462.1	5904.3	3911.6	5219.1	46.3
山　东	9877.3	6990.3	9093.7	7981.0	4807.2	7589.5	37.5
河　南	7293.4	5523.7	5900.0	5767.4	3682.2	5326.9	37.2
湖　北	7699.3	5832.3	6664.4	6131.2	4090.8	5294.4	43.1
湖　南	7480.4	5622.0	6433.0	6507.9	4310.4	5567.8	48.4
广　东	9386.8	7890.3	8638.6	7199.1	5515.6	6530.9	47.7
广　西	6181.5	4543.4	5151.6	5270.8	3455.3	4475.6	48.5
海　南	6904.9	5275.4	6118.3	5067.5	3446.2	4369.0	50.0
重　庆	6726.7	5276.7	5312.9	5495.6	3624.6	4313.9	48.3
四　川	6982.8	5086.9	5626.2	6166.4	3897.5	5003.4	48.3
贵　州	4560.5	3471.9	3448.3	4350.3	2852.5	3339.5	46.3
云　南	5837.6	3952.0	4565.2	5522.9	3398.3	4293.2	47.2
西　藏	5084.1	4138.7	3652.4	3474.9	2666.9	2622.4	49.7
陕　西	5793.6	4105.0	5032.7	5998.2	3793.8	5562.3	34.2
甘　肃	4771.9	3424.7	3856.0	4528.5	2942.0	3734.5	44.7
青　海	5042.2	3862.7	4096.3	5186.8	3774.5	4333.1	38.2
宁　夏	7330.8	4674.9	5879.2	7191.6	4013.2	6129.5	38.4
新　疆	8806.9	4642.7	7517.3	8241.0	3457.9	7464.2	40.3

农业基本情况

项　目	单 位	1990年	1995年	2000年	2009年	2010年
农业机械拥有量						
农用机械总动力	万千瓦	28708	36118	52574	87496	92786
大中型拖拉机	万台	81.4	67.2	97.5	351.6	392.2
大中型拖拉机动力	万千瓦	2746	2404	3161	9773	11167
小型拖拉机	万台	698	865	1264	1751	1786
小型拖拉机动力	万千瓦	6231	7848	11664	16923	17278
大中型拖拉机配套农具	万部	97	99	140	542	613
小型拖拉机配套农具	万部	649	958	1789	2881	2993
农用排灌柴油机	万台	411.1	491.2	688.1	924.9	946.3
农用排灌柴油机动力	万千瓦	3348.5	3839.0	5232.6	6795.5	6959.2
渔业机械	万台	32.1	37.7	46.0		247.6
渔业机械动力	万千瓦	696.0	965.7	1338.7		1582.9
灌溉、施肥、用电量						
有效灌溉面积	万公顷	4740.3	4928.2	5382.0	5926.1	6037.8
农用化肥施用量(折纯)	万吨	2590.3	3593.7	4146.4	5404.4	5561.7
乡村办水电站个数	个	52387	40699	29962	44804	44815
乡村办水电站装机容量	万千瓦	428.8	519.5	698.5	5512.1	5924.0
农村用电量	亿千瓦小时	844.5	1655.7	2421.3	6104.4	6632.3
农作物总播种面积	**万公顷**	**14836**	**14988**	**15630**	**15861**	**16067**
粮食	万公顷	11347	11006	10846	10899	10988
谷物	万公顷		8931	8526	8840	8985
豆类	万公顷		1123	1266	1195	1128
薯类	万公顷	912	952	1054	864	875
油料	万公顷	1090	1310	1540	1365	1389
棉花	万公顷	559	542	404	495	485
麻类	万公顷	50	38	26	16	13
糖料	万公顷	168	182	151	188	191
烟叶	万公顷	159	147	144	139	134
蔬菜	万公顷	634	952	1524	1839	1900
茶园面积	**万公顷**	**106**	**112**	**109**	**185**	**197**
果园面积	**万公顷**	**518**	**810**	**893**	**1114**	**1154**
受灾面积和成灾面积						
受灾面积	万公顷	3847	4582	5469	4721	3743
成灾面积	万公顷	1782	2227	3437	2123	1854
成灾占受灾面积的比重	%	46.3	48.6	62.9	45.0	49.5

农林牧渔业总产值

单位：亿元

年 份	农林牧渔业总产值	#农 业	#林 业	#牧 业	#渔 业
1978	1397.0	1117.5	48.1	209.3	22.1
1980	1922.6	1454.1	81.4	354.2	32.9
1985	3619.5	2506.4	188.7	798.3	126.1
1990	7662.1	4954.3	330.3	1967.0	410.6
1995	20340.9	11884.6	709.9	6045.0	1701.3
1996	22353.7	13539.8	778.0	6015.5	2020.4
1997	23788.4	13852.5	817.8	6835.4	2282.7
1998	24541.9	14241.9	851.3	7025.8	2422.9
1999	24519.1	14106.2	886.3	6997.6	2529.0
2000	24915.8	13873.6	936.5	7393.1	2712.6
2001	26179.6	14462.8	938.8	7963.1	2815.0
2002	27390.8	14931.5	1033.5	8454.6	2971.7
2003	29691.8	14870.1	1239.9	9538.8	3137.6
2004	36239.0	18138.4	1327.1	12173.8	3605.6
2005	39450.9	19613.4	1425.5	13310.8	4016.1
2006	40810.8	21522.0	1611.0	12084.0	3971.0
2007	48893.0	24658.8	1861.6	16125.2	4457.5
2008	58002.2	28044.2	2152.9	20583.6	5203.4
2009	60361.0	30777.5	2193.0	19468.4	5626.4
2010	69319.8	36941.1	2595.5	20825.7	6422.4

注：本表按当年价格计算，从2003年起执行新国民经济行业分类标准，总产值包括农林牧渔服务业产值(下表同)。2009年起数据根据《统计用产品目录》进行了调整。

农林牧渔业总产值指数

(1978年=100)

年 份	农林牧渔业总产值	#农 业	#林 业	#牧 业	#渔 业
1978	100.0	100.0	100.0	100.0	100.0
1980	109.1	106.4	113.7	122.6	103.9
1985	161.6	152.2	176.2	203.4	185.1
1990	203.9	186.5	179.5	282.0	346.7
1995	291.9	230.1	257.7	495.4	730.3
1996	319.3	248.0	272.2	551.6	832.4
1997	340.8	259.1	281.2	607.3	928.2
1998	361.1	271.9	289.4	651.9	1009.9
1999	377.9	283.6	298.6	681.6	1082.5
2000	391.5	287.6	314.7	724.5	1152.9
2001	408.1	297.7	315.2	770.1	1197.8
2002	428.1	309.3	337.6	816.3	1270.9
2003	444.8	310.8	360.9	875.9	1338.3
2004	478.2	337.2	368.2	939.0	1418.6
2005	505.5	351.0	380.0	1012.2	1510.8
2006	532.8	370.0	401.3	1062.8	1601.4
2007	553.6	384.8	429.0	1087.3	1678.3
2008	585.3	403.1	463.6	1160.7	1778.4
2009	612.2	418.2	496.7	1228.2	1879.6
2010	639.3	435.2	529.1	1278.4	1983.9

注：本表按可比价格计算。

各地区农林牧渔业总产值及增长速度

(2010年)

地　区	农林牧渔业总产值(亿元)	#农　业	#林　业	#牧　业	#渔　业	农林牧渔业总产值比上年增长(%)
全国总计	**69319.8**	**36941.1**	**2595.5**	**20825.7**	**6422.4**	**4.4**
北　京	328.0	154.2	16.8	139.6	11.5	-1.7
天　津	317.3	168.3	2.4	87.5	50.3	3.5
河　北	4309.4	2470.1	51.3	1443.8	142.5	3.5
山　西	1047.8	669.0	65.0	250.8	6.1	6.2
内蒙古	1843.6	900.4	76.6	822.4	15.9	6.2
辽　宁	3106.5	1140.3	82.5	1270.6	491.0	5.8
吉　林	1850.3	866.9	68.3	831.5	25.3	3.6
黑龙江	2536.3	1369.2	95.5	965.8	53.7	5.8
上　海	287.0	155.3	7.5	62.9	52.6	-5.1
江　苏	4297.1	2269.6	78.1	923.3	805.2	4.4
浙　江	2172.9	1041.3	119.4	448.4	522.2	2.9
安　徽	2955.4	1544.4	135.3	865.0	294.8	4.5
福　建	2307.1	976.6	189.4	380.3	674.2	3.5
江　西	1900.6	801.4	186.8	584.1	255.6	4.0
山　东	6650.9	3670.1	86.5	1774.5	847.4	3.6
河　南	5734.2	3540.8	115.3	1805.9	71.2	4.6
湖　北	3502.0	1921.7	65.4	925.0	458.6	4.5
湖　南	3787.5	2059.6	207.4	1118.2	232.7	4.3
广　东	3754.9	1760.2	176.3	947.2	741.4	4.3
广　西	2721.0	1339.6	173.5	870.7	247.2	4.7
海　南	821.3	341.7	123.8	158.6	173.5	6.1
重　庆	1021.1	623.3	30.4	326.6	27.2	5.9
四　川	4081.8	2069.3	112.9	1705.2	129.8	4.5
贵　州	997.8	587.3	41.0	304.2	13.8	5.2
云　南	1810.5	925.6	184.2	588.8	48.1	4.7
西　藏	100.8	46.1	2.5	48.9	0.2	3.5
陕　西	1666.1	1107.2	35.2	435.0	8.3	5.8
甘　肃	1057.0	757.6	18.5	181.8	1.2	5.7
青　海	201.3	92.1	3.8	101.5	0.1	6.7
宁　夏	305.9	195.1	8.7	82.1	8.0	7.8
新　疆	1846.2	1376.9	35.3	375.8	12.7	4.9

注：本表绝对数按当年价格计算，增长速度按可比价格计算。

化肥施用量、小水电站、农村用电量和灌溉面积

年份	化肥施用量（万吨）	乡村办水电站		农村用电量（亿千瓦小时）	有效灌溉面积（万公顷）		机电排灌面积占灌溉面积比重（%）
		个数（个）	装机容量（万千瓦）			#机电排灌	
1978	884	82387	228.4	253.1	4496.5	2489.5	55.4
1980	1269	80319	304.1	320.8	4488.8	2531.5	56.4
1985	1776	55754	380.2	508.9	4403.6	2462.9	55.9
1990	2590	52387	428.8	844.5	4740.3	2714.8	57.3
1995	3594	40699	519.5	1655.7	4928.1	3220.5	65.3
1996	3828	37743	533.7	1812.7	5038.1	3289.1	65.3
1997	3981	36117	562.5	1980.1	5123.9	3437.0	67.1
1998	4084	33185	634.8	2042.1	5229.6	3471.6	66.4
1999	4124	31678	664.1	2173.4	5315.8	3563.9	67.0
2000	4146	29962	698.5	2421.3	5382.0	3595.4	66.7
2001	4254	29183	896.6	2610.8	5424.9	3621.2	66.8
2002	4339	27633	812.2	2993.4	5435.5	3621.3	66.6
2003	4412	26696	862.3	3432.9	5401.4	3616.1	67.0
2004	4637	27115	993.8	3933.0	5447.8	3605.5	66.2
2005	4766	26726	1099.2	4375.7	5502.9	3671.5	66.7
2006	4928	27493	1243.0	4895.8	5575.1	3691.3	66.2
2007	5108	27664	1366.6	5509.9	5651.8	3776.2	66.8
2008	5239	44433	5127.4	5713.2	5847.2	4202.5	71.9
2009	5404	44430	5116.7	6104.4	5926.1	4001.6	67.5
2010	5561	44815	5924.0	6632.3	6037.8	4076.0	67.5

注：1.化肥施用量按有效成分100%计算。
2.农村用电量包括国家电网的供电量和农村自办电站供电量，不包括在农村的国有单位的用电量。

主要农作物播种面积及比例

年份	农作物总播种面积（万公顷）				占总播种面积比例（%）		
		#粮食	#油料	#棉花	粮食	油料	棉花
1978	15010.4	12058.7	622.2	486.6	80.3	4.1	3.2
1980	14638.0	11723.4	792.8	492.0	80.1	5.4	3.4
1985	14362.6	10884.5	1180.0	514.0	75.8	8.2	3.6
1990	14836.2	11346.6	1090.0	558.8	76.5	7.3	3.8
1995	14987.9	11006.0	1310.2	542.2	73.4	8.7	3.6
1996	15238.1	11254.8	1255.5	472.2	73.9	8.2	3.1
1997	15396.9	11291.2	1238.1	449.1	73.3	8.0	2.9
1998	15570.6	11378.7	1291.9	445.9	73.1	8.3	2.9
1999	15637.3	11316.1	1390.6	372.6	72.4	8.9	2.4
2000	15630.0	10846.3	1540.0	404.1	69.4	9.9	2.6
2001	15570.8	10608.0	1463.1	481.0	68.1	9.4	3.1
2002	15463.6	10389.1	1476.6	418.4	67.2	9.5	2.7
2003	15241.5	9941.0	1499.0	511.1	65.2	9.8	3.4
2004	15355.3	10160.6	1443.1	569.3	66.2	9.4	3.7
2005	15548.8	10427.8	1431.8	506.2	67.1	9.2	3.3
2006	15301.9	10506.8	1173.7	581.6	68.7	7.7	3.8
2007	15346.4	10563.8	1131.6	592.6	68.8	7.4	3.9
2008	15626.6	10679.3	1282.5	575.4	68.3	8.2	3.7
2009	15861.3	10898.6	1365.4	494.9	68.7	8.6	3.1
2010	16067.5	10987.6	1389.0	484.9	68.4	8.6	3.0

主要农产品产量（一）

单位：万吨

年 份	粮 食	谷 物	#稻谷	#小麦	#玉米	豆类	薯 类
1978	30477		13693	5384	5595		3174
1980	32056		13991	5521	6260		2873
1985	37911		16857	8581	6383		2604
1990	44624		18933	9823	9682		2743
1995	46662	41612	18523	10221	11199	1788	3263
1996	50454	45127	19510	11057	12747	1790	3536
1997	49417	44349	20073	12329	10431	1876	3192
1998	51230	45625	19871	10973	13295	2001	3604
1999	50839	45304	19849	11388	12809	1894	3641
2000	46218	40522	18791	9964	10600	2010	3685
2001	45264	39648	17758	9387	11409	2053	3563
2002	45706	39799	17454	9029	12131	2241	3666
2003	43070	37429	16066	8649	11583	2128	3513
2004	46947	41157	17909	9195	13029	2232	3558
2005	48402	42776	18059	9745	13937	2158	3469
2006	49804	45099	18172	10847	15160	2004	2701
2007	50160	45632	18603	10930	15230	1720	2808
2008	52871	47847	19190	11246	16591	2043	2980
2009	53082	48156	19510	11512	16397	1930	2995
2010	54648	49637	19576	11518	17725	1897	3114

主要农产品产量（二）

单位：万吨

年 份	油 料	#花 生	#油菜籽	#芝 麻	棉 花	麻 类	#黄红麻
1978	521.8	237.7	186.8	32.2	216.7	135.1	108.8
1980	769.1	360.0	238.4	25.9	270.7	143.6	109.8
1985	1578.4	666.4	560.7	69.1	414.7	444.8	411.9
1990	1613.2	636.8	695.8	46.9	450.8	109.7	72.6
1995	2250.3	1023.5	977.7	58.3	476.8	89.7	37.1
1996	2210.6	1013.8	920.1	57.5	420.3	79.5	36.5
1997	2157.4	964.8	957.8	56.6	460.3	74.9	43.0
1998	2313.9	1188.6	830.1	65.6	450.1	49.5	24.8
1999	2601.2	1263.9	1013.2	74.3	382.9	47.2	16.4
2000	2954.8	1443.7	1138.1	81.1	441.7	52.9	12.6
2001	2864.9	1441.6	1133.1	80.4	532.4	68.1	10.6
2002	2897.2	1481.8	1055.2	89.5	491.6	96.4	15.9
2003	2811.0	1342.0	1142.0	59.3	486.0	85.3	10.0
2004	3065.9	1434.2	1318.2	70.4	632.4	107.4	8.7
2005	3077.1	1434.2	1305.2	62.5	571.4	110.5	8.3
2006	2640.3	1273.8	1096.6	66.2	753.3	89.1	8.7
2007	2568.7	1302.7	1057.3	55.7	762.4	72.8	9.9
2008	2952.8	1428.6	1210.2	58.6	749.2	62.5	8.4
2009	3154.3	1470.8	1365.7	62.2	637.7	38.8	7.5
2010	3230.1	1564.4	1308.2	58.7	596.1	31.7	6.9

主要农产品产量（三）

单位：万吨

年 份	糖 料	甘 蔗	甜 菜	茶 叶	烟 叶	#烤 烟
1978	2381.9	2111.6	270.2	26.8	124.2	105.2
1980	2911.3	2280.7	630.5	30.4	84.5	71.7
1985	6046.8	5154.9	891.9	43.2	242.5	207.5
1990	7214.5	5762.0	1452.5	54.0	262.7	225.9
1995	7940.1	6541.7	1398.4	58.9	231.4	207.2
1996	8360.2	6818.7	1541.5	59.3	323.4	294.6
1997	9386.5	7889.7	1496.8	61.3	425.1	390.8
1998	9790.4	8343.8	1446.6	66.5	236.4	208.8
1999	8334.1	7470.3	863.9	67.6	246.9	218.5
2000	7635.3	6828.0	807.3	68.3	255.2	223.8
2001	8655.1	7566.3	1088.9	70.2	235.0	204.5
2002	10292.7	9010.7	1282.0	74.5	244.7	213.5
2003	9641.6	9023.5	618.2	76.8	225.7	201.5
2004	9570.7	8984.9	585.7	83.5	240.6	216.3
2005	9451.9	8663.8	788.1	93.5	268.3	243.5
2006	10010.0	9259.2	750.8	102.8	249.1	224.0
2007	12188.2	11295.1	893.1	116.5	239.5	217.8
2008	13419.6	12415.2	1004.4	125.8	283.8	262.3
2009	12276.6	11558.7	717.9	135.9	306.6	281.4
2010	12008.5	11078.9	929.6	147.5	300.4	273.1

主要农产品产量（四）

单位：万吨

年 份	水 果	#苹 果	#柑 橘	#梨	#香 蕉	蔬 菜
1978	657.0	227.5	38.3	151.7	8.5	
1980	679.3	236.3	71.3	146.6	6.1	
1985	1163.9	361.4	180.8	213.7	63.1	
1990	1874.4	431.9	485.5	235.3	145.6	
1995	4214.6	1400.8	822.5	494.2	312.5	25726.7
1996	4652.8	1704.7	845.7	580.7	253.6	30123.1
1997	5089.3	1721.9	1010.2	641.5	289.2	35962.4
1998	5452.9	1948.1	859.0	727.5	351.8	38491.9
1999	6237.6	2080.2	1078.7	774.2	419.4	40513.5
2000	6225.1	2043.1	878.3	841.2	494.1	44467.9
2001	6658.0	2001.5	1160.7	879.6	527.2	48422.4
2002	6952.0	1924.1	1199.0	930.9	555.7	52860.6
2003	14517.4	2110.2	1345.4	979.8	590.3	54032.3
2004	15340.9	2367.5	1495.8	1064.2	605.6	55064.7
2005	16120.1	2401.1	1591.9	1132.4	651.8	56451.5
2006	17102.0	2605.9	1789.8	1198.6	690.1	54004.0
2007	18136.3	2786.0	2058.3	1289.5	779.7	56452.0
2008	19220.2	2984.7	2331.3	1353.8	783.5	59240.3
2009	20395.5	3168.1	2521.1	1426.3	883.4	61823.8
2010	21401.4	3326.3	2645.2	1505.7	956.1	65099.4

注：2003年起水果产量含果用瓜。

主要林产品产量

年 份	木 材 (万立方米)	橡 胶 (万吨)	松 脂 (万吨)	生 漆 (万吨)	油桐籽 (万吨)	油茶籽 (万吨)
1978	5162	10.2	33.8	0.2	39.1	47.9
1980	5359	11.3	42.1	0.3	30.3	49.0
1985	6323	18.8	34.4	0.2	37.9	61.9
1990	5571	26.4	43.5	0.3	35.1	52.3
1995	6767	42.4	54.8	0.3	40.5	62.3
1996	6710	40.2	58.1	0.4	40.8	69.7
1997	6395	45.2	70.1	0.4	45.4	85.7
1998	5966	46.2	54.3	0.5	43.9	72.3
1999	5237	49.0	57.1	0.5	44.8	79.3
2000	4724	48.0	55.1	0.5	45.3	82.3
2001	4552	47.7	56.4	0.5	40.7	82.5
2002	4436	52.7	56.4	0.6	38.9	85.5
2003	4759	56.5	62.6	0.9	37.3	78.0
2004	5197	57.5	67.3	1.0	38.1	87.5
2005	5560	51.4	76.7	1.4	36.9	87.5
2006	6612	53.8	90.9	2.1	38.3	92.0
2007	6977	58.8	96.6	1.3	36.1	93.9
2008	8108	54.8	84.9	1.6	37.1	99.0
2009	7068	61.9	104.7	2.0	36.5	116.9
2010	8090	69.1	111.6	2.0	43.4	109.2

水产品产量

单位：万吨

年 份	水产品总产量	海水产品	天然生产	人工养殖	淡水产品	天然生产	人工养殖
1978	465.4	359.5	314.5	45.0	105.9	29.6	76.2
1980	449.7	325.7	281.3	44.4	124.0	33.9	90.2
1985	705.2	419.7	348.5	71.2	285.4	47.6	237.8
1990	1237.0	713.3	550.9	162.4	523.7	78.3	445.4
1995	2517.2	1439.1	1026.8	412.3	1078.1	137.3	940.8
1996	3288.1	2012.9	1249.0	763.9	1275.2	176.3	1099.0
1997	3118.6	1888.1	1196.4	691.7	1230.5	163.5	1067.0
1998	3382.7	2044.5	1292.6	752.0	1338.1	197.5	1140.6
1999	3570.1	2145.3	1293.4	851.9	1424.9	198.0	1226.9
2000	3706.2	2203.9	1275.9	928.0	1502.3	193.4	1308.9
2001	3795.9	2233.5	1244.1	989.4	1562.4	186.2	1376.2
2002	3954.9	2298.5	1238.0	1060.5	1656.4	194.7	1461.7
2003	4077.0	2332.8	1237.0	1095.9	1744.2	213.3	1530.9
2004	4246.6	2404.5	1253.2	1151.3	1842.1	209.6	1632.5
2005	4419.9	2465.9	1255.1	1210.8	1954.0	221.0	1733.0
2006	4583.6	2509.6	1245.4	1264.2	2074.0	220.4	1853.6
2007	4747.5	2550.9	1243.6	1307.3	2196.6	225.6	1971.0
2008	4895.6	2598.3	1258.0	1340.3	2297.3	224.8	2072.5
2009	5116.4	2681.5	1276.3	1405.2	2434.9	218.4	2216.5
2010	5373.0	2797.5	1315.2	1482.3	2575.5	228.9	2346.4

牲畜饲养情况

单位：万头(只)

年份	大牲畜年底头数	牛	马	驴	骡	骆驼
1996	13360.6	11031.8	871.5	944.4	478.0	34.5
1997	14541.8	12182.2	891.2	952.8	480.6	35.0
1998	14803.2	12441.9	898.1	955.8	473.9	33.5
1999	15024.8	12698.3	891.4	934.8	467.3	33.0
2000	14638.1	12353.2	876.6	922.7	453.0	32.6
2001	13980.8	11809.2	826.0	881.5	436.2	27.9
2002	13672.3	11567.8	808.8	849.9	419.4	26.4
2003	13467.3	11434.4	790.0	820.7	395.7	26.5
2004	13191.4	11235.4	763.9	791.9	374.0	26.2
2005	12894.8	10990.8	740.0	777.2	360.4	26.6
2006	12287.1	10465.1	719.5	730.6	345.1	26.9
2007	12309.3	10594.8	702.8	689.1	298.5	24.2
2008	12250.7	10576.0	682.1	673.1	295.5	24.0
2009	12357.2	10726.1	678.5	648.4	279.3	24.8
2010	12238.5	10626.4	677.1	639.7	269.7	25.6

年份	肉猪出栏头数	牛出栏头数	猪年底头数	羊年底只数	山羊	绵羊
1996	41225.1	2685.9	36283.6	23728.3	12315.8	11412.5
1997	46483.7	3283.9	40034.8	25575.7	13480.1	12095.6
1998	50215.1	3587.1	42256.3	26903.5	14168.3	12735.2
1999	51977.2	3766.2	43144.2	27925.8	14816.3	13109.5
2000	51862.3	3806.9	41633.6	27948.2	14945.6	13002.6
2001	53281.1	3794.8	41950.5	27625.0	14562.3	13062.8
2002	54143.9	3896.2	41776.2	28240.9	14841.2	13399.7
2003	55701.8	4000.1	41381.8	29307.4	14967.9	14339.5
2004	57278.5	4101.0	42123.4	30426.0	15195.5	15230.5
2005	60367.4	4148.7	43319.1	29792.7	14659.0	15133.7
2006	61207.3	4222.0	41850.4	28369.8	13768.0	14601.8
2007	56508.3	4359.5	43989.5	28564.7	14921.1	13643.6
2008	61016.6	4446.1	46291.3	28084.9	15229.2	12855.7
2009	64527.1	4602.2	46983.4	28453.0	15799.6	12653.4
2010	66686.4	4716.8	46460.0	28087.9	14203.9	13884.0

畜产品产量

年 份	肉类产量 (万吨)	#猪牛羊肉	猪 肉	牛 肉	羊 肉	奶 类 (万吨)	#牛 奶
1996	4584.0	3694.7	3158.0	355.7	181.0	735.8	629.4
1997	5268.8	4249.9	3596.3	440.9	212.8	681.1	601.1
1998	5723.8	4598.2	3883.7	479.9	234.6	745.4	662.9
1999	5949.0	4762.3	4005.6	505.4	251.3	806.9	717.6
2000	6013.9	4743.2	3966.0	513.1	264.1	919.1	827.4
2001	6105.8	4832.1	4051.7	508.6	271.8	1122.9	1025.5
2002	6234.3	4928.4	4123.1	521.9	283.5	1400.4	1299.8
2003	6443.3	5089.8	4238.6	542.5	308.7	1848.6	1746.3
2004	6608.7	5234.3	4341.0	560.4	332.9	2368.4	2260.6
2005	6938.9	5473.5	4555.3	568.1	350.1	2864.8	2753.4
2006	7089.0	5591.0	4650.5	576.7	363.8	3302.5	3193.4
2007	6865.7	5283.8	4287.8	613.4	382.6	3633.4	3525.2
2008	7278.7	5614.0	4620.5	613.2	380.3	3781.5	3555.8
2009	7649.9	5915.5	4890.5	635.5	389.5	3734.6	3520.9
2010	7925.8	6123.2	5071.2	653.1	398.9	3748.0	3575.6

年 份	绵羊毛 (吨)	#细羊毛	#半细羊毛	山羊毛 (吨)	羊 绒 (吨)	禽 蛋 (万吨)	蜂 蜜 (万吨)
1996	298102	121020	74099	35284	9585	1965.2	18.3
1997	255059	116054	55683	25865	8626	1897.1	21.1
1998	277545	115752	68775	31417	9799	2021.3	20.7
1999	283152	114103	73700	31849	10180	2134.7	23.0
2000	292502	117386	84921	33266	11057	2182.0	24.6
2001	298254	114651	88075	34241	10968	2210.1	25.2
2002	307588	112193	102419	35459	11765	2265.7	26.5
2003	338058	120263	110249	36692	13528	2333.1	28.9
2004	373902	130413	119514	37727	14515	2370.6	29.3
2005	393172	127862	123068	36904	15435	2438.1	29.3
2006	388777	131808	116098	40512	16395	2424.0	33.3
2007	363470	123920	106760	38382	18483	2529.0	35.4
2008	367687	123838	104838	44406	17184	2702.2	40.0
2009	364002	127352	113018	49453	16964	2740.6	40.2
2010	386768	123174	114944	42714	18519	2762.7	40.1

各地区主要农产品产量（一）

（2010年）　　　　单位：万吨

地　区	粮　食	油　料	棉　花	糖　料	蔬　菜	水　果
全国总计	**54647.7**	**3230.1**	**596.1**	**12008.5**	**65099.4**	**21401.4**
北　京	115.7	1.6	0.05		303.0	115.2
天　津	159.7	0.6	6.3		419.3	60.0
河　北	2975.9	140.3	57.0	49.0	7073.6	1612.4
山　西	1085.1	17.6	6.9	22.6	909.1	474.9
内蒙古	2158.2	128.1	0.1	161.0	1350.9	278.2
辽　宁	1765.4	99.6	0.1	4.9	2668.2	733.1
吉　林	2842.5	70.4	0.5	7.7	1078.7	218.0
黑龙江	5012.8	27.5		175.0	723.8	279.6
上　海	118.4	2.3	0.4	2.7	398.1	101.9
江　苏	3235.1	152.0	26.1	10.3	4234.0	738.6
浙　江	770.7	39.5	2.9	74.3	1788.8	701.3
安　徽	3080.5	227.6	31.6	22.4	2137.4	805.3
福　建	661.9	26.6	0.01	61.6	1563.3	642.8
江　西	1954.7	107.6	13.1	59.1	1115.3	468.4
山　东	4335.7	342.2	72.4		9030.7	2793.8
河　南	5437.1	540.7	44.7	26.1	6624.3	2394.0
湖　北	2315.8	311.8	47.2	32.4	3131.5	778.5
湖　南	2847.5	195.3	22.7	76.6	3122.9	788.4
广　东	1316.5	88.2		1300.1	2718.6	1235.9
广　西	1412.3	45.8	0.2	7119.6	2129.4	1094.4
海　南	180.4	9.5		385.4	442.4	375.1
重　庆	1156.1	44.4	0.01	11.7	1309.5	238.5
四　川	3222.9	268.5	1.4	93.6	3408.3	722.9
贵　州	1112.3	60.3	0.1	52.3	1202.0	123.5
云　南	1531.0	34.2	0.04	1751.0	1255.0	397.9
西　藏	91.2	5.9			58.1	2.2
陕　西	1164.9	56.1	6.9	0.2	1384.0	1476.5
甘　肃	958.3	64.1	7.6	22.0	1235.5	488.5
青　海	102.0	34.4		0.04	141.6	3.8
宁　夏	356.5	20.8		0.04	407.4	228.9
新　疆	1170.7	66.6	247.9	487.0	1734.4	1028.8

注：水果产量含果用瓜。

各地区主要农产品产量（二）

(2010年)　　单位：万吨

地区	肉类	#猪肉	#牛肉	#羊肉	奶类
全国总计	**7925.8**	**5071.2**	**653.1**	**398.9**	**3748.0**
北京	46.3	24.1	2.0	1.4	64.1
天津	42.6	28.0	3.1	1.5	69.3
河北	416.7	245.2	58.1	29.3	449.1
山西	72.4	53.1	4.9	5.6	74.9
内蒙古	238.7	71.9	49.7	89.2	945.7
辽宁	406.7	228.4	41.6	7.9	126.7
吉林	238.9	119.8	43.2	3.8	44.6
黑龙江	197.9	114.5	39.0	12.1	558.8
上海	26.2	17.9	0.01	0.5	24.7
江苏	365.8	213.1	3.5	7.4	57.3
浙江	175.1	131.9	1.1	1.9	20.3
安徽	376.9	238.8	18.3	14.2	20.5
福建	180.2	146.6	2.3	1.8	15.7
江西	289.9	221.1	11.2	1.1	11.9
山东	704.4	353.2	68.7	32.7	271.6
河南	638.4	408.3	83.0	25.2	307.9
湖北	379.3	287.0	17.7	8.1	30.4
湖南	494.8	412.4	16.3	10.6	7.8
广东	441.1	275.5	6.3	0.9	14.5
广西	387.8	241.5	13.7	3.3	8.2
海南	68.5	41.2	2.2	1.1	0.2
重庆	192.5	147.6	6.3	2.4	8.0
四川	656.6	492.2	29.4	24.8	70.3
贵州	179.1	148.1	12.0	3.4	4.6
云南	321.4	242.5	29.9	12.9	54.1
西藏	25.0	1.3	14.8	8.7	29.4
陕西	102.6	79.1	7.3	7.3	177.6
甘肃	84.4	46.3	16.1	15.6	36.3
青海	28.3	9.2	8.5	9.8	26.3
宁夏	25.7	8.5	7.5	7.3	84.5
新疆	121.7	23.0	35.5	47.0	132.8

受灾和成灾面积

年 份	受 灾 面 积 (万公顷)	#水 灾	#旱 灾	成 灾 面 积 (万公顷)	#水 灾	#旱 灾	成灾面积占受灾面积 (%)
1978	5081	311	3264	2446	201	356	48.1
1980	5003	969	2190	2978	607	388	59.5
1985	4437	1420	2299	2271	895	335	51.2
1990	3847	1180	1817	1782	560	342	46.3
1991	5547	2460	2491	2781	1461	202	50.1
1992	5133	942	3298	2590	446	232	50.4
1993	4883	1639	2110	2313	861	364	47.4
1994	5504	1733	3043	3138	1074	214	57.0
1995	4582	1273	2346	2227	760	208	48.6
1996	4699	1815	2015	2123	1086	212	45.2
1997	5343	1142	3352	3031	584	295	56.7
1998	5015	2229	1424	2518	1379	313	50.2
1999	4998	902	3016	2673	507	204	53.5
2000	5469	732	4054	3437	432	116	62.9
2001	5221	604	3847	3179	361	206	60.9
2002	4695	1229	2212	2716	739	383	57.9
2003	5451	1921	2485	3252	1229	293	59.7
2004	3711	731	1725	1630	375	219	43.9
2005	3882	1093	1603	1997	605	848	51.4
2006	4109	800	2074	2463	457	1341	59.9
2007	4899	1046	2939	2506	510	1617	51.2
2008	3999	648	1214	2228	366	680	55.7
2009	4721	761	2926	2123	316	1320	45.0
2010	3743	1752	1326	1854	702	899	49.5

规模以上工业企业工业增加值增长速度

单位：%

分　　类	2004年	2005年	2006年	2007年	2008年	2009年	2010年
工业增加值	**16.7**	**16.4**	**16.6**	**18.5**	**12.9**	**11.0**	**15.7**
在总计中:							
#国有及国有控股企业	14.2	10.7	12.6	13.8	9.1	6.9	13.7
在总计中:							
#集体企业	9.9	12.4	11.6	11.5	8.1	10.2	9.4
股份合作企业	12.5	16.0	15.5	17.5	11.4	10.3	14.0
股份制企业	16.5	17.8	17.8	20.6	15.0	13.3	16.8
外商及港澳台投资企业	18.8	16.6	16.9	17.5	9.9	6.2	14.5
在总计中:							
#私营企业	22.8	25.3	24.4	26.7	20.4	18.7	20.0
在总计中:							
轻工业	14.7	15.2	13.8	16.3	12.3	9.7	13.6
重工业	18.2	17.0	17.9	19.6	13.2	11.5	16.5

注：工业增加值增长速度按可比价格计算。

规模以上工业企业出口交货值

分　　类	绝对数（亿元）					2010年比上年增长(%)
	2006年	2007年	2008年	2009年	2010年	
出口交货值	**60559.7**	**73393.4**	**82498.4**	**72882.2**	**90764.3**	**25.4**
在总计中:						
#国有及国有控股企业	5981.4	7218.3	8683.6	5958.7	7444.9	30.7
在总计中:						
#集体企业	626.4	617.8	476.7	477.1	555.5	23.2
股份合作企业	309.0	334.8	265.8	233.9	240.2	7.3
股份制企业	14944.9	17915.6	21723.7	18491.7	23354.7	28.4
外商及港澳台投资企业	42009.1	51787.5	57217.3	51145.2	63449.4	24.3
在总计中:						
#私营企业	7094.7	8571.3	10507.9	9894.5	12870.9	28.3
在总计中:						
轻工业	23614.5	27375.9	29147.6	27492.9	33120.1	21.8
重工业	36945.2	46017.5	53350.8	45389.3	57644.2	27.5

注：本表2010年为快报数据，增长速度按可比口径计算。

规模以上工业企业主要经济指标（一）

年　份	企业单位数（万个）	工业增加值（亿元）	资产总计（亿元）	出口交货值（亿元）
1978	34.8		4525	
1980	37.7		4233	
1985	46.3		6972	
1990	50.4		15953	
1995	59.2	15446	79234	
1996	57.9	18209	90016	
1997	53.4	19835	103400	
1998	16.5	19422	108822	10842
1999	16.2	21565	116969	11545
2000	16.3	25395	126211	14575
2001	17.1	28329	135403	16245
2002	18.2	32995	146218	20055
2003	19.6	41990	168808	26942
2004	27.6	54805	215358	40484
2005	27.2	72187	244784	47741
2006	30.2	91076	291215	60560
2007	33.7		353037	73393
2008	42.6		431306	82498
2009	43.4		493693	72052
2010	45.3		568194	90764

规模以上工业企业主要经济指标（二）

年　份	主营业务收　入（亿元）	利润总额（亿元）	税金总额（亿元）	全部从业人员年平均人数（万人）
1978				
1980	4459	692	367	5600
1985	7899	929	727	6605
1990	16793	560	1386	7663
1995	52936	1635	3415	8360
1996	57970	1490	3657	8187
1997	63451	1703	4037	7873
1998	64149	1458	4064	6196
1999	69852	2288	4414	5805
2000	84152	4393	5119	5559
2001	93733	4733	5572	5441
2002	109486	5784	6238	5521
2003	143172	8337	7537	5749
2004	198909	11929	9529	6622
2005	248544	14803	11518	6896
2006	313592	19504	14454	7358
2007	399717	27155	18422	7875
2008	500020	30562	23968	8838
2009	542522	34542	26486	8831
2010	624451	38828	27101	9063

注：1.1997年及以前为乡及乡以上独立核算工业企业数据；1998-2006年为全部国有及年主营业务收入在500万元以上非国有工业企业数据；2007年以后为年主营业务收入在500万元以上工业企业(即规模以上工业企业)。

2.2009年以前为年报数据；2010年企业单位数和出口交货值为快报数，其他为1-11月财务快报数据。

按经济类型分规模以上工业企业主要经济指标(一)

(2010年)

指标	单位	合计	#大型企业	#中型企业	#国有及国有控股企业
企业单位数	个	452538	3251	36179	20179
#亏损企业数	个	58344	428	5626	5314
应收账款	亿元	64619.1	18762.9	21268.2	15222.5
存货	亿元	67248.3	24665.9	20591.9	22879.0
#产成品	亿元	24368.0	6861.8	7855.9	5953.3
流动资产合计	亿元	278190.7	99462.4	86840.1	91934.1
资产总计	亿元	568193.5	216316.4	175721.7	240681.4
负债合计	亿元	333839.9	129584.0	103865.9	147054.9
主营业务收入	亿元	624450.5	199012.0	168179.1	171437.3
主营业务成本	亿元	529244.5	166608.8	141966.7	140451.0
主营业务税金及附加	亿元	9365.5	5899.9	1813.9	7025.7
营业费用	亿元	15006.7	4884.1	4688.2	3207.1
管理费用	亿元	21566.6	7354.2	6116.5	7348.3
财务费用	亿元	6268.9	2004.1	1973.7	2471.2
#利息支出	亿元	5356.5	1931.3	1724.4	2423.8
利润总额	亿元	38827.9	12883.5	11715.0	11924.1
亏损企业亏损总额	亿元	2456.7	542.0	871.4	1114.0
税金总额	亿元	27101.0	12393.1	6663.1	14129.3
应交增值税	亿元	17735.5	6493.3	4849.2	7103.6
全部从业人员平均人数	万人	9063.3	2007.1	2691.0	1755.9

注：本表为2010年1-11月快报数据(下表同)。

按经济类型分规模以上工业企业主要经济指标(二)

(2010年)

指标	单位	#集体企业	#股份制企业	#外商及港澳台投资企业	#私营企业
企业单位数	个	10365	278622	75625	270060
#亏损企业数	个	1476	33190	16727	24278
应收账款	亿元	747.3	31746.8	25375.6	14656.3
存货	亿元	689.8	38168.9	19738.3	14525.7
#产成品	亿元	317.1	14624.1	6767.1	6865.8
流动资产合计	亿元	3361.0	153908.7	84245.9	59928.6
资产总计	亿元	5937.7	316771.9	142385.2	108554.7
负债合计	亿元	3274.3	187707.6	81438.6	61213.9
主营业务收入	亿元	10591.7	341774.1	169574.7	187302.3
主营业务成本	亿元	8932.3	289201.6	144862.9	161556.0
主营业务税金及附加	亿元	75.5	5171.9	1066.3	1245.8
营业费用	亿元	287.8	7804.9	5215.5	3858.4
管理费用	亿元	338.4	11921.8	5990.2	5078.3
财务费用	亿元	74.0	3852.4	1064.6	1624.2
#利息支出	亿元	51.0	3285.3	864.3	1199.4
利润总额	亿元	688.9	21099.5	11131.0	10429.9
亏损企业亏损总额	亿元	25.0	1201.5	769.0	321.8
税金总额	亿元	362.8	15112.2	4794.2	5887.8
应交增值税	亿元	287.3	9940.3	3727.9	4642.0
全部从业人员平均人数	万人	193.8	4895.8	2563.9	3099.9

各地区规模以上工业企业主要经济指标(一)

(2010年) 单位：亿元

地　区	主营业务收　入	主营业务成　本	主营业务税金及附加	营业费用	税金总额	利润总额
全国总计	**624450.5**	**529244.5**	**9365.5**	**15006.7**	**27101.0**	**38827.9**
北　京	13064.1	11131.5	170.2	484.0	530.4	881.3
天　津	15452.8	13486.3	191.7	316.2	519.7	1035.0
河　北	28090.1	24567.6	299.8	435.6	977.1	1538.8
山　西	11201.2	9085.1	115.0	338.3	761.3	756.0
内蒙古	11845.3	9406.4	170.1	274.2	662.2	1074.3
辽　宁	32934.8	28341.3	639.7	559.1	1287.4	1271.8
吉　林	11535.1	9586.7	268.2	314.7	570.1	743.3
黑龙江	8907.3	6800.7	436.4	193.9	905.7	983.7
上　海	28659.6	24053.0	535.1	946.9	1236.3	2033.8
江　苏	81867.0	71606.5	594.8	1731.0	2787.1	4727.4
浙　江	43952.3	37607.1	458.0	1060.4	1587.4	2596.6
安　徽	15711.0	13597.2	232.9	431.2	645.7	693.8
福　建	19077.9	16448.8	217.8	472.4	597.0	1054.7
江　西	12519.1	10712.9	147.1	217.1	515.5	702.8
山　东	80959.5	69146.4	943.6	1596.8	3233.1	5389.4
河　南	32239.0	27319.1	423.8	663.2	1442.8	2748.2
湖　北	18550.3	15597.9	406.0	545.9	905.2	1077.7
湖　南	15940.2	12607.0	461.5	387.2	972.0	761.2
广　东	73992.1	63512.6	649.3	2212.2	2278.3	3713.7
广　西	7949.8	6794.1	121.0	204.8	378.9	394.0
海　南	1126.2	858.2	70.3	34.0	124.7	117.3
重　庆	7899.4	6708.0	106.4	247.3	325.4	392.4
四　川	20441.9	17205.2	299.3	569.0	982.7	1181.2
贵　州	3299.9	2564.3	139.9	112.8	308.1	229.8
云　南	5602.8	4189.3	486.5	153.7	787.2	378.0
西　藏	51.5	41.1	0.7	3.1	4.8	9.4
陕　西	9377.7	6891.5	315.7	242.6	824.4	1145.9
甘　肃	4479.2	3557.3	170.9	79.3	287.0	193.4
青　海	1359.3	1040.7	30.2	33.7	100.0	165.7
宁　夏	1659.6	1365.2	32.5	41.4	90.8	102.8
新　疆	4705.0	3415.6	231.1	105.0	472.7	734.7

注：本表为2010年1-11月快报数据(下表同)。

各地区规模以上工业企业主要经济指标(二)

(2010年) 单位：亿元

地 区	亏损企业 亏损总额	应收账款	产成品	资产总计	负债合计	全部从业人员 平均人数 (万人)
全国总计	**2456.7**	**64619.1**	**24368.0**	**568193.5**	**333839.9**	**9063.3**
北 京	99.8	2330.9	514.4	22022.5	11545.3	120.7
天 津	76.3	1947.8	578.3	14333.1	9175.1	137.9
河 北	136.2	1843.5	983.5	24001.3	14895.8	327.5
山 西	166.4	1217.6	653.7	18472.8	12253.0	214.2
内蒙古	55.4	1119.0	465.7	14222.9	8796.9	111.2
辽 宁	161.5	2645.8	1043.2	27828.4	16631.5	375.5
吉 林	60.0	744.0	365.6	10813.4	5612.0	128.7
黑龙江	51.9	919.6	401.8	10406.0	5932.3	146.6
上 海	127.9	4579.1	1202.5	27357.4	14410.5	288.1
江 苏	196.6	10236.5	3004.1	63241.9	36842.9	1085.6
浙 江	120.0	6715.1	2316.1	46011.3	28135.9	839.5
安 徽	54.8	1477.2	619.0	14820.0	9086.4	250.0
福 建	53.3	2132.0	818.1	15576.8	8364.8	378.8
江 西	35.7	601.7	357.2	8277.1	4641.0	194.6
山 东	128.3	3989.8	2350.0	51466.1	28543.3	916.4
河 南	115.5	1770.4	776.6	22500.3	12700.4	447.0
湖 北	61.8	1690.0	824.6	19847.8	11832.6	266.9
湖 南	69.2	1092.6	528.1	11649.6	7089.2	250.3
广 东	249.6	10829.9	3047.1	57891.2	34602.7	1490.4
广 西	51.4	665.1	422.7	8119.7	5155.4	126.5
海 南	4.2	116.6	51.1	1500.1	835.5	11.8
重 庆	35.3	828.2	352.1	7766.0	4800.5	141.3
四 川	83.2	1847.6	809.6	21296.6	13185.1	329.5
贵 州	48.5	412.2	177.0	5674.7	3742.9	77.6
云 南	43.7	564.8	339.8	9147.7	5438.1	89.3
西 藏	2.6	10.9	4.0	296.6	90.3	1.8
陕 西	58.7	1276.1	531.3	13897.5	7814.2	141.2
甘 肃	34.8	339.2	325.8	6060.4	3774.0	69.3
青 海	10.3	122.1	105.9	2968.1	1903.2	18.7
宁 夏	17.1	162.6	146.8	3178.2	2098.3	27.8
新 疆	46.9	391.6	252.4	7548.1	3911.0	58.4

各地区规模以上工业企业主要经济效益指标

(2010年)

地区	总资产贡献率(%)	资本保值增值率(%)	资产负债率(%)	流动资产周转次数(次)	成本费用利润率(%)	产品销售率(%)
全国总计	**14.9**	**120.4**	**58.8**	**2.7**	**6.8**	**97.7**
北京	7.9	112.3	52.4	1.7	7.2	98.8
天津	13.7	128.1	64.0	2.5	7.2	98.2
河北	13.6	120.6	62.1	3.3	5.9	97.4
山西	11.1	121.9	66.3	1.7	7.3	95.6
内蒙古	16.1	123.2	61.9	2.8	10.5	96.9
辽宁	11.7	118.1	59.8	2.9	4.2	97.5
吉林	16.1	144.4	51.9	3.5	7.1	98.2
黑龙江	22.2	126.7	57.0	2.4	13.2	95.8
上海	14.3	113.9	52.7	2.2	7.7	99.0
江苏	15.1	122.8	58.3	2.8	6.2	98.4
浙江	12.2	122.9	61.2	1.9	6.3	97.4
安徽	12.1	131.9	61.3	2.8	4.7	97.4
福建	13.9	121.8	53.7	2.8	6.0	97.6
江西	19.0	128.8	56.1	4.4	6.2	98.9
山东	21.2	116.3	55.5	4.1	7.3	98.5
河南	23.5	118.3	56.5	3.9	9.4	98.2
湖北	13.2	108.7	59.6	2.6	6.3	97.3
湖南	19.3	121.2	60.9	4.0	5.6	98.5
广东	13.0	116.4	59.8	2.7	5.4	96.9
广西	13.1	126.8	63.5	2.7	5.3	96.1
海南	19.6	127.9	55.7	2.3	12.4	97.6
重庆	12.1	120.8	61.8	2.6	5.3	97.8
四川	13.5	127.6	61.9	2.7	6.3	97.6
贵州	12.8	120.1	66.0	1.8	7.8	95.2
云南	15.9	114.8	59.5	1.7	8.0	94.5
西藏	6.1	105.0	30.4	0.8	19.1	93.3
陕西	17.7	128.1	56.2	1.8	14.7	96.6
甘肃	10.5	115.6	62.3	2.2	5.0	95.0
青海	13.2	125.5	64.1	1.9	14.1	97.7
宁夏	9.0	131.5	66.0	1.7	6.7	95.6
新疆	20.2	127.2	51.8	2.3	19.5	96.7

主要工业产品产量(一)

年份	化学纤维(万吨)	纱(万吨)	布(亿米)	卷烟(亿支)	成品糖(万吨)	原盐(万吨)
1978	28.5	238.2	110.3	1182.0	227.0	1953.0
1980	45.0	292.6	134.7	1520.0	257.0	1728.0
1985	94.8	353.5	146.7	2370.0	451.0	1479.0
1990	165.4	462.6	188.8	3298.0	582.0	2023.0
1995	341.2	542.2	260.2	3485.0	558.6	2977.7
1996	375.5	512.2	209.1	3401.9	640.2	2903.6
1997	471.6	559.8	248.8	3377.4	702.6	3082.7
1998	510.0	542.0	241.0	3374.0	826.0	2242.5
1999	600.0	567.0	250.0	3340.0	861.0	2812.4
2000	694.0	657.0	277.0	3397.0	700.0	3128.0
2001	841.4	760.7	290.0	3402.1	653.1	3410.5
2002	991.2	850.0	322.4	3467.1	926.0	3602.4
2003	1181.2	983.6	353.5	3580.9	1083.9	3437.7
2004	1699.8	1291.3	482.1	18736.4	1033.7	4043.4
2005	1664.8	1450.5	484.4	19389.1	912.4	4661.1
2006	2073.2	1743.0	598.6	20218.1	949.1	5663.1
2007	2413.8	2068.2	675.3	21438.8	1271.4	6167.0
2008	2453.3	2170.9	723.1	22199.2	1432.6	6664.4
2009	2747.3	2393.5	753.4	22901.5	1338.4	6662.8
2010	3090.0	2717.0	800.0	23752.6	1102.9	6274.8

注：1.成品糖指标名称1997年及以前为糖，1998–2004年为机制糖，产量包括土糖。
　　2.卷烟2003年及以前计量单位为万箱。

主要工业产品产量(二)

年份	家用电冰箱(万台)	彩色电视机(万台)	房间空气调节器(万台)	汽车(万辆)	#轿车	大中型拖拉机(万台)
1978	2.8	0.4	0.02	14.9		11.4
1980	4.9	3.2	1.3	22.2	0.5	9.8
1985	144.8	435.3	12.4	43.7	0.9	4.5
1990	463.1	1033.0	24.1	51.4	3.5	3.9
1995	918.5	2057.7	682.6	145.3	33.7	6.3
1996	979.7	2537.6	786.2	147.5	38.3	8.4
1997	1044.4	2711.3	974.0	158.3	48.6	8.2
1998	1060.0	3497.0	1156.9	163.0	50.7	6.8
1999	1210.0	4262.0	1337.6	183.2	57.1	6.5
2000	1279.0	3936.0	1826.7	207.0	60.7	4.1
2001	1351.3	4093.7	2333.6	234.2	70.4	3.8
2002	1598.9	5155.0	3135.1	325.1	109.2	4.5
2003	2242.6	6541.4	4820.9	444.4	207.1	4.9
2004	3007.6	7431.8	6390.3	509.1	227.6	11.4
2005	2987.1	8283.2	6764.6	570.5	277.0	16.3
2006	3530.9	8375.4	6849.4	727.9	386.9	19.9
2007	4397.1	8478.0	8014.3	888.9	479.8	20.3
2008	4800.0	9187.1	8147.4	930.6	503.8	28.4
2009	5930.5	9898.8	8078.3	1379.5	748.5	37.1
2010	7300.8	11830.0	10899.6	1827.0	957.6	38.3

主要工业产品产量(三)

年份	原煤(亿吨)	原油(万吨)	天然气(亿立方米)	发电量(亿千瓦小时)	#火电	#水电
1978	6.18	10405.0	137.3	2566.0	2120.0	446.0
1980	6.20	10595.0	142.7	3006.0	2424.0	582.0
1985	8.72	12490.0	129.3	4107.0	3183.0	924.0
1990	10.80	13831.0	153.0	6212.0	4945.0	1267.0
1995	13.61	15005.0	179.5	10070.3	8024.0	1905.8
1996	13.97	15733.4	201.1	10813.1	8777.0	1879.7
1997	13.88	16074.1	227.0	11355.5	9241.0	1959.8
1998	13.32	16100.0	232.8	11670.0	9267.0	1988.9
1999	13.64	16000.0	252.0	12393.0	9868.0	1965.8
2000	13.84	16300.0	272.0	13556.0	10885.0	2224.1
2001	14.72	16395.9	303.3	14808.0	11768.0	2774.3
2002	15.50	16700.0	326.6	16540.0	13274.0	2879.7
2003	18.35	16960.0	350.2	19105.8	15804.0	2836.8
2004	21.23	17587.3	414.6	22033.1	17956.0	3535.4
2005	23.50	18135.3	493.2	25002.6	20473.4	3970.2
2006	25.29	18476.6	585.5	28657.3	23696.0	4357.9
2007	26.92	18631.8	692.4	32815.5	27229.3	4852.6
2008	28.02	19043.1	803.0	34957.6	27072.3	6369.6
2009	29.73	18949.0	852.7	37146.5	29827.8	6156.4
2010	32.40	20301.4	967.6	42065.4	33301.3	7210.2

注：原煤包括无烟煤、褐煤、烟煤，不包括石煤。原煤1997-2007年产量为第二次全国经济普查后修订数据。

主要工业产品产量(四)

年份	生铁(万吨)	粗钢(万吨)	钢材(万吨)	焦炭(万吨)	水泥(万吨)	平板玻璃(万重量箱)
1978	3479.0	3178.0	2208.0	4690.0	6524.0	1784.0
1980	3802.0	3712.0	2716.0	4343.0	7986.0	2466.0
1985	4384.0	4679.0	3693.0	4802.0	14595.0	4942.0
1990	6238.0	6635.0	5153.0	7328.0	20971.0	8067.0
1995	10529.3	9536.0	8979.8	13510.0	47560.6	15731.7
1996	10722.5	10124.1	9338.0	13643.0	49118.9	16069.4
1997	11511.4	10894.2	9978.9	13731.0	51173.8	16630.7
1998	11863.7	11559.0	10737.8	12806.0	53600.0	17194.0
1999	12539.2	12426.0	12109.8	12073.7	57300.0	17419.8
2000	13101.5	12850.0	13146.0	12184.0	59700.0	18352.2
2001	15554.3	15163.4	16067.6	13130.7	66104.0	20964.1
2002	17084.6	18236.6	19251.6	14279.8	72500.0	23445.6
2003	21366.7	22233.6	24108.0	17775.7	86208.1	27702.6
2004	26831.0	28291.1	31975.7	20619.0	96682.0	37026.2
2005	34375.2	35324.0	37771.1	25411.7	106884.8	40210.2
2006	41245.2	41914.9	46893.4	29768.3	123676.5	46574.7
2007	47651.6	48928.8	56560.9	33553.4	136117.3	53918.1
2008	47824.4	50305.8	60460.3	32031.5	142355.7	59890.4
2009	55283.5	57218.2	69405.4	35510.1	164397.8	58574.1
2010	59021.8	62695.9	79775.5	38757.1	188000.0	63026.1

主要工业产品产量(五)

年份	硫酸(万吨)	农用化肥(万吨)	乙烯(万吨)	纯碱(万吨)	烧碱(万吨)	原铝(万吨)
1978	661.0	869.3	38.0	132.9	164.0	29.6
1980	764.3	1232.1	49.0	161.3	192.3	39.6
1985	676.4	1322.2	65.2	201.1	235.3	52.3
1990	1196.9	1879.7	157.2	379.5	335.4	84.7
1995	1811.0	2548.1	240.1	597.7	531.8	167.6
1996	1883.6	2809.0	304.0	669.3	573.8	177.1
1997	2036.9	2821.0	358.6	725.8	574.4	203.5
1998	2171.0	3010.0	377.3	744.0	539.4	233.6
1999	2356.0	3251.0	435.0	766.0	580.1	259.9
2000	2427.0	3186.0	470.0	834.0	667.9	279.4
2001	2696.3	3383.0	480.6	914.4	788.0	337.1
2002	3050.4	3791.0	543.0	1033.2	878.0	432.1
2003	3371.2	3881.3	611.8	1133.6	945.3	554.7
2004	3928.9	4804.8	629.9	1334.7	1041.1	669.0
2005	4544.7	5177.9	755.5	1421.1	1240.0	778.7
2006	5033.2	5345.1	940.5	1560.0	1511.8	926.6
2007	5412.6	5825.0	1027.8	1765.0	1759.3	1234.0
2008	5098.0	6028.1	987.6	1854.6	1926.0	1316.5
2009	5960.9	6385.0	1072.6	1944.8	1832.4	1288.6
2010	7090.8	6740.6	1418.9	2029.3	2086.7	1565.0

注：农用化肥按有效成分100%计算。2009年起电解铝指标名称改为原铝。

主要工业产品产量(六)

年份	微型计算机设备(万台)	复印和胶版印刷设备(万台)	程控交换机(万线)	传真机(万台)	集成电路(亿块)	移动通信手持机(万台)
1978					0.3	
1980					0.2	
1985					0.6	
1990	8.2	2.4			1.1	
1995	83.6	21.8	2091.6	136.1	55.2	
1996	138.8	63.9	2274.8	137.9	38.9	
1997	206.6	107.8	2787.3	162.5	25.5	
1998	291.4	117.9	4219.9	128.7	26.3	
1999	405.0	210.3	4726.0	160.0	41.5	
2000	672.0	156.6	7136.0	196.3	58.8	5247.9
2001	877.7	144.1	7223.5	318.2	63.6	8031.7
2002	1463.5	207.4	5860.7	297.3	96.3	12146.4
2003	3216.7	264.2	7379.9	746.6	148.3	18231.4
2004	5974.9	324.6	7625.2	851.2	235.5	23751.6
2005	8084.9	403.6	7720.9	1068.2	270.0	30354.2
2006	9336.4	467.8	7404.6	1188.6	335.7	48013.8
2007	12073.4	452.4	5387.1	888.5	411.6	54857.9
2008	15853.7	517.7	4584.0	749.4	438.8	55945.1
2009	18215.1	421.0	4152.5	683.5	414.4	68193.4
2010	24584.5	534.7	3133.3	176.9	652.5	99827.4

注：2009年起微型电子计算机指标名称改为微型计算机设备，复印机械指标名称改为复印和胶版印刷设备。

各地区主要工业产品产量（一）

（2010年）

地　区	原　油（万吨）	天然气（亿立方米）	发电量（亿千瓦小时）	生　铁（万吨）	粗　钢（万吨）	钢　材（万吨）	水　泥（万吨）
全国总计	**20301.4**	**967.6**	**42065.4**	**59021.8**	**62695.9**	**79775.5**	**188000.0**
北　京			269.0	411.9	427.5	794.0	1049.0
天　津	3332.7	17.2	589.1	1926.4	2162.1	4483.7	809.7
河　北	599.0	12.7	1993.2	13705.4	14458.8	16757.2	12594.3
山　西			2151.0	3355.4	3048.7	2862.0	3297.7
内蒙古			2483.9	1357.0	1232.8	1341.4	5370.3
辽　宁	950.0	8.0	1295.1	5470.6	5202.4	5661.8	4777.1
吉　林	702.3	13.7	604.6	691.7	827.2	875.8	3974.6
黑龙江	4004.9	30.0	776.7	555.7	652.7	566.0	3507.2
上　海	8.3	3.3	876.2	1901.4	2214.3	2475.9	670.8
江　苏	186.0	0.6	3359.2	5211.3	6242.8	9123.0	15647.5
浙　江			2567.8	915.6	1228.5	2832.6	11275.3
安　徽			1443.9	1844.9	1853.8	2446.4	7873.7
福　建			1356.3	558.8	1086.9	1340.6	5793.2
江　西			664.4	1673.9	1834.0	1951.6	6220.5
山　东	2786.0	5.3	3042.7	5515.6	5256.1	6672.2	14749.2
河　南	497.9	6.7	2191.9	2073.9	2327.4	3196.4	11479.7
湖　北	86.5	2.0	2043.0	2311.0	2498.7	2894.7	8982.9
湖　南			1226.2	1700.6	1766.5	1811.7	8701.2
广　东	1287.1	78.4	3237.0	806.7	1239.3	2918.9	11536.7
广　西	2.7		1031.8	1109.7	1201.2	1554.2	7455.5
海　南	20.0	1.8	152.6			14.5	1264.1
重　庆		1.2	504.3	417.4	456.1	718.2	4598.0
四　川	15.1	234.2	1799.4	1593.8	1581.0	1976.6	13227.6
贵　州			1385.6	366.6	360.5	391.0	3694.8
云　南			1364.8	1329.0	1293.8	1213.1	5605.4
西　藏			21.0				219.1
陕　西	3017.3	223.5	1112.3	513.8	604.8	994.9	5463.8
甘　肃	58.2	0.2	791.5	625.5	662.3	699.2	2414.1
青　海	186.1	56.1	468.2	111.7	137.3	137.9	811.1
宁　夏	3.1		587.1	39.1		33.0	1357.5
新　疆	2558.2	249.9	675.7	927.4	807.9	888.9	2374.1

各地区主要工业产品产量（二）

（2010年）

地　区	布（亿米）	家用电冰箱（万台）	农用化肥（万吨）	汽车（万辆）	程控交换机（万线）	移动通信手持机（万台）	微型计算机设备（万台）
全国总计	**800.0**	**7300.8**	**6740.6**	**1827.0**	**3133.3**	**99827.4**	**24584.5**
北　京			0.2	150.3	890.0	27388.0	938.6
天　津	2.6	62.8	1.5	73.8	5.2	9107.9	1.0
河　北	54.8		174.4	71.0	12.5		
山　西	0.5		331.8	0.3			
内蒙古	1.0		180.1	5.2		10.3	
辽　宁	6.5	87.8	71.5	70.8	63.8	56.4	0.3
吉　林	0.4		27.3	164.2		126.1	
黑龙江	0.3		64.9	24.8			3.0
上　海	1.7	218.6	2.5	169.9	247.0	129.4	9388.4
江　苏	88.5	787.9	242.0	74.4	5.0	1949.5	9364.6
浙　江	159.0	779.7	32.7	31.9	116.9	2406.1	157.3
安　徽	10.9	2078.9	255.5	118.9			1.8
福　建	31.2		57.9	19.5	0.2	1064.3	738.3
江　西	8.1	114.2	113.4	37.3	1.3	1536.5	9.1
山　东	139.1	795.3	976.9	81.9	187.9	5374.6	21.4
河　南	39.3	366.5	415.6	23.5		2.2	
湖　北	46.4	134.3	891.8	157.8	0.1	454.2	189.3
湖　南	4.7	31.3	355.9	16.6			
广　东	28.3	1457.8	62.2	134.8	1602.6	48626.6	3581.1
广　西	0.2		85.6	136.6			0.9
海　南			66.6	13.6			
重　庆	8.4	72.6	180.2	161.4		650.3	189.2
四　川	14.9	81.2	510.2	10.2		816.5	0.2
贵　州	0.1	196.4	384.9	0.8		118.5	
云　南			362.1	10.2	0.8		
西　藏							
陕　西	7.5	35.7	82.7	65.2		10.1	
甘　肃	0.1		80.9	2.1			
青　海			312.6				
宁　夏			95.1				
新　疆	1.0		158.3	0.2			

能源生产总量和构成

年 份	能源生产总量(万吨标准煤)	构成(能源生产总量=100)			
		原 煤	原 油	天然气	水电、核电、风电
1978	62770	70.3	23.7	2.9	3.1
1980	63735	69.4	23.8	3.0	3.8
1985	85546	72.8	20.9	2.0	4.3
1990	103922	74.2	19.0	2.0	4.8
1995	129034	75.3	16.6	1.9	6.2
1996	133032	75.0	16.9	2.0	6.1
1997	133460	74.2	17.2	2.1	6.5
1998	129834	73.3	17.7	2.2	6.8
1999	131935	73.9	17.3	2.5	6.3
2000	135048	73.2	17.2	2.7	6.9
2001	143875	73.0	16.3	2.8	7.9
2002	150656	73.5	15.8	2.9	7.8
2003	171906	76.2	14.1	2.7	7.0
2004	196648	77.1	12.8	2.8	7.3
2005	216219	77.6	12.0	3.0	7.4
2006	232167	77.8	11.3	3.4	7.5
2007	247279	77.7	10.8	3.7	7.8
2008	260552	76.8	10.5	4.1	8.6
2009	274619	77.3	9.9	4.1	8.7
2010	299000	76.8	9.6	4.3	9.3

注：2010年为初步统计数（以下相关表同）。

能源消费总量和构成

年 份	能源消费总量(万吨标准煤)	构成(能源消费总量=100)			
		煤 炭	石 油	天然气	水电、核电、风电
1978	57144	70.7	22.7	3.2	3.4
1980	60275	72.2	20.7	3.1	4.0
1985	76682	75.8	17.1	2.2	4.9
1990	98703	76.2	16.6	2.1	5.1
1995	131176	74.6	17.5	1.8	6.1
1996	135192	73.5	18.7	1.8	6.0
1997	135909	71.4	20.4	1.8	6.4
1998	136184	70.9	20.8	1.8	6.5
1999	140569	70.6	21.5	2.0	5.9
2000	145531	69.2	22.2	2.2	6.4
2001	150406	68.3	21.8	2.4	7.5
2002	159431	68.0	22.3	2.4	7.3
2003	183792	69.8	21.2	2.5	6.5
2004	213456	69.5	21.3	2.5	6.7
2005	235997	70.8	19.8	2.6	6.8
2006	258676	71.1	19.3	2.9	6.7
2007	280508	71.1	18.8	3.3	6.8
2008	291448	70.3	18.3	3.7	7.7
2009	306647	70.4	17.9	3.9	7.8
2010	325000	70.9	16.5	4.3	8.3

综合能源平衡表

单位：万吨标准煤

项　　目	1990年	1995年	2000年	2005年	2007年	2008年	2009年
可供消费的能源总量	**96138**	**129535**	**142605**	**232225**	**274800**	**287011**	**311277**
一次能源生产量	103922	129034	135048	216219	247279	260552	274619
回收能		2312	1760	2939	6166	6511	7627
进口量	1310	5456	14334	26952	35062	36764	47313
出口量(–)	5875	6776	9633	11448	9995	9955	8440
年初年末库存差额	-3219	-491	1097	-2436	-3711	-6860	-9841
能源消费总量	**98703**	**131176**	**145531**	**235997**	**280508**	**291448**	**306647**
在总量中:							
1.农、林、牧、渔、水利业	4852	5505	3914	6071	6228	6013	6251
2.工　业	67578	96191	103774	168724	200532	209301	219197
3.建筑业	1213	1335	2179	3403	4128	3813	4562
4.交通运输、仓储和邮政业	4541	5863	11242	18391	21959	22917	23692
5.批发、零售业和住宿、餐饮业	1247	2018	3048	4848	5689	5734	6412
6.其　他	3473	4519	5762	9255	11158	11771	12690
7.生活消费	15799	15745	15614	25305	30814	31898	33843
在总量中:							
(一) 终端消费	94289	124252	139008	225690	268610	278546	292299
#工　业	63239	89473	97597	158767	189032	196832	205322
(二) 加工转换损失量	2264	3634	2461	3823	4241	5166	6283
#炼　焦	905		525	702	854	819	1010
炼　油	326		781	1305	1325	1380	1784
(三) 损失量	2150	3289	4062	6483	7657	7736	8065
平衡差额	**-2565**	**-1641**	**-2926**	**-3772**	**-5708**	**-4437**	**4630**

注：1.电力、热力按等价热值折算,因此加工转换损失量中不包括发电、供热损失量。

2.进口量包括我国飞机、轮船在国外加油量;出口量包括外国飞机、轮船在我国加油量。

能源生产弹性系数

年　份	能源生产比上年增长（%）	电力生产比上年增长（%）	国内生产总值比上年增长（%）	能源生产弹性系数	电力生产弹性系数
1985	9.9	8.9	13.5	0.73	0.66
1989	6.1	7.3	4.1	1.49	1.77
1990	2.2	6.2	3.8	0.58	1.63
1995	8.7	8.6	10.9	0.80	0.79
1996	3.1	7.2	10.0	0.31	0.72
1997	0.3	5.1	9.3	0.03	0.55
1998	-2.7	2.7	7.8		0.35
1999	1.6	6.3	7.6	0.21	0.83
2000	2.4	9.4	8.4	0.28	1.12
2001	6.5	9.2	8.3	0.79	1.11
2002	4.7	11.7	9.1	0.52	1.29
2003	14.1	15.5	10.0	1.41	1.55
2004	14.4	15.3	10.1	1.43	1.51
2005	10.0	13.5	11.3	0.88	1.19
2006	7.4	14.6	12.7	0.58	1.15
2007	6.5	14.5	14.2	0.46	1.02
2008	5.4	5.6	9.6	0.56	0.58
2009	5.4	7.1	9.2	0.59	0.77
2010	8.7	13.3	10.3	0.84	1.29

注：国内生产总值增长速度按可比价格计算（下表同）。

能源消费弹性系数

年　份	能源消费比上年增长（%）	电力消费比上年增长（%）	国内生产总值比上年增长（%）	能源消费弹性系数	电力消费弹性系数
1985	8.1	9.0	13.5	0.60	0.67
1989	4.2	7.3	4.1	1.03	1.78
1990	1.8	6.2	3.8	0.47	1.63
1995	6.9	8.2	10.9	0.63	0.75
1996	3.1	7.4	10.0	0.31	0.74
1997	0.5	4.8	9.3	0.06	0.52
1998	0.2	2.8	7.8	0.03	0.36
1999	3.2	6.1	7.6	0.42	0.80
2000	3.5	9.5	8.4	0.42	1.13
2001	3.3	9.3	8.3	0.40	1.12
2002	6.0	11.8	9.1	0.66	1.30
2003	15.3	15.6	10.0	1.53	1.56
2004	16.1	15.4	10.1	1.60	1.52
2005	10.6	13.5	11.3	0.93	1.19
2006	9.6	14.6	12.7	0.76	1.15
2007	8.4	14.4	14.2	0.59	1.01
2008	3.9	5.6	9.6	0.41	0.58
2009	5.2	7.2	9.2	0.57	0.78
2010	5.9	13.1	10.3	0.57	1.27

各地区电力消费量

单位：亿千瓦小时

地　区	2004年	2005年	2006年	2007年	2008年	2009年
北　京	513.2	570.5	611.6	667.0	689.7	739.1
天　津	340.0	384.8	433.7	494.9	515.9	550.2
河　北	1291.4	1501.9	1734.8	2013.7	2095.0	2343.8
山　西	833.0	946.3	1097.7	1348.8	1314.3	1267.5
内蒙古	530.4	667.7	884.9	1160.2	1220.6	1287.9
辽　宁	1019.8	1110.6	1228.3	1359.5	1412.0	1488.2
吉　林	371.8	378.2	412.5	462.6	496.5	515.3
黑龙江	525.5	555.9	597.0	628.9	669.9	688.7
上　海	821.4	922.0	990.1	1072.4	1138.2	1153.4
江　苏	1820.1	2193.5	2569.8	2952.0	3118.3	3314.0
浙　江	1383.7	1642.3	1909.2	2189.4	2322.9	2471.4
安　徽	515.7	582.2	662.2	769.1	858.9	952.3
福　建	664.4	756.6	866.8	1000.3	1073.5	1134.9
江　西	335.5	392.0	446.2	511.1	545.9	609.2
山　东	1639.9	1911.6	2272.1	2596.1	2727.0	2941.1
河　南	1191.0	1352.7	1523.5	1808.0	1970.8	2081.4
湖　北	700.2	788.9	876.8	989.2	1058.5	1135.1
湖　南	616.8	674.4	768.8	890.6	905.0	1010.6
广　东	2387.1	2673.6	3004.0	3394.0	3504.8	3609.6
广　西	456.9	510.1	579.5	681.1	753.4	856.4
海　南	67.0	81.6	97.7	113.3	121.7	133.8
重　庆	302.6	347.7	405.2	449.2	484.4	533.8
四　川	857.0	942.6	1059.4	1177.5	1210.1	1324.6
贵　州	458.7	487.0	582.0	669.1	679.2	750.3
云　南	454.5	557.3	645.6	745.5	829.4	891.2
西　藏	8.7	10.0	13.1	15.2	16.0	17.7
陕　西	477.0	516.4	580.7	653.7	708.0	740.1
甘　肃	451.7	489.5	536.3	614.7	677.8	705.5
青　海	189.8	206.6	244.4	285.4	313.2	337.2
宁　夏	270.0	302.9	377.9	439.8	439.6	463.0
新　疆	266.4	310.1	356.2	413.3	479.4	547.9

注：本表数据由中国电力企业联合会提供。

各地区能源消耗指标

(2009年)

地　区	单位地区生产总值能耗(等价值)(吨标准煤/万元)	单位地区生产总值电耗(等价值)(千瓦小时/万元)	单位工业增加值能耗(规模以上，当量值)(吨标准煤/万元)
北　京	0.606	681.9	0.91
天　津	0.836	782.9	0.91
河　北	1.640	1449.9	3.00
山　西	2.364	1921.9	4.55
内蒙古	2.009	1686.7	3.56
辽　宁	1.439	1120.0	2.26
吉　林	1.209	809.1	1.62
黑龙江	1.214	798.7	1.38
上　海	0.727	808.5	0.96
江　苏	0.761	1064.3	1.11
浙　江	0.741	1176.5	1.12
安　徽	1.017	1088.8	2.10
福　建	0.811	1032.1	1.15
江　西	0.880	922.5	1.67
山　东	1.072	972.5	1.54
河　南	1.156	1218.4	2.71
湖　北	1.230	1018.5	2.35
湖　南	1.202	911.0	1.57
广　东	0.684	1002.1	0.81
广　西	1.057	1279.9	2.24
海　南	0.850	922.9	2.61
重　庆	1.181	894.3	1.85
四　川	1.338	1085.9	2.25
贵　州	2.348	2328.0	4.32
云　南	1.495	1591.1	2.74
西　藏			
陕　西	1.172	1078.5	1.37
甘　肃	1.864	2398.8	3.53
青　海	2.689	3862.1	2.94
宁　夏	3.454	4720.7	6.51
新　疆	1.934	1408.2	3.10

注：地区生产总值和工业增加值按2005年价格计算。

建筑业企业概况

年份	企业单位数(个)	从业人员(万人)	总产值		增加值	
			绝对数(亿元)	指数(上年=100)	绝对数(亿元)	指数(上年=100)
1980	6604	648.0	286.9			
1985	11150	911.5	675.1	130.5		
1990	13327	1010.7	1345.0	104.8		
1995	24133	1497.9	5793.8	124.5	1668.6	126.2
1996	41364	2121.9	8282.2	142.9	2405.6	144.2
1997	44017	2101.5	9126.5	110.2	2540.5	105.6
1998	45634	2030.0	10062.0	110.3	2783.8	109.6
1999	47234	2020.1	11152.9	110.8	3022.3	108.6
2000	47518	1994.3	12497.6	112.1	3341.1	110.5
2001	45893	2110.7	15361.6	122.9	4023.6	120.4
2002	47820	2245.2	18527.2	120.6	3822.4	116.8
2003	48688	2414.3	23083.9	124.6	4654.7	121.8
2004	59018	2500.3	29021.5	125.7	5615.8	120.6
2005	58750	2699.9	34552.1	119.1	6899.7	122.9
2006	60166	2878.2	41557.2	120.3	8116.4	117.6
2007	62074	3133.7	51043.7	122.8	9944.4	122.5
2008	71095	3315.0	62036.8	121.5	12488.9	121.5
2009	70817	3672.6	76807.7	123.8	15619.8	125.1
2010	70061	4043.4	95205.8	124.0	19269.8	123.4

注：1.本表1980-1992年为全民和集体所有制建筑业企业数据；1993-1995年为各种经济成分的建制镇以上企业数据；1996-2001年为资质等级（旧资质）四级及四级以上建筑业企业数据；2002年起为所有资质等级的施工总承包、专业承包建筑业企业（不含劳务分包建筑业企业)数据(下表同)。
2.2002、2008年建筑业增加值统计口径调整，绝对数与上年度不可比，指数按可比口径计算。

建筑业企业生产完成情况

项目	单位	2005年	2006年	2007年	2008年	2009年	2010年
签订的合同额	亿元	55947	67194	83412	104241	133529	169074
上年结转合同额	亿元	19588	24428	29918	37872	48281	61390
本年新签合同额	亿元	36359	42766	53495	66369	85248	107684
竣工产值	亿元	23866	28141	33604	39342	47266	52981
房屋建筑施工面积	万平方米	352745	410154	482006	530519	588594	700572
#本年新开工面积	万平方米	197743	230347	268401	271378	300824	374268
#投标承包面积	万平方米	287582	338919	401821	438752	492144	585000
房屋建筑竣工面积	万平方米	159406	179673	203993	223592	245402	259979
#住宅	万平方米	89471	102940	119325	133881	151881	160645
房屋建筑竣工价值	亿元	12990	15429	18433	21723	26054	29381
#住宅	亿元	6895	8467	10291	12521	15547	17668

各地区建筑业总产值和房屋建筑面积

地　区	总 产 值（亿元）		施工面积（万平方米）		竣工面积（万平方米）	
	2009年	2010年	2009年	2010年	2009年	2010年
全国总计	**76807.7**	**95205.8**	**588593.9**	**700572.4**	**245401.6**	**259978.7**
北　京	4059.7	5196.0	22720.6	29440.4	5225.5	5933.2
天　津	1911.5	2473.3	6572.7	7420.1	2240.1	2166.3
河　北	2525.0	3210.8	17535.5	23320.2	7751.0	8345.7
山　西	1826.1	2083.3	6544.1	6949.3	2285.7	2204.5
内蒙古	964.7	1098.1	5823.4	7270.1	3140.6	3192.5
辽　宁	3384.6	4693.3	18760.5	26833.4	9228.4	10720.1
吉　林	1142.8	1348.8	5352.7	5673.4	3946.3	3710.2
黑龙江	1342.4	1767.2	5001.4	6896.1	3420.1	3137.3
上　海	3830.5	4298.1	19069.9	22092.7	5719.9	6026.0
江　苏	10265.1	12323.6	99659.9	118534.3	43307.5	45929.3
浙　江	9588.7	11860.0	105607.4	123838.6	40239.7	44298.8
安　徽	2239.6	2871.1	18690.9	23376.9	8812.4	9879.4
福　建	2204.1	2852.0	21691.0	26441.2	7435.1	7825.4
江　西	1323.2	1677.0	12015.7	13438.9	5944.1	6345.5
山　东	4579.2	5495.1	38945.9	44970.3	16646.9	17813.4
河　南	3596.5	4399.8	24596.0	28538.2	11994.2	12179.2
湖　北	3421.9	4231.7	20499.3	24587.7	10280.7	12790.1
湖　南	2507.4	3135.0	22442.3	27503.0	10073.8	9984.4
广　东	3809.3	4500.6	30127.0	32137.6	11115.7	9051.8
广　西	934.4	1212.5	9052.9	10508.3	3613.9	3921.0
海　南	143.9	198.4	1221.0	1413.3	390.5	488.4
重　庆	1915.2	2498.4	16475.8	19084.8	7473.2	7598.6
四　川	3337.4	4147.7	26220.8	29086.0	11393.5	11492.4
贵　州	523.9	618.1	4953.3	5727.1	1244.1	1349.5
云　南	1196.2	1496.4	7747.6	8788.7	3771.2	4186.9
西　藏	94.9	108.1	283.6	277.2	177.5	52.0
陕　西	2309.1	3126.1	9046.3	11760.6	3128.2	3569.3
甘　肃	579.9	730.3	4178.2	4825.2	1724.4	1795.9
青　海	204.3	273.9	491.0	695.2	211.7	263.1
宁　夏	259.2	342.7	2113.5	2596.9	948.0	1047.7
新　疆	786.6	938.5	5153.5	6546.8	2517.8	2681.1

各地区建筑业主要效益指标

(2010年)

地 区	企业个数(个)	计算劳动生产率的平均人数(万人)	按建筑业总产值计算的劳动生产率(元/人)	人均竣工产值(元/人)	人均施工面积(平方米/人)	人均竣工面积(平方米/人)
全国总计	**70061**	**4624.3**	**205883**	**114571**	**151.5**	**56.2**
北 京	3262	204.0	254765	108767	144.3	29.1
天 津	1364	67.2	368151	143423	110.5	32.2
河 北	2104	138.7	231567	114312	168.2	60.2
山 西	1634	93.0	224070	64841	74.7	23.7
内蒙古	777	68.9	159378	96439	105.5	46.3
辽 宁	4603	259.5	180871	105092	103.4	41.3
吉 林	900	78.5	171899	99564	72.3	47.3
黑龙江	1716	102.4	172633	72063	67.4	30.6
上 海	2743	124.2	346105	208079	177.9	48.5
江 苏	8773	604.2	203972	153035	196.2	76.0
浙 江	4997	553.4	214298	136701	223.8	80.0
安 徽	2432	154.4	185926	102603	151.4	64.0
福 建	2055	163.3	174635	97390	161.9	47.9
江 西	1238	88.2	190058	110095	152.3	71.9
山 东	5986	340.0	161609	88721	132.3	52.4
河 南	4163	224.7	195805	102351	127.0	54.2
湖 北	2800	157.4	268778	128178	156.2	81.2
湖 南	1850	165.9	189017	102453	165.8	60.2
广 东	3999	183.2	245702	138361	175.4	49.4
广 西	973	54.8	221421	121286	191.9	71.6
海 南	95	10.5	188989	93617	134.6	46.5
重 庆	2286	145.6	171627	94173	131.1	52.2
四 川	3371	277.4	149513	74790	104.8	41.4
贵 州	549	31.8	194539	77036	180.2	42.5
云 南	1903	75.1	199374	106961	117.1	55.8
西 藏	151	5.3	204416	157145	52.4	9.8
陕 西	988	118.9	263028	83846	99.0	30.0
甘 肃	741	49.7	147062	74687	97.2	36.2
青 海	360	12.9	211629	55975	53.7	20.3
宁 夏	474	23.1	148199	107708	112.3	45.3
新 疆	774	48.4	193962	116357	135.3	55.4

交通运输业基本情况

指　　标	单 位	1990年	1995年	2000年	2005年	2009年	2010年
运输线路长度							
铁路营业里程	万公里	5.8	6.2	6.9	7.5	8.6	9.1
公路里程	万公里	102.8	115.7	140.3	334.5	386.1	400.8
内河航道里程	万公里	10.9	11.1	11.9	12.3	12.4	12.4
民航航线里程	万公里	50.7	112.9	150.3	199.9	234.5	276.5
客运量	**万人**	**772682**	**1172596**	**1478573**	**1847018**	**2976898**	**3269508**
#铁路	万人	95712	102745	105073	115583	152451	167609
公路	万人	648085	1040810	1347392	1697381	2779081	3052738
旅客周转量	**亿人公里**	**5628**	**9002**	**12261**	**17467**	**24835**	**27894**
#铁路	亿人公里	2613	3546	4533	6062	7879	8762
公路	亿人公里	2620	4603	6657	9292	13511	15021
货运量	**万吨**	**970602**	**1234938**	**1358682**	**1862066**	**2825222**	**3241807**
#铁路	万吨	150681	165982	178581	269296	333348	364271
公路	万吨	724040	940387	1038813	1341778	2127834	2448052
水运	万吨	80094	113194	122391	219648	318996	378949
货物周转量	**亿吨公里**	**26208**	**35909**	**44321**	**80258**	**122133**	**141838**
#铁路	亿吨公里	10622	13049	13770	20726	25239	27644
公路	亿吨公里	3358	4695	6129	8693	37189	43390
水运	亿吨公里	11592	17552	23734	49672	57557	68428
铁路机车数量	**台**	**13981**	**15554**	**15253**	**17473**	**18922**	**19431**
国家铁路	台	13592	15146	14472	16547	17825	18349
地方铁路	台	389	408	327	348	271	279
合资铁路	台			454	578	826	803
铁路客车数量	**辆**	**27538**	**32663**	**37249**	**41974**	**49354**	**50246**
铁路货车数量	**辆**	**368561**	**436414**	**443902**	**548368**	**601412**	**622284**
民用汽车拥有量	**万辆**	**551.4**	**1040.0**	**1608.9**	**3159.7**	**6280.6**	**7796.4**
#载客汽车	万辆	162.2	417.9	853.7	2132.5	4845.1	6124.1
载货汽车	万辆	368.5	585.4	716.3	955.6	1368.6	1597.6
#私人汽车	万辆	81.6	250.0	625.3	1848.1	4574.9	5938.7
民用运输船舶拥有量	**艘**	**425934**	**364968**	**229676**	**207294**	**176932**	**178407**
#机动船	艘	325888	299717	185018	165900	149367	155624
驳船	艘	82482	57998	44658	41394	27565	22783
#私人运输船舶	艘	231168	196736	142117	95838	52645	45786
沿海规模以上港口货物吞吐量	**万吨**	**48321**	**80166**	**125603**	**292777**	**475481**	**548358**

注：1.1993年起铁路货物运输增加行包运量（以下相关表同）。
2.2005年起公路里程含村道（以下相关表同）。
3.2008年起全国公路水路运输统计口径有调整（以下相关表同）。
4.2009年起沿海规模以上港口统计范围有调整（以下相关表同）。

各种运输线路长度

(年底数) 单位: 万公里

年份	铁路营业里程	公路里程	#高速公路	内河航道里程	民用航空航线里程	输油(气)管道里程
1978	5.17	89.02		13.60	14.89	0.83
1980	5.33	88.83		10.85	19.53	0.87
1985	5.52	94.24		10.91	27.72	1.17
1990	5.79	102.83	0.05	10.92	50.68	1.59
1995	6.24	115.70	0.21	11.06	112.90	1.72
1996	6.49	118.58	0.34	11.08	116.65	1.93
1997	6.60	122.64	0.48	10.98	142.50	2.04
1998	6.64	127.85	0.87	11.03	150.58	2.31
1999	6.74	135.17	1.16	11.65	152.22	2.49
2000	6.87	140.27	1.63	11.93	150.29	2.47
2001	7.01	169.80	1.94	12.15	155.36	2.76
2002	7.19	176.52	2.51	12.16	163.77	2.98
2003	7.30	180.98	2.97	12.40	174.95	3.26
2004	7.44	187.07	3.43	12.33	204.94	3.82
2005	7.54	334.52	4.10	12.33	199.85	4.40
2006	7.71	345.70	4.53	12.34	211.35	4.82
2007	7.80	358.37	5.39	12.35	234.30	5.45
2008	7.97	373.02	6.03	12.28	246.18	5.83
2009	8.55	386.08	6.51	12.37	234.51	6.91
2010	9.12	400.82	7.41	12.42	276.51	7.85

民用汽车拥有量

单位: 万辆

年份	民用汽车总计	#载客汽车	#载货汽车	#私人汽车总计	#载客汽车	#载货汽车
1978	135.8	25.9	100.2			
1980	178.3	35.1	129.9			
1985	321.1	79.5	223.2	28.5	1.9	26.5
1990	551.4	162.2	368.5	81.6	24.1	57.5
1995	1040.0	417.9	585.4	250.0	114.2	131.8
1996	1100.1	488.0	575.0	289.7	143.0	142.8
1997	1219.1	580.6	601.2	358.4	191.3	163.2
1998	1319.3	654.8	627.9	423.7	230.7	192.0
1999	1452.9	740.2	677.0	533.9	304.1	228.7
2000	1608.9	853.7	716.3	625.3	365.1	259.1
2001	1802.0	994.0	765.2	770.8	469.9	299.0
2002	2053.2	1202.4	812.2	969.0	623.8	341.3
2003	2382.9	1478.8	853.5	1219.2	845.9	367.4
2004	2693.7	1735.9	893.0	1481.7	1069.7	402.8
2005	3159.7	2132.5	955.6	1848.1	1383.9	452.1
2006	3697.4	2619.6	986.3	2333.3	1823.6	494.9
2007	4358.4	3196.0	1054.1	2876.2	2316.9	539.5
2008	5099.6	3838.9	1126.1	3501.4	2880.5	596.4
2009	6280.6	4845.1	1368.6	4574.9	3808.3	753.4
2010	7796.4	6124.1	1597.6	5938.7	4989.5	931.5

客　运　量

单位：万人

年　份	客运量	铁　路	公　路	水　运	民　航
1978	253993	81491	149229	23042	231
1980	341785	92204	222799	26439	343
1985	620206	112110	476486	30863	747
1990	772682	95712	648085	27225	1660
1995	1172596	102745	1040810	23924	5117
1996	1245357	94797	1122110	22895	5555
1997	1326094	93308	1204583	22573	5630
1998	1378717	95085	1257332	20545	5755
1999	1394413	100164	1269004	19151	6094
2000	1478573	105073	1347392	19386	6722
2001	1534122	105155	1402798	18645	7524
2002	1608150	105606	1475257	18693	8594
2003	1587497	97260	1464335	17142	8759
2004	1767453	111764	1624526	19040	12123
2005	1847018	115583	1697381	20227	13827
2006	2024158	125656	1860487	22047	15968
2007	2227761	135670	2050680	22835	18576
2008	2867892	146193	2682114	20334	19251
2009	2976898	152451	2779081	22314	23052
2010	3269508	167609	3052738	22392	26769

旅客周转量

单位：亿人公里

年　份	旅客周转量	铁　路	公　路	水　运	民　航
1978	1743	1093	521	101	28
1980	2281	1383	730	129	40
1985	4436	2416	1725	179	117
1990	5628	2613	2620	165	230
1995	9002	3546	4603	172	681
1996	9165	3348	4909	161	748
1997	10055	3585	5541	156	774
1998	10637	3773	5943	120	800
1999	11300	4136	6199	107	857
2000	12261	4533	6657	101	971
2001	13155	4767	7207	90	1091
2002	14126	4969	7806	82	1269
2003	13811	4789	7696	63	1263
2004	16309	5712	8748	66	1782
2005	17467	6062	9292	68	2045
2006	19197	6622	10131	74	2371
2007	21593	7216	11507	78	2792
2008	23197	7779	12476	59	2883
2009	24835	7879	13511	69	3375
2010	27894	8762	15021	72	4039

各地区客运量和旅客周转量

(2010年)

地　区	客运量（万人）	#铁路	#公路	#水运	旅客周转量（亿人公里）	#铁路	#公路	#水运
全国总计	**3269508**	**167609**	**3052738**	**22392**	**27894**	**8762**	**15021**	**72**
北　京	135045	8915	126130		391	100	291	
天　津	24525	2594	21883	48	269	137	132	
河　北	90847	7558	83289		1173	731	442	
山　西	38423	5753	32606	64	372	156	216	
内蒙古	24043	4213	19830		389	171	218	
辽　宁	101525	13336	87699	490	905	510	389	6
吉　林	64486	5770	58577	139	477	206	270	
黑龙江	46895	10602	36001	292	503	260	243	
上　海	10233	6095	3634	504	180	60	115	5
江　苏	226073	9711	215850	512	1550	352	1197	1
浙　江	226945	8082	215708	3155	1251	363	882	6
安　徽	159388	5552	153697	139	1478	468	1010	
福　建	75798	3640	70714	1444	487	138	347	2
江　西	76447	5588	70628	231	896	565	331	
山　东	249358	6679	240044	2635	1658	435	1212	12
河　南	167223	8338	158630	255	1798	766	1031	1
湖　北	103268	6013	96873	382	1065	431	631	3
湖　南	156404	7250	148235	919	1403	717	684	2
广　东	456138	11673	442224	2241	2203	459	1736	8
广　西	75751	3148	72208	395	879	182	695	2
海　南	44209	84	42785	1340	155	2	150	3
重　庆	126066	2664	122125	1277	461	100	351	10
四　川	241868	8148	230988	2732	1066	262	802	2
贵　州	70819	3437	65452	1930	475	189	281	5
云　南	39407	2446	36230	731	440	86	352	2
西　藏	8165	99	8066		33	9	23	
陕　西	93171	5411	87457	303	747	363	384	
甘　肃	53771	2273	51404	94	539	319	220	
青　海	10951	474	10439	38	95	45	50	
宁　夏	13560	539	12919	102	99	33	65	
新　疆	31937	1524	30413		421	150	271	
不分地区	26769				4039			

注：不分地区合计为民航完成数。

货　运　量

单位：万吨

年份	货运量	铁路	公路	水运	#远洋	民航	管道
1978	248946	110119	85182	43292	3659	6.4	10347
1980	546537	111279	382048	42676	4292	8.9	10525
1985	745763	130709	538062	63322	6627	19.5	13650
1990	970602	150681	724040	80094	9408	37.0	15750
1995	1234938	165982	940387	113194	15251	101.1	15274
1996	1298421	171024	983860	127430	14213	115.0	15992
1997	1278218	172149	976536	113406	20287	124.7	16002
1998	1267427	164309	976004	109555	18892	140.1	17419
1999	1293008	167554	990444	114608	22621	170.4	20232
2000	1358682	178581	1038813	122391	22949	196.7	18700
2001	1401786	193189	1056312	132675	27573	171.0	19439
2002	1483447	204956	1116324	141832	29896	202.1	20133
2003	1564492	224248	1159957	158070	34002	219.0	21998
2004	1706412	249017	1244990	187394	39469	276.7	24734
2005	1862066	269296	1341778	219648	48549	306.7	31037
2006	2037060	288224	1466347	248703	54413	349.4	33436
2007	2275822	314237	1639432	281199	58903	401.8	40552
2008	2585937	330354	1916759	294510	42352	407.6	43906
2009	2825222	333348	2127834	318996	51733	445.5	44598
2010	3241807	364271	2448052	378949	58054	563.0	49972

货 物 周 转 量

单位：亿吨公里

年份	货物周转量	铁路	公路	水运	#远洋	民航	管道
1978	9829	5345	274	3779	2487	1.0	430
1980	12027	5718	764	5053	3532	1.4	491
1985	18365	8126	1903	7729	5329	4.2	603
1990	26208	10622	3358	11592	8141	8.2	627
1995	35909	13049	4695	17552	11938	22.3	590
1996	36590	13106	5011	17863	11254	24.9	585
1997	38385	13270	5272	19235	14875	29.1	579
1998	38089	12560	5483	19406	14920	33.5	606
1999	40568	12910	5724	21263	17014	42.3	628
2000	44321	13770	6129	23734	17073	50.3	636
2001	47710	14694	6330	25989	20873	43.7	653
2002	50686	15658	6783	27511	21733	51.6	683
2003	53859	17247	7099	28716	22305	57.9	739
2004	69445	19289	7841	41429	32255	71.8	815
2005	80258	20726	8693	49672	38552	78.9	1088
2006	88840	21954	9754	55486	42577	94.3	1551
2007	101419	23797	11355	64285	48686	116.4	1866
2008	110300	25106	32868	50263	32851	119.6	1944
2009	122133	25239	37189	57557	39524	126.2	2022
2010	141838	27644	43390	68428	45999	178.9	2197

各地区货运量和货物周转量

(2010年)

地　区	货运量(万吨)	#铁路	#公路	#水运	货物周转量(亿吨公里)	#铁路	#公路	#水运
全国总计	**3241807**	**364271**	**2448052**	**378949**	**141838**	**27644**	**43390**	**68428**
北　京	21762	1578	20184		877	775	102	
天　津	40014	7243	20855	11916	10065	510	231	9324
河　北	156596	18508	135938	2150	8071	3618	4011	441
山　西	124367	63530	60819	18	2840	1870	970	
内蒙古	137231	52069	85162		4713	2452	2261	
辽　宁	158485	20690	127361	10434	9029	1403	1930	5696
吉　林	40728	7489	33013	226	1282	598	683	1
黑龙江	59314	17717	40582	1015	1826	1057	762	7
上　海	87256	959	40890	45407	18918	26	266	18626
江　苏	179013	6811	123500	48702	5589	345	1149	4096
浙　江	171037	4385	103394	63258	7117	342	1299	5476
安　徽	228104	12091	183658	32355	7153	1017	5005	1132
福　建	66083	3705	45575	16803	2977	179	578	2219
江　西	100635	5677	88445	6513	2720	687	1850	182
山　东	301313	21314	264366	15633	11833	1533	6217	4083
河　南	202962	14721	183291	4950	7202	2042	4861	300
湖　北	93422	6249	71020	16153	3097	873	1079	1146
湖　南	149540	6094	127635	15811	2927	1045	1539	342
广　东	192344	8563	140689	43092	5711	334	1735	3642
广　西	115475	9091	93552	12832	2927	891	1173	862
海　南	22455	542	13947	7966	995	7	91	898
重　庆	81377	2279	69438	9660	2016	186	610	1219
四　川	134306	8052	121017	5237	1808	748	985	75
贵　州	39735	7991	30834	910	1006	706	287	13
云　南	51564	5497	45665	402	947	392	549	7
西　藏	982	30	952		39	12	27	
陕　西	104414	27121	77123	170	2465	1268	1196	1
甘　肃	30270	6188	24050	32	1764	1240	524	
青　海	11057	3095	7962		420	192	227	
宁　夏	32325	6872	25453		819	280	538	
新　疆	48459	6777	41682		1359	706	653	
不分地区	59181	1342		7304	11327	311		8639

注：不分地区合计中包括铁路行包运输、管道运输企业、民航运输企业及中远集团海外公司完成数。

沿海规模以上港口货物吞吐量

单位：万吨

港口	1990年	1995年	2000年	2005年	2008年	2009年	2010年
总计	**48321**	**80166**	**125603**	**292777**	**429599**	**475481**	**548358**
大连	4952	6417	9084	17085	24588	27203	31399
营口	237	1156	2268	7537	15085	17603	22579
秦皇岛	6945	8382	9743	16900	25231	24942	26297
天津	2063	5787	9566	24069	35593	38111	41325
烟台	668	1361	1774	4506	11189	12351	15033
青岛	3034	5103	8636	18678	30029	31546	35012
日照	925	1452	2674	8421	15102	18131	22597
上海	13959	16567	20440	44317	50808	49467	56320
连云港	1137	1716	2708	6016	10060	10843	12739
宁波-舟山	2554	6853	11547	26881	52048	57684	63300
福州	561	1032	2426	7443	6703	8094	7125
厦门	529	1314	1965	4771	9702	11096	12728
深圳	1258	3080	5697	15351	21125	19365	22098
广州	4163	7299	11128	25036	34700	36395	41095
湛江	1557	1885	2038	4647	6682	11838	13638
海口	288	468	808	2118	2614	4855	5700
八所	431	275	378	486	554	652	893
其他港口	3060	10019	22723	58515	77786	95305	118480

注：1.2006年起，宁波-舟山港统计范围包括原宁波港和舟山港，以往年度数据为原宁波港数据。
2.2007年起，烟台港统计范围包括原烟台港和龙口港，以往年度数据为原烟台港数据。
3.2009年起，湛江港和海口港港区范围有调整。

民用航空航线及飞机架数

指标	单位	1990年	1995年	2000年	2005年	2008年	2009年	2010年
民用航空航线条数	**条**	**437**	**797**	**1165**	**1257**	**1532**	**1592**	**1880**
国际航线	条	44	85	133	233	297	263	302
国内航线	条	385	694	1032	1024	1235	1329	1578
#港澳地区航线	条	8	18	42	43	49	72	85
民用航空航线里程	**万公里**	**50.7**	**112.9**	**150.3**	**199.9**	**246.2**	**234.5**	**276.5**
国际航线	万公里	16.6	34.8	50.8	85.6	112.0	92.0	107.0
国内航线	万公里	32.9	75.1	99.5	114.3	134.2	142.5	169.5
#港澳地区航线	万公里	1.1	3.0	5.6	6.1	6.9	10.7	12.1
民航国内通航机场	**个**	**94**	**139**	**139**	**135**	**152**	**165**	**175**
民用飞机架数	**架**	**503**	**852**	**982**	**1386**	**1961**	**2181**	**2203**
运输飞机	架	204	416	527	863	1259	1417	1597
大中型飞机	架		330	462	785	1155	1297	1453
小型飞机	架		86	65	78	104	120	144
通用航空飞机	架	217	306	301	383	484	555	606
教学校验飞机	架	82	130	154	140	218	209	202

注：1.1992年以前，民航机场和飞机架数为民航总局直属企业数，1992年起为民航全行业数据。
2.1997年以前，港澳地区航线与国内航线、国际航线并列统计。1997年起，民航所属至香港航线统计在国内航线中，航线里程及运输量统计口径也做同样调整。1999年起，港澳地区航线为国内航线的其中项，包含民航至香港、澳门航线及运输量。
3.民航国内通航机场不包含香港、澳门特别行政区。

邮电业务基本情况

指　　标	单 位	1990年	1995年	2000年	2005年	2009年	2010年
邮电业务量							
邮电业务总量	亿元	155.5	988.9	4792.7	12028.5	27193.5	32940.2
邮政业务总量	亿元	46.0	113.3	232.8	625.5	1639.9	1985.3
电信业务总量	亿元	109.6	875.5	4559.9	11403.0	25553.6	30954.9
函件	亿件	54.9	79.6	77.7	73.5	75.3	74.0
快递	万件	343	5563	11031	22880	185785	233892
报刊期发数	万份	20078	21689	20090	14601	13910	17158
固定长途电话通话时长	亿分钟	.	309.9	671.5	894.2	823.4	729.2
移动电话年末用户	万户	1.8	362.9	8453.3	39340.6	74721.4	85900.3
移动短信业务量	亿条				3046.3	7726.5	8250.4
固定电话年末用户	万户	685.0	4070.6	14482.9	35044.5	31373.2	29438.3
城市电话	万户	538.4	3263.6	9311.6	23975.3	21190.0	19662.2
#住宅	万户	152.7	2358.4	7219.4	17201.2	12969.5	11973.4
农村电话	万户	146.6	807.0	5171.3	11069.2	10183.2	9776.1
#住宅	万户	30.7	551.4	4597.8	10023.9	8813.3	8325.0
#公用电话	万部	4.6	85.0	352.0	2681.2	2708.8	2584.8
邮政局所及邮电通信电路							
营业网点	处	53629	61898	58437	65917	65672	72863
邮路及农村投递路线总长度	万公里	498.3	523.2	643.8	697.1	770.4	832.6
长途光缆线路长度	公里	3334	106882	286642	723040	831011	818161
邮电通信设备拥有量							
长途自动交换机容量	万路端	16.1	351.9	563.5	1371.6	1684.9	1643.9
局用电话交换机容量	万门	1232	7204	17826	47196	49266	46559
移动电话交换机容量	万户	5	797	13986	48242	144085	150518
邮电通信服务水平							
电话普及率(含移动)	部/百人	1.11	4.66	19.10	57.22	79.89	86.41
移动电话普及率	部/百人	0.002	0.30	6.72	30.26	56.27	64.36

注：1.邮电业务总量2000年及以前按1990年不变价格计算，2001年起按2000年不变价格计算。

2.1997年及以前城市电话用户为市内电话用户数。

3.1998年及以前邮政局所为邮电局所。

4.2006年及以前邮政业务总量、特快专递和邮政局所统计口径为中国邮政集团；2007年起包括规模以上(年业务收入200万元以上)邮政业法人企业数据(下表同)。

邮电业务量(一)

年　份	邮电业务总量(亿元)	邮政业务总量	电信业务总量	邮电业务总量指数(上年=100)	函件(亿件)	快递(万件)	报刊期发数(万份)
1978	34.1	14.9	19.2	104.6	28.4		11250
1980	39.0	17.0	22.0	106.3	33.1		16431
1985	62.2	25.7	36.5	118.3	46.8		30172
1990	155.5	46.0	109.6	126.0	54.9	343	20078
1995	988.9	113.3	875.5	143.7	79.6	5563	21689
1996	1342.0	133.3	1208.8	135.7	78.7	7097	21157
1997	1773.3	144.3	1629.0	132.1	68.6	6879	21875
1998	2431.2	166.3	2264.9	137.1	65.5	7668	22989
1999	3330.8	198.4	3132.4	137.0	60.5	9091	25035
2000	4792.7	232.8	4559.9	143.9	77.7	11031	20090
2001	4556.3	457.4	4098.8	127.6	86.9	12653	21811
2002	5695.8	494.7	5201.1	125.0	106.0	14036	17620
2003	7019.8	541.0	6478.8	123.2	103.8	17238	16594
2004	9712.3	564.3	9148.0	138.4	82.8	19772	14789
2005	12028.5	625.5	11403.0	123.8	73.5	22880	14601
2006	15325.9	730.5	14595.4	127.4	71.3	26988	14373
2007	19805.0	1213.7	18591.3	129.2	69.5	120190	13031
2008	23649.5	1401.8	22247.7	119.4	73.6	151329	15658
2009	27193.5	1639.9	25553.6	115.0	75.3	185785	13910
2010	32940.2	1985.3	30954.9	121.1	74.0	233892	17158

注：邮电业务总量2000年及以前按1990年不变价格计算，2001年起按2000年不变价格计算；2001年数据按1990年不变价格计算为6115.1亿元。

邮电业务量(二)

年　份	集邮业务(万枚)	固定电话长途通话时长(亿分钟)	移动电话通话时长(亿分钟)	IP电话通话时长(亿分钟)	移动电话年末用户(万户)	移动短信业务量(亿条)	互联网上网人数(万人)
1978							
1980							
1985							
1990	71233				1.8		
1995	239250	309.9	113.4		362.9		
1996	303436	385.0	252.4		685.3		
1997	451729	459.5	420.2		1323.3		62
1998	502850	536.7	635.7		2386.3		210
1999	522475	546.6	1188.1	1.0	4329.6		890
2000	453500	671.5	1845.3	31.5	8453.3		2250
2001	344114	628.2	2904.5	201.9	14522.2		3370
2002	244159	539.9	4184.0	591.6	20600.5	583.3	5910
2003	183421	587.5	6308.9	834.2	26995.3	1386.3	7950
2004	149178	741.6	9454.7	1149.0	33482.4	2170.5	9400
2005	121214	894.2	12507.4	1340.2	39340.6	3046.3	11100
2006	104581	976.1	16870.7	1492.2	46105.8	4295.4	13700
2007	113657	1040.6	23061.3	1494.9	54730.6	5945.8	21000
2008	131873	970.7	29355.6	1399.3	64124.5	6996.9	29800
2009	110089	823.4	35351.0	1164.8	74721.4	7726.5	38400
2010	114623	729.2	43261.2	997.8	85900.3	8250.4	45700

邮电业务量（三）

年 份	固定电话年末用户（万户）	城市电话	#住 宅	农村电话	#住 宅	#公用电话（万部）
1978	192.5	119.2		73.4		1.2
1980	214.1	134.2		79.9		1.4
1985	312.0	219.0	4.1	93.1	2.0	2.7
1990	685.0	538.4	152.7	146.6	30.7	4.6
1995	4070.6	3263.6	2358.4	807.0	551.4	85.0
1996	5494.7	4277.8	3224.6	1216.9	907.3	138.0
1997	7031.0	5244.4	4057.2	1786.6	1406.6	193.9
1998	8742.1	6259.8	4911.1	2482.3	2070.7	259.5
1999	10871.6	7463.3	5894.4	3408.4	2949.2	297.4
2000	14482.9	9311.6	7219.4	5171.3	4597.8	352.0
2001	18036.8	11193.7	8535.3	6843.1	6197.7	346.2
2002	21422.2	13579.1	10196.7	7843.1	7183.8	985.5
2003	26274.7	17109.7	12533.9	9165.0	8389.7	1561.4
2004	31175.6	21025.1	15246.5	10150.5	9240.5	2215.0
2005	35044.5	23975.3	17201.2	11069.2	10023.9	2681.2
2006	36778.6	25132.9	17697.6	11645.6	10561.5	2960.7
2007	36563.7	24859.8	16988.2	11704.0	10533.1	2991.9
2008	34035.9	23155.9	15588.3	10880.0	9612.2	2771.5
2009	31373.2	21190.0	12969.5	10183.2	8813.3	2708.8
2010	29438.3	19662.2	11973.4	9776.1	8325.0	2584.8

营业网点数及邮电通信电路

年 份	营业网点（万处）	邮路总长度（万公里）	#汽车邮路	农村投递线路（万公里）	长途光缆线路长度（万公里）	互联网宽带接入端口（万个）
1978	4.96	486.33	57.22	426.63		
1980	4.95	473.71	58.21	413.89		
1985	5.31	141.63	65.81	356.58		
1990	5.36	161.82	67.67	336.49	0.33	
1995	6.19	188.61	81.94	334.58	10.69	
1996	7.25	211.89	91.72	335.81	13.02	
1997	7.93	236.31	87.37	340.29	15.08	
1998	10.22	285.39	93.06	336.15	19.41	
1999	6.66	297.90	98.91	334.81	23.97	
2000	5.84	307.33	107.03	336.45	28.66	
2001	5.71	310.26	107.41	349.28	39.91	
2002	7.64	308.10	111.28	351.12	48.77	
2003	6.36	327.02	113.75	353.18	59.43	1802.3
2004	6.64	333.64	119.46	353.05	69.53	3578.1
2005	6.59	340.62	122.98	356.52	72.30	4874.7
2006	6.28	336.94	123.06	356.70	72.24	6486.4
2007	7.07	353.30	130.29	363.76	79.22	8539.3
2008	6.91	369.35	138.51	365.69	79.80	10890.4
2009	6.57	402.77	145.08	367.60	83.10	13835.7
2010	7.29	463.56	175.30	369.06	81.82	18759.5

邮电通信设备拥有量

年　份	长途自动交换机容量(万路端)	局用电话交换机容量(万门)	移动电话交换机容量(万户)
1978	0.2	405.9	
1980	0.2	443.2	
1985	1.2	613.4	
1990	16.1	1231.8	5.1
1995	351.9	7203.6	796.7
1996	416.2	9291.2	1536.2
1997	436.8	11269.2	2585.7
1998	449.2	13823.7	4706.7
1999	503.2	15346.1	8136.0
2000	563.5	17825.6	13985.6
2001	703.6	25566.3	21926.3
2002	773.0	28656.8	27400.3
2003	1061.1	35082.5	33698.4
2004	1263.0	42346.9	39684.3
2005	1371.6	47196.1	48241.7
2006	1442.3	50279.9	61032.0
2007	1709.2	51034.6	85496.1
2008	1690.7	50863.2	114531.4
2009	1684.9	49265.6	144084.7
2010	1643.9	46558.8	150517.5

邮电通信服务水平

指　　标	单　位	2005年	2006年	2007年	2008年	2009年	2010年
平均每一营业网点服务面积	平方公里	145.6	152.9	135.9	138.8	146.2	131.8
平均每一营业网点服务人口	万人	2.0	2.1	1.9	1.9	2.0	1.9
平均每人每年发函件数	件	5.7	5.5	5.3	5.6	5.7	5.4
平均每百人订有报刊数	份	11.2	11.2	9.9	11.9	10.4	12.5
每千人拥有公用电话数	部	20.63	22.64	22.76	20.98	20.40	19.37
电话普及率(含移动)	部/百人	57.22	63.40	69.45	74.29	79.89	86.41
移动电话普及率	部/百人	30.26	35.30	41.64	48.53	56.27	64.36
通邮的行政村比重	%	99.0	99.4	98.4	98.5	98.8	99.0
已通电话的行政村比重	%	97.1	98.9	99.5	99.7	99.9	100.0

社会消费品零售总额

年　份	社会消费品零售总额 (亿元)	比上年增长 (%)
1978	1558.6	8.8
1979	1800.0	15.5
1980	2140.0	18.9
"六五"时期	**15450.8**	**15.0**
1981	2350.0	9.8
1982	2570.0	9.4
1983	2849.4	10.9
1984	3376.4	18.5
1985	4305.0	27.5
"七五"时期	**34611.5**	**14.0**
1986	4950.0	15.0
1987	5820.0	17.6
1988	7440.0	27.8
1989	8101.4	8.9
1990	8300.1	2.5
"八五"时期	**76916.4**	**23.3**
1991	9415.6	13.4
1992	10993.7	16.8
1993	14270.4	29.8
1994	18622.9	30.5
1995	23613.8	26.8
"九五"时期	**167744.8**	**10.6**
1996	28360.2	20.1
1997	31252.9	10.2
1998	33378.1	6.8
1999	35647.9	6.8
2000	39105.7	9.7
"十五"时期	**271561.2**	**11.8**
2001	43055.4	10.1
2002	48135.9	11.8
2003	52516.3	9.1
2004	59501.0	13.3
2005	68352.6	14.9
"十一五"时期		
2006	79145.2	15.8
2007	93571.6	18.2
2008	114830.1	22.7
2009	132678.4	15.5
2010	156998.4	18.3
平均每年增长(%)		
1979-2010年		15.5
1991-2010年		15.8
2001-2010年		14.9

注：1.本表按当年价格计算(下表同)。

2.1992年及以前为社会商品零售总额；1997年起社会消费品零售总额不含居民购买住房。

3.2005-2009年数据根据第二次经济普查资料进行了修订。

各地区社会消费品零售总额

单位：亿元

地　区	2006年	2007年	2008年	2009年	2010年	2010年比上年增长(%)
全国总计	**79145.2**	**93571.6**	**114830.1**	**132678.4**	**156998.4**	**18.3**
北　京	3295.3	3835.2	4645.5	5309.9	6229.3	17.3
天　津	1383.1	1650.6	2078.7	2430.8	2902.6	19.4
河　北	3435.7	4053.8	4991.1	5764.9	6821.8	18.3
山　西	1635.4	1953.3	2421.1	2809.0	3318.2	18.1
内蒙古	1628.6	1964.0	2463.0	2855.3	3384.0	18.5
辽　宁	3471.6	4097.8	5032.4	5812.6	6887.6	18.5
吉　林	1697.6	2038.3	2549.2	2957.3	3504.9	18.5
黑龙江	2029.0	2386.2	2928.3	3401.8	4039.2	18.7
上　海	3375.2	3873.3	4577.2	5173.2	6070.5	17.3
江　苏	6706.2	7985.9	9905.1	11484.1	13606.8	18.5
浙　江	5358.0	6271.3	7533.3	8622.3	10245.4	18.8
安　徽	2056.5	2451.9	3045.2	3527.8	4197.7	19.0
福　建	2717.6	3212.3	3866.7	4481.0	5310.0	18.5
江　西	1448.2	1718.9	2142.0	2484.4	2956.2	19.0
山　东	7217.1	8607.5	10658.8	12363.0	14620.3	18.3
河　南	3932.6	4690.3	5815.4	6746.4	8004.2	18.6
湖　北	3461.1	4115.8	5109.7	5928.4	7013.9	18.3
湖　南	2869.4	3419.2	4222.6	4913.7	5839.5	18.8
广　东	9194.3	10731.3	12986.6	14891.8	17458.4	17.2
广　西	1620.3	1932.7	2395.8	2790.7	3312.0	18.7
海　南	313.4	370.9	463.2	537.5	639.3	18.9
重　庆	1431.5	1711.1	2147.1	2479.0	2938.6	18.5
四　川	3472.5	4105.6	4944.8	5758.7	6810.1	18.3
贵　州	710.0	858.2	1075.2	1247.3	1482.7	18.9
云　南	1204.8	1422.5	1764.7	2051.1	2500.1	21.9
西　藏	90.0	112.6	130.0	156.6	185.3	18.3
陕　西	1542.4	1837.3	2317.1	2699.7	3195.7	18.4
甘　肃	729.5	854.4	1023.6	1183.0	1394.5	17.9
青　海	182.6	212.6	259.7	300.5	350.8	16.8
宁　夏	202.5	239.5	295.4	339.3	403.6	19.0
新　疆	733.2	857.5	1041.5	1177.5	1375.1	16.8

旅游人数和收入

指　　标	单 位	2005年	2006年	2007年	2008年	2009年	2010年
旅游人数							
入境旅游人数	**万人次**	**12029.2**	**12494.2**	**13187.3**	**13002.7**	**12647.6**	**13376.2**
外国人	万人次	2025.5	2221.0	2611.0	2432.5	2193.8	2612.7
#日本	万人次	339.0	374.6	397.8	344.6	331.8	373.1
韩国	万人次	354.5	392.4	477.7	396.0	319.8	407.6
菲律宾	万人次	65.4	70.4	83.3	79.5	74.9	82.8
新加坡	万人次	75.6	82.8	92.2	87.6	89.0	100.4
英国	万人次	50.0	55.2	60.5	55.2	52.9	60.9
德国	万人次	45.5	50.1	55.7	52.9	51.9	57.5
俄罗斯	万人次	222.4	240.5	300.4	312.3	174.3	237.0
加拿大	万人次	43.0	50.0	57.7	53.5	55.0	68.5
美国	万人次	155.5	171.0	190.1	178.6	171.0	201.0
澳大利亚	万人次	48.3	53.8	60.7	57.2	56.2	66.1
港澳同胞	万人次	9592.8	9831.8	10113.6	10131.7	10005.4	10249.5
台湾同胞	万人次	410.9	441.4	462.8	438.6	448.4	514.1
#过夜旅游者	万人次	4680.9	4991.3	5472.0	5304.9	5087.5	5566.5
国内居民出境人数	**万人次**	**3102.6**	**3452.4**	**4095.4**	**4584.4**	**4765.6**	**5738.6**
#因私出境	万人次	2514.0	2879.9	3492.4	4013.1	4221.0	5150.8
国内旅游人数	**亿人次**	**12.1**	**13.9**	**16.1**	**17.1**	**19.0**	**21.0**
旅游收入							
国际国内旅游总收入	亿元	7686.0	8935.0	10956.5	11585.8	12893.9	15681.1
国际旅游外汇收入	亿美元	293.0	339.5	419.2	408.4	396.8	458.1
国内旅游收入	亿元	5285.9	6229.7	7770.6	8749.3	10183.7	12579.8

注：本表数据由国家旅游局提供(下三表同)。

入境过夜旅游者人数和国际旅游外汇收入

年份	过夜旅游者人数(万人次)	过夜旅游者人数居世界位次	国际旅游外汇收入(亿美元)	国际旅游外汇收入居世界位次	年份	过夜旅游者人数(万人次)	过夜旅游者人数居世界位次	国际旅游外汇收入(亿美元)	国际旅游外汇收入居世界位次
1978	71.6		2.6		1995	2003.4	8	87.3	10
1979	152.9		4.5		1996	2276.5	6	102.0	9
1980	350.0	18	6.2	34	1997	2377.0	6	120.7	8
1981	376.7	17	7.9	34	1998	2507.3	6	126.0	7
1982	392.4	16	8.4	29	1999	2704.7	5	141.0	7
1983	379.1	16	9.4	26	2000	3122.9	5	162.2	7
1984	514.1	14	11.3	21	2001	3316.7	5	177.9	5
1985	713.3	13	12.5	21	2002	3680.3	5	203.9	5
1986	900.1	12	15.3	22	2003	3297.1	5	174.1	7
1987	1076.0	12	18.6	26	2004	4176.1	4	257.4	7
1988	1236.1	10	22.5	26	2005	4680.9	4	293.0	6
1989	936.1	12	18.6	27	2006	4991.3	4	339.5	5
1990	1048.4	11	22.2	25	2007	5472.0	4	419.2	5
1991	1246.4	12	28.5	21	2008	5304.9	4	408.4	5
1992	1651.2	9	39.5	17	2009	5087.5	4	396.8	5
1993	1898.2	7	46.8	15	2010	5566.5	3	458.1	*
1994	2107.0	6	73.2	10					

注：*世界旅游组织尚未公布。

国内旅游情况

年份	旅游人数(亿人次)	城镇居民	农村居民	旅游总花费(亿元)	城镇居民	农村居民	人均花费(元)	城镇居民	农村居民
1994	5.24	2.05	3.19	1023.5	848.2	175.3	195.3	414.7	54.9
1995	6.29	2.46	3.83	1375.7	1140.1	235.6	218.7	464.0	61.5
1996	6.40	2.56	3.83	1638.4	1368.4	270.0	256.2	534.1	70.5
1997	6.44	2.59	3.85	2112.7	1551.8	560.9	328.1	599.8	145.7
1998	6.95	2.50	4.45	2391.2	1515.1	876.1	345.0	607.0	197.0
1999	7.19	2.84	4.35	2831.9	1748.2	1083.7	394.0	614.8	249.5
2000	7.44	3.29	4.15	3175.5	2235.3	940.3	426.6	678.6	226.6
2001	7.84	3.75	4.09	3522.4	2651.7	870.7	449.5	708.3	212.7
2002	8.78	3.85	4.93	3878.4	2848.1	1030.3	441.8	739.7	209.1
2003	8.70	3.51	5.19	3442.3	2404.1	1038.2	395.7	684.9	200.0
2004	11.02	4.59	6.43	4710.7	3359.0	1351.7	427.5	731.8	210.2
2005	12.12	4.96	7.16	5285.9	3656.1	1629.7	436.1	737.1	227.6
2006	13.94	5.76	8.18	6229.7	4414.7	1815.0	446.9	766.4	221.9
2007	16.10	6.12	9.98	7770.6	5550.4	2220.2	482.6	906.9	222.5
2008	17.12	7.03	10.09	8749.3	5971.8	2777.6	511.0	849.4	275.3
2009	19.02	9.03	9.99	10183.7	7233.8	2949.9	535.4	801.1	295.3
2010	21.03	10.65	10.38	12579.8	9403.8	3176.0	598.2	883.0	306.0

各地区国际旅游接待情况

地　区	2009年			2010年		
	旅　游 人　数 (万人次)	#外国人	旅　游 外汇收入 (亿美元)	旅　游 人　数 (万人次)	#外国人	旅　游 外汇收入 (亿美元)
北　京	412.5	342.9	43.57	490.1	421.6	50.45
天　津	141.0	130.6	11.83	166.1	153.0	14.20
河　北	84.2	74.7	3.08	97.7	85.3	3.51
山　西	106.8	66.6	3.78	130.3	82.1	4.65
内蒙古	129.0	126.6	5.58	142.8	140.0	6.02
辽　宁	293.2	250.7	18.56	361.8	307.0	22.59
吉　林	68.1	58.3	2.43	82.0	72.2	3.05
黑龙江	142.5	135.0	6.39	172.4	164.8	7.63
上　海	533.4	439.1	47.44	733.7	593.1	63.41
江　苏	556.8	396.1	40.16	653.5	473.5	47.83
浙　江	570.6	377.6	32.24	684.7	447.4	39.30
安　徽	156.2	97.8	5.66	198.4	117.4	7.09
福　建	312.0	97.8	25.99	368.1	115.3	29.78
江　西	96.4	38.8	2.90	114.0	39.9	3.46
山　东	310.0	241.2	17.65	366.8	277.9	21.55
河　南	125.9	82.8	4.33	146.8	96.1	4.99
湖　北	133.5	101.8	5.10	181.7	138.5	7.51
湖　南	130.9	64.1	6.73	189.9	103.3	9.06
广　东	2747.8	617.9	100.28	3140.9	733.3	123.83
广　西	209.9	117.4	6.43	250.2	141.4	8.06
海　南	55.2	37.2	2.77	66.3	47.4	3.22
重　庆	104.8	84.8	5.37	137.0	104.0	7.03
四　川	85.0	61.5	2.89	104.9	75.0	3.54
贵　州	40.0	16.3	1.10	50.0	18.6	1.30
云　南	284.5	191.8	11.72	329.2	231.2	13.24
西　藏	17.5	16.3	0.79	22.8	21.4	1.04
陕　西	145.1	114.4	7.71	212.2	155.2	10.16
甘　肃	6.1	4.5	0.13	7.0	5.0	0.15
青　海	3.6	2.5	0.15	4.7	3.4	0.20
宁　夏	1.5	1.2	0.04	1.8	1.3	0.06
新　疆	35.5	31.8	1.37	50.9	45.4	1.85

各级各类学校数

单位：所

年 份	普通高等学校	普通中学	职业中学	普通小学	特殊教育学校	学前教育
1978	598	162345		949323	292	163952
1980	675	118377	3314	917316	292	170419
1985	1016	93221	8070	832309	375	172262
1990	1075	87631	9164	766072	746	172322
1995	1054	81020	10147	668685	1379	180438
1996	1032	79967	10049	645983	1428	187324
1997	1020	78642	10047	628840	1440	182485
1998	1022	77888	10074	609626	1535	181368
1999	1071	77213	9636	582291	1520	181136
2000	1041	77268	8849	553622	1539	175836
2001	1225	80432	7802	491273	1531	111706
2002	1396	80067	7402	456903	1540	111752
2003	1552	79490	6843	425846	1551	116390
2004	1731	79058	6478	394183	1560	117899
2005	1792	77977	6423	366213	1593	124402
2006	1867	76703	6100	341639	1605	130495
2007	1908	74790	6191	320061	1618	129086
2008	2263	72907	6128	300854	1640	133722
2009	2305	70774	5805	280184	1672	138209
2010	2358	68881	5273	257410	1706	150420

注：普通高等学校包括本科院校、高职院校，普通中学指普通高中、普通初中，职业中学指职业高中、职业初中(以下相关表同)。

各级各类学校专任教师数

单位：万人

年 份	普通高等学校	普通中学	职业中学	普通小学	特殊教育学校	学前教育
1978	20.6	318.2		522.6	0.4	27.7
1980	24.7	302.0	2.3	549.9	0.5	41.1
1985	34.4	265.2	14.1	537.7	0.7	55.0
1990	39.5	303.3	22.4	558.2	1.4	75.0
1995	40.1	333.4	29.2	566.4	2.5	87.5
1996	40.3	346.5	30.8	573.6	2.7	88.9
1997	40.5	358.7	32.2	579.4	2.9	88.4
1998	40.7	369.7	33.6	581.9	3.0	87.5
1999	42.6	384.1	33.6	586.1	3.1	87.2
2000	46.3	400.5	32.0	586.0	3.2	85.6
2001	53.2	418.8	30.6	579.8	2.9	63.0
2002	61.8	437.6	31.0	577.9	3.0	57.1
2003	72.5	453.7	28.9	570.3	3.0	61.3
2004	85.8	466.8	29.5	562.9	3.1	65.6
2005	96.6	477.1	30.3	559.2	3.2	72.2
2006	107.6	485.1	30.7	558.8	3.3	77.6
2007	116.8	490.7	31.7	561.3	3.5	82.7
2008	123.7	494.4	32.6	562.2	3.6	89.9
2009	129.5	500.7	32.6	563.3	3.8	98.6
2010	134.3	504.2	30.9	561.7	4.0	114.4

各级各类学历教育招生数

单位：万人

年 份	普 通 本专科	普通中学	职业中学	普通小学	特殊教育 学 校	学前教育
1978	40.2	2698.9		3315.4	0.6	
1980	28.1	1934.3	30.7	2942.3	0.6	
1985	61.9	1606.9	116.1	2298.2	0.9	
1990	60.9	1619.6	123.2	2064.0	1.6	
1995	92.6	2025.9	190.1	2531.8	5.6	1972.4
1996	96.6	2042.9	188.9	2524.7	4.8	1951.7
1997	100.0	2128.2	211.2	2462.0	4.6	1824.4
1998	108.4	2321.0	217.6	2201.4	4.9	1720.0
1999	159.7	2546.0	194.1	2029.5	5.0	1617.5
2000	220.6	2736.0	182.7	1946.5	5.3	1531.1
2001	268.3	2815.9	185.0	1944.2	5.6	1398.2
2002	320.5	2929.0	216.9	1952.8	5.3	1373.6
2003	382.2	2947.4	222.1	1829.4	4.9	1316.8
2004	447.3	2899.7	229.1	1747.0	5.1	1350.3
2005	504.5	2854.3	259.3	1671.7	4.9	1356.2
2006	546.1	2794.8	294.0	1729.4	5.0	1391.2
2007	565.9	2703.9	306.9	1736.1	6.3	1433.6
2008	607.7	2693.2	294.1	1695.7	6.2	1482.7
2009	639.5	2616.7	315.2	1637.8	6.4	1546.9
2010	661.8	2551.7	279.8	1691.7	6.5	1700.4

各级各类学历教育在校学生数

单位：万人

年 份	普 通 本专科	普通中学	职业中学	普通小学	特殊教育 学 校	学前教育
1978	85.6	6548.3		14624.0	3.1	787.7
1980	114.4	5508.1	45.4	14627.0	3.3	1150.8
1985	170.3	4706.0	229.5	13370.2	4.2	1479.7
1990	206.3	4586.0	295.0	12241.4	7.2	1972.2
1995	290.6	5371.0	448.3	13195.2	29.6	2711.2
1996	302.1	5739.7	473.3	13615.0	32.1	2666.3
1997	317.4	6017.9	511.9	13995.4	34.1	2519.0
1998	340.9	6301.0	541.6	13953.8	35.8	2403.0
1999	413.4	6771.3	533.9	13548.0	37.2	2326.3
2000	556.1	7368.9	503.2	13013.3	37.8	2244.2
2001	719.1	7836.0	466.4	12543.5	38.6	2021.8
2002	903.4	8287.9	511.5	12156.7	37.5	2036.0
2003	1108.6	8583.2	528.2	11689.7	36.5	2003.9
2004	1333.5	8695.4	569.4	11246.2	37.2	2089.4
2005	1561.8	8580.9	625.6	10864.1	36.4	2179.0
2006	1738.8	8451.9	676.2	10711.5	36.3	2263.9
2007	1884.9	8243.3	740.5	10564.0	41.9	2348.8
2008	2021.0	8050.4	761.1	10331.5	41.7	2475.0
2009	2144.7	7867.9	785.7	10071.5	42.8	2657.8
2010	2231.8	7703.2	729.8	9940.7	42.6	2976.7

各级各类学历教育毕业生数

单位：万人

年 份	普 通 本专科	普通中学	职业中学	普通小学	特殊教育 学 校	学前教育
1978	16.5	2375.3		2287.9	0.3	
1980	14.7	1581.0	7.9	2053.3	0.4	
1985	31.6	1194.9	41.3	1999.9	0.4	
1990	61.4	1342.1	89.3	1863.1	0.5	
1995	80.5	1429.0	124.0	1961.5	1.9	
1996	83.9	1484.0	139.6	1934.1	2.4	
1997	82.9	1664.0	150.1	1960.1	2.8	
1998	83.0	1832.0	162.8	2117.4	3.5	
1999	84.8	1852.7	167.8	2313.7	3.8	
2000	95.0	1908.6	176.3	2419.2	4.3	
2001	103.6	2047.4	166.5	2396.9	4.6	1160.2
2002	133.7	2263.6	145.4	2351.9	4.4	1152.7
2003	187.7	2453.7	135.5	2267.9	4.5	1072.0
2004	239.1	2617.3	142.5	2135.2	4.7	1059.7
2005	306.8	2768.1	170.0	2019.5	4.3	1025.4
2006	377.5	2789.5	179.5	1928.5	4.5	1045.1
2007	447.8	2745.2	197.7	1870.2	5.0	1049.1
2008	511.9	2699.0	216.7	1865.0	5.2	1040.5
2009	531.1	2618.4	232.1	1805.2	5.7	1040.6
2010	575.4	2543.0	232.0	1739.6	5.9	1057.6

研究生和留学生数

单位：人

年 份	研究生数			出 国	学成回国
	招生数	在校生数	毕业生数	留学人员	留学人员
1978	10708	10934	9	860	248
1980	3616	21604	476	2124	162
1985	46871	87331	17004	4888	1424
1990	29649	93018	35440	2950	1593
1995	51053	145443	31877	20381	5750
1996	59398	163322	39652	20905	6570
1997	63749	176353	46539	22410	7130
1998	72508	198885	47077	17622	7379
1999	92225	233513	54670	23749	7748
2000	128484	301239	58767	38989	9121
2001	165197	393256	67809	83973	12243
2002	202611	500980	80841	125179	17945
2003	268925	651260	111091	117307	20152
2004	326286	819896	150777	114682	24726
2005	364831	978610	189728	118515	34987
2006	397925	1104653	255902	134000	42000
2007	418612	1195047	311839	144000	44000
2008	446422	1283046	344825	179800	69300
2009	510953	1404942	371273	229300	108300
2010	538177	1538416	383600	284700	134800

各级各类学校校数、教职工和专任教师情况

(2010年)

项　目	学校数（所）	教职工数（万人）	专任教师（万人）
高等教育			
研究生培养机构	(797)		
普通高校	(481)		
科研机构	(316)		
普通高等学校	2358	215.7	134.3
本科院校	1112	154.8	93.5
#独立学院	323	17.5	12.7
高职(专科)院校	1246	60.3	40.4
其他机构(点)	(56)	0.5	0.4
成人高等学校	365	7.7	4.6
民办的其他高等教育机构	(836)	3.8	1.8
中等教育	**85132**	**709.0**	**591.9**
高中阶段教育	28653	708.0	238.9
高中	14712	586.4	152.2
普通高中	14058	585.9	151.8
成人高中	654	0.5	0.4
中等职业教育	13941	121.6	86.7
普通中专	3938	43.5	29.5
成人中专	1720	8.5	5.7
职业高中	5206	40.3	30.7
技工学校	3077	26.0	18.6
其他机构(教学点)	(2012)	3.3	2.2
初中阶段教育	56479	0.9	353.0
普通初中	54823		352.3
职业初中	67	0.2	0.2
成人初中	1589	0.7	0.4
初等教育	**290597**	**617.6**	**564.6**
普通小学	257410	611.0	561.7
成人小学	33187	6.6	2.9
#扫盲班	22227	5.0	1.9
工读学校	**77**	**0.3**	**0.2**
特殊教育	**1706**	**4.9**	**4.0**
学前教育	**150420**	**184.9**	**114.4**

注：1.普通高中的教职工数中包含普通初中的教职工数。

2.“()”内数据为不记校数。

3.技工学校数据为2009年数据。

各级各类学历教育学生情况

（2010年）　　单位：万人

项　　目	招生数	在校生数	毕业生数
高等教育			
研究生	53.8	153.8	38.4
博士	6.4	25.9	4.9
硕士	47.4	127.9	33.5
普通本专科	661.8	2231.8	575.4
本科	351.3	1265.6	259.1
专科	310.5	966.2	316.4
成人本专科	208.4	536.0	197.3
本科	85.3	225.0	80.4
专科	123.1	311.0	116.9
其他各类高等学历教育			
在职人员攻读博士、硕士学位	12.5	42.0	
网络本专科	166.4	453.1	110.6
本科	55.6	164.0	42.3
专科	110.8	289.1	68.3
中等教育	**3421.0**	**10012.9**	**3275.7**
高中阶段教育	1704.4	4670.6	1462.6
高中	836.2	2438.8	803.5
普通高中	836.2	2427.3	794.4
成人高中		11.5	9.0
中等职业教育	868.1	2231.8	659.2
普通中专	316.6	877.7	264.6
成人中专	116.1	212.4	48.8
职业高中	278.7	726.3	230.2
技工学校	156.7	415.3	115.5
初中阶段教育	1716.6	5342.3	1813.1
普通初中	1715.5	5275.9	1748.6
职业初中	1.1	3.4	1.8
成人初中		63.0	62.7
初等教育	**1691.7**	**10135.4**	**1927.9**
普通小学	1691.7	9940.7	1739.6
成人小学		194.7	188.3
#扫盲班		108.1	90.3
工读学校	**0.4**	**1.1**	**0.4**
特殊教育	**6.5**	**42.6**	**5.9**
学前教育	**1700.4**	**2976.7**	**1057.6**

注：1.特殊教育学生数中包括普通中小学随班就读的学生和附设特种班的学生。
2.技工学校数据为2009年数据。

民办教育基本情况

(2010年)

项　　目	学校数 (所)	教　职 工　数 (万人)	专　任 教　师 (万人)	招生数 (万人)	在　校 生　数 (万人)	毕　业 生　数 (万人)	另有其他 学生数 (万人)
民办高等教育							
民办高校	676	34.89	23.65	146.74	476.68	109.69	20.61
本科学生				82.59	280.99	50.70	
专科学生				64.15	195.70	59.00	
其中:独立学院	323	17.53	12.67	75.47	260.32	51.62	1.87
本科学生				68.84	238.98	44.35	
专科学生				6.63	21.34	7.27	
民办其他高等教育机构	(836)	3.81	1.78				92.18
民办中等教育							
高中阶段教育	5622	62.93	44.71	194.14	537.06	171.00	
民办普通高中	2499	46.36	34.36	80.95	230.07	74.28	
民办中等职业教育	3123	16.56	10.34	113.19	306.99	96.71	35.97
初中阶段教育	4259			153.21	442.11	129.86	
民办普通初中	4259			153.21	442.11	129.82	
民办职业初中						0.04	
民办普通小学	**5351**	**31.39**	**22.95**	**94.72**	**537.63**	**86.43**	
民办幼儿园	**102289**	**116.84**	**68.04**	**711.63**	**1399.47**	**388.94**	
民办培训机构	**(18341)**	**21.84**	**11.13**				**929.78**

注：1.“另有其他学生数”包括：自考助学班学生、预科生、进修及培训学生数。

2.民办普通高中的教职工数和专业教师数包含民办普通初中的教职工数和专业教师数。

3.“()”内数据为不记校数。

各级教育入学率和升学率

单位：%

年份	学龄儿童净入学率	毛入学率					升学率		
		小学(按各地相应学龄计算)	初中阶段(12-14周岁)	高中阶段(15-17周岁)		高等教育(18-22周岁)	小学	初中	高中
				职前	全口径				
1978	95.5						87.7	40.9	
1980	93.0						75.9	45.9	
1985	95.9						68.4	41.7	
1990	97.8	111.0	66.7	21.9		3.4	74.6	40.6	27.3
1995	98.5	106.6	78.4	28.8	33.6	7.2	90.8	50.3	49.9
1996	98.8	105.7	82.4	31.4	38.0	8.3	92.6	49.8	51.0
1997	98.9	104.9	87.1	33.8	40.6	9.1	93.7	51.5	48.6
1998	98.9	104.3	87.3	34.4	40.7	9.8	94.3	50.7	46.1
1999	99.1	104.3	88.6	35.8	41.0	10.5	94.4	50.0	63.8
2000	99.1	104.6	88.6	38.2	42.8	12.5	94.9	51.2	73.2
2001	99.1	104.5	88.7	38.6	42.8	13.3	95.5	52.9	78.8
2002	98.6	107.5	90.0	38.4	42.8	15.0	97.0	58.3	83.5
2003	98.7	107.2	92.7	42.1	43.8	17.0	97.9	59.6	83.4
2004	98.9	106.6	94.1	46.5	48.1	19.0	98.1	63.8	82.5
2005	99.2	106.4	95.0	50.9	52.7	21.0	98.4	69.7	76.3
2006	99.3	106.3	97.0	57.7	59.8	22.0	100.0	75.7	75.1
2007	99.5	106.2	98.0		66.0	23.0	99.9	80.5	70.3
2008	99.5	105.7	98.5		74.0	23.3	99.7	83.4	72.7
2009	99.4	104.8	99.0		79.2	24.2	99.1	85.6	77.6
2010	99.7	99.7	100.1		82.5	26.5	98.7	87.5	83.3

注：1.毛入学率为该级教育在校学生总数与政府规定的该级学龄人口总数之比。
2.高中阶段职前统计范围：普通高中、职业高中、普通中专和技工学校,全口径统计范围：普通高中、职业高中、成人高中、普通中专、成人中专和技工学校。

全国教育经费来源情况

单位：亿元

年份	合计	国家财政性教育经费	#预算内教育经费	民办学校办学经费	社会捐赠经费	事业收入	#学杂费	其他教育经费
1992	867.0	728.8	538.7		69.6		43.9	
1993	1059.9	867.8	644.4	3.3	70.2		87.1	
1994	1488.8	1174.7	884.0	10.8	97.4		146.9	
1995	1878.0	1411.5	1028.4	20.4	162.8		201.2	
1996	2262.3	1671.7	1211.9	26.2	188.4		261.0	
1997	2531.7	1862.5	1357.7	30.2	170.7		326.1	
1998	2949.1	2032.5	1565.6	48.0	141.9	609.2	369.7	117.6
1999	3349.0	2287.2	1815.8	62.9	125.9	749.7	463.6	123.4
2000	3849.1	2562.6	2085.7	85.9	114.0	938.3	594.8	148.4
2001	4637.7	3057.0	2582.4	128.1	112.9	1157.5	745.6	182.2
2002	5480.0	3491.4	3114.2	172.6	127.3	1460.9	922.8	227.9
2003	6208.3	3850.6	3453.9	259.0	104.6	1721.8	1121.5	272.2
2004	7242.6	4465.9	4027.8	347.9	93.4	2011.4	1346.6	324.0
2005	8418.8	5161.1	4665.7	452.2	93.2	2340.0	1553.1	372.4
2006	9815.3	6348.4	5795.6	549.1	89.9	2407.3	1552.3	420.7
2007	12148.1	8280.2	7654.9	80.9	93.1	3177.2	2130.9	516.6
2008	14500.7	10449.6	9685.6	69.8	102.7	3367.1	2349.3	511.5
2009	16502.7	12231.1	11419.3	75.0	125.5	3527.6	2515.6	543.5

注：2007年对部分教育经费统计指标进行了修订，表中1992-2006年“民办学校办学经费”指社会团体和公民个人办学总经费，2007年起指民办学校中举办者投入。

各级普通学校生师比

单位：%

年份	小学	初中	普通高中	职业高中	普通中专	普通高校		
						全国	本科院校	专科院校
1992	20.07	15.85	12.24	13.82	14.6	6.83	6.63	7.30
1993	22.37	15.65	14.96	13.86	14.55	8.00	7.82	8.61
1994	22.85	16.07	12.16	14.66	15.07	9.25	9.00	10.10
1995	23.30	16.73	12.95	15.35	15.95	9.83	9.71	10.16
1996	23.73	17.18	13.45	15.38	16.43	10.36	10.32	10.20
1997	24.16	17.33	14.05	15.88	16.71	10.87	10.80	10.85
1998	23.98	17.56	14.60	16.13	17.82	11.62	11.63	11.09
1999	23.12	18.17	15.16	15.91	17.88	13.37	13.67	12.23
2000	22.21	19.03	15.87	14.71	19.09	16.30	16.04	17.65
2001	21.64	19.24	16.73	14.26	19.91	18.22	18.47	17.15
2002	21.04	19.25	17.80	16.50	21.96	19.00	20.60	14.20
2003	20.50	19.13	18.35	17.67	25.30	17.00	21.07	14.75
2004	19.98	18.65	18.65	19.10	28.13	16.22	17.44	13.15
2005	19.43	17.80	18.54	20.62	31.02	16.85	17.75	14.78
2006	19.17	17.15	18.13	22.16	31.67	17.93	17.77	18.26
2007	18.82	16.52	17.48	23.50	31.39	17.28	17.31	17.20
2008	18.38	16.07	16.78	23.47	31.27	17.23	17.21	17.27
2009	17.88	15.47	16.30	23.65	27.82	17.27	17.23	17.35
2010	17.70	14.98	15.99	23.66	29.75	17.33	17.38	17.21

每十万人口各级学校平均在校生数

单位：人

年份	高等学校	高中阶段	初中阶段	小学	幼儿园
1990	326	1337	3426	10707	1725
1991	304	1355	3465	10502	1907
1992	313	1365	3518	10413	2072
1993	376	1448	3599	10656	2190
1994	433	1293	3681	10819	2219
1995	457	1610	3945	11010	2262
1996	470	1780	4180	11273	2208
1997	482	1905	4289	11435	2058
1998	519	1978	4408	11287	1944
1999	594	2032	4656	10855	1864
2000	723	2000	4969	10335	1782
2001	931	2021	5161	9937	1602
2002	1146	2283	5240	9525	1595
2003	1298	2523	5209	9100	1560
2004	1420	2824	5058	8725	1617
2005	1613	3070	4781	8358	1676
2006	1816	3321	4557	8192	1731
2007	1924	3409	4364	8037	1787
2008	2042	3463	4227	7819	1873
2009	2128	3495	4097	7584	2001
2010	2189	3499	3955	7448	2230

注：1.高等学校包括普通高等学校和成人高等学校。

2.高中阶段统计范围包括普通高中、成人高中、普通中专、职业高中、技工学校和成人中专。

3.初中阶段统计范围包括普通初中和职业初中。

科技事业发展情况

指　　标	单位	1991年	1995年	2000年	2009年	2010年
研究与试验发展(R&D)活动						
研究与试验发展折合全时人员	万人年	67.1	75.2	92.2	229.1	252.0
研究与试验发展经费支出	亿元		349	896	5802	6980
研究与试验发展经费支出占国内生产总值比重	%		0.57	0.90	1.70	1.75
技术成果和国家奖励						
科技成果登记数	项	32653	31099	32858	38688	42108
#应用技术成果	项	28258	27431	28843	33905	37029
国家奖励						
#国家自然科学奖	项	53	57	15	28	30
国家技术发明奖	项	209	131	23	55	46
国家科技进步奖	项	502	607	250	282	273
国际科学技术合作奖	项		6	2	7	5
技术市场成交额	亿元	95	268	651	3039	3906
成功发射卫星	次		2	6	6	15
科技服务						
出版地图	种		970	1150	2106	1944
气象观测站点	个	3903	4128	5117	37358	37992
气象科学数据共享服务数据量	GB				245740	358220
地震台站	个	1125	1183	1234	1457	1477
海洋观测站	个				66	71
质量监督						
产品检测实验室	个		5000	5500	25000	27000
#国家检测中心	个		235	230	414	443
抽查产品	种	138	185	235	149	132
抽查产品	批	3902	6713	9705	21382	16357
专利						
专利申请受理量	万件	5.00	8.30	17.07	97.67	122.23
境内	万件	4.40	6.39	12.82	85.40	108.40
境外	万件	0.60	1.91	4.25	12.26	13.83
专利申请授权量	万件	2.46	4.51	10.53	58.20	81.48
境内	万件	2.05	3.72	8.55	48.34	71.94
境外	万件	0.41	0.79	1.99	9.86	9.54

公有经济企事业单位专业技术人员

(年底数)

项　　目	单位	1990年	1995年	2000年	2005年	2008年	2009年
公有企事业单位职工人数	**万人**	**9459**	**9975**	**6820**	**5161**	**5006**	**4935**
专业技术人员总计	**万人**	**2285**	**2705**	**2887**	**2757**	**2864**	**2888**
#工程技术人员	万人	480	563	555	479	518	531
农业技术人员	万人	45	54	67	71	72	71
科学研究人员	万人	34	30	27	31	37	39
卫生技术人员	万人	266	304	337	358	389	393
教学人员	万人	824	963	1178	1259	1295	1287
平均每万名职工有专业技术人员	**人**	**2416**	**2712**	**4234**	**5341**	**5720**	**5852**
#工程技术人员	人	507	564	814	928	1034	1076
农业技术人员	人	48	54	98	137	143	145
科学研究人员	人	35	30	40	60	74	79
卫生技术人员	人	281	304	494	694	777	796
教学人员	人	871	966	1728	2439	2587	2608

注：1.2008年及以前年份统计口径为“国有企事业单位”，不包括集体企事业单位情况。

2.1990年数据包括行政机关专业技术人员，但不包括社会科技领域专业技术人员及小学教师人数。

按行业分公有经济企事业单位专业技术人员

(2009年底)　　　　单位：万人

行业分类	合　计	企　业	事　业
全国总计	**2888.0**	**830.4**	**2057.6**
农、林、牧、渔业	114.5	24.3	90.2
工业	322.6	320.7	2.0
建筑业	99.8	92.0	7.8
交通运输、仓储和邮政业	90.4	65.0	25.4
信息传输、计算机服务和软件业	49.7	46.4	3.2
批发和零售业	34.3	33.9	0.4
住宿和餐饮业	3.0	2.3	0.7
金融业	182.6	177.5	5.1
房地产业	11.9	8.2	3.7
租赁和商务服务业	7.2	4.4	2.8
科学研究、技术服务和地质勘查业	92.1	24.3	67.7
水利、环境和公共设施管理业	47.5	4.4	43.1
居民服务和其他服务业	19.3	12.0	7.3
教育	1309.5	2.2	1307.4
卫生、社会保障和社会福利业	387.6	5.5	382.2
文化、体育和娱乐业	70.5	6.7	63.9
公共管理和社会组织	45.4	0.6	44.8

文化、卫生和体育基本情况

项　　目	单　位	1990年	1995年	2000年	2009年	2010年
文化事业						
艺术表演团体	个	2805	2684	2630	2494	2420
艺术表演场馆	个	1955	1918	1863	1499	1175
公共图书馆	个	2527	2608	2677	2850	2885
省级、地市级文化馆	个	366	373	390	361	374
县市级文化馆	个	2955	2886	2907	2862	2890
博物馆	个	1013	1194	1384	2252	2435
广播节目综合人口覆盖率	%	74.7	78.8	92.5	96.3	96.8
电视节目综合人口覆盖率	%	79.4	84.5	93.7	97.2	97.6
有线广播电视用户	万户			7950	17523	18872
国有电影制片及加工单位	个				38	38
电影院线	条				37	37
图书总印数	亿册(张)	56.4	63.2	62.7	70.4	74.0
期刊总印数	亿册	17.9	23.4	29.4	31.5	32.0
报纸总印数	亿份	211.3	263.3	329.3	439.1	448.0
卫生事业						
卫生机构数	万个	101.3	99.4	103.4	91.7	93.7
#医院、卫生院	万个	6.21	6.75	6.61	5.99	5.97
卫生机构床位数	万张	292.5	314.1	317.7	441.6	478.7
每千人口医院卫生院床位	张	2.32	2.39	2.38	3.06	3.28
卫生人员数	万人	613.8	670.4	691.0	778.1	819.7
#卫生技术人员数	万人	389.8	425.7	449.1	553.5	586.6
#执业(助理)医师	万人	176.3	191.8	207.6	232.9	241.3
注册护士	万人	97.5	112.6	126.7	185.5	204.8
每千人口执业(助理)医师	人	1.56	1.62	1.68	1.75	1.80
开展新农合县(市、区)	个				2716	2678
参加新农合人数	亿人				8.33	8.36
新农合参合率	%				94.2	96.0
卫生总费用	亿元	747.4	2155.1	4586.6	17204.8	
体育事业						
新发展等级运动员	万人	6.60	7.94	9.70	4.63	
创造世界纪录	次	16	24	30	22	15
获得世界冠军	个	54	102	110	142	108

文化事业单位数

单位：个

年 份	艺术表演团体	博物馆	公共图书馆	文化馆、站		
				省级、地市级文化馆	县市级文化馆	乡镇(街道)文化站
1978	3150	349	1218	92	2748	1729
1980	3533	365	1732	218	2912	25273
1985	3317	711	2344	335	2965	52858
1990	2805	1013	2527	366	2955	52435
1995	2684	1194	2608	373	2886	45038
1996	2664	1219	2620	392	2892	41969
1997	2663	1282	2628	385	2901	42163
1998	2652	1339	2652	386	2901	42547
1999	2632	1363	2669	389	2905	42543
2000	2630	1384	2677	390	2907	42024
2001	2605	1454	2696	399	2852	40138
2002	2587	1504	2697	389	2854	39273
2003	2601	1507	2709	382	2846	38588
2004	2759	1548	2720	380	2841	38181
2005	2805	1581	2762	447	2841	38362
2006	2866	1617	2778	395	2819	36874
2007	2492	1722	2799	411	2806	37384
2008	2551	1893	2820	389	2829	37938
2009	2494	2252	2850	361	2862	38736
2010	2420	2435	2885	374	2890	40118

图书、期刊和报纸出版数

年 份	图 书		期 刊		报 纸	
	种 数(万种)	总印数(亿册、亿张)	种 数(种)	总印数(亿册)	种 数(种)	总印数(亿份)
1978	1.5	37.7	930	7.6	186	127.8
1980	2.2	45.9	2191	11.3	188	140.4
1985	4.6	66.7	4705	25.6	1445	246.8
1990	8.0	56.4	5751	17.9	1444	211.3
1995	10.1	63.2	7583	23.4	2089	263.3
1996	11.3	71.6	7916	23.1	2163	274.3
1997	12.0	73.1	7918	24.4	2149	287.6
1998	13.1	72.4	7999	25.4	2053	300.4
1999	14.2	73.2	8187	28.5	2038	318.4
2000	14.3	62.7	8725	29.4	2007	329.3
2001	15.5	63.1	8889	28.9	2111	351.1
2002	17.1	68.7	9029	29.5	2137	367.8
2003	19.0	66.7	9074	29.5	2119	383.1
2004	20.8	64.1	9490	28.3	1922	402.4
2005	22.2	64.7	9468	27.6	1931	412.6
2006	23.4	64.1	9468	28.5	1938	424.5
2007	24.8	62.9	9468	30.4	1938	438.0
2008	27.4	70.6	9549	31.0	1943	442.9
2009	30.2	70.4	9851	31.5	1937	439.1
2010	33.0	74.0	9694	32.0	2056	448.0

卫生机构数和床位数

年份	卫生机构(个)	#医院、卫生院	卫生机构床位(万张)	#医院、卫生院	每千人口医院、卫生院床位数(张)
1978	169732	64311	204.2	184.7	1.94
1979	176793	65009	212.8	185.6	1.99
1980	180553	65315	218.4	197.1	2.02
1981	800205	65752	223.4	200.4	2.02
1982	801869	65967	228.0	203.8	2.03
1983	870686	66460	234.2	209.2	2.07
1984	905424	66930	241.2	214.4	2.10
1985	978540	59342	248.7	222.9	2.14
1986	999102	59409	256.3	227.1	2.18
1987	1012804	60139	268.5	237.6	2.25
1988	1012485	61073	279.5	247.3	2.30
1989	1027522	61613	286.7	253.8	2.33
1990	1012690	62126	292.5	259.2	2.32
1991	1003769	62768	299.2	265.5	2.35
1992	1001310	61006	304.9	270.9	2.38
1993	1000531	60460	309.9	276.7	2.40
1994	1005271	67524	313.4	280.3	2.41
1995	994409	67460	314.1	279.6	2.39
1996	1078131	67556	310.0	283.4	2.40
1997	1048657	67479	313.5	286.9	2.41
1998	1042885	66614	314.3	287.8	2.40
1999	1017673	66935	315.9	289.1	2.39
2000	1034229	66095	317.7	290.8	2.38
2001	1029314	64840	320.1	290.2	2.39
2002	1005004	63858	313.6	290.7	2.32
2003	806243	62968	316.4	295.5	2.34
2004	849140	60864	326.8	304.6	2.40
2005	882206	60397	336.8	313.5	2.45
2006	918097	60037	351.2	327.1	2.53
2007	912263	60531	370.1	343.8	2.63
2008	891480	59572	403.9	374.8	2.84
2009	916571	59918	441.6	408.1	3.06
2010	936925	59681	478.7	440.1	3.28

注：1981年起卫生机构含村卫生室。

卫生机构人员数

年份	卫生人员(万人)	卫生技术人员	执业(助理)医师	医师	注册护士	每千人口执业(助理)医师(人)
1978	788.3	246.4	97.8	61.0	40.5	1.08
1979	773.8	264.2	108.8	65.3	42.1	1.12
1980	735.5	279.8	115.3	70.9	46.6	1.17
1981	719.9	301.1	124.4	62.0	52.5	1.25
1982	695.4	314.3	130.7	66.8	56.4	1.29
1983	675.7	325.3	135.3	70.4	59.6	1.33
1984	662.3	334.4	138.1	71.6	61.6	1.33
1985	560.6	341.1	141.3	72.4	63.7	1.36
1986	572.6	350.7	144.4	74.6	68.1	1.37
1987	584.3	360.9	148.2	77.7	71.8	1.39
1988	592.5	372.4	161.8	109.6	82.9	1.49
1989	602.8	380.9	171.8	125.8	92.2	1.56
1990	613.8	389.8	176.3	130.3	97.5	1.56
1991	627.8	398.5	178.0	131.1	101.2	1.56
1992	640.9	407.4	180.8	132.8	104.0	1.57
1993	654.1	411.7	183.2	137.2	105.6	1.58
1994	663.1	419.9	188.2	142.5	109.4	1.60
1995	670.4	425.7	191.8	145.5	112.6	1.62
1996	673.5	431.2	194.1	147.5	116.3	1.62
1997	683.4	439.8	198.5	150.5	119.8	1.65
1998	686.3	442.4	200.0	151.4	121.9	1.65
1999	689.5	445.9	204.5	156.2	124.5	1.67
2000	691.0	449.1	207.6	160.3	126.7	1.68
2001	687.5	450.8	210.0	163.7	128.7	1.69
2002	652.9	427.0	184.4	146.4	124.7	1.47
2003	621.7	438.1	194.2	153.4	126.6	1.54
2004	633.3	448.6	199.9	158.2	130.8	1.57
2005	644.7	456.4	204.2	162.3	135.0	1.60
2006	668.1	472.8	209.9	167.8	142.6	1.62
2007	696.4	491.3	212.3	171.5	155.9	1.62
2008	725.2	517.4	220.2	179.2	167.8	1.67
2009	778.1	553.5	232.9	190.5	185.5	1.75
2010	819.7	586.6	241.3	197.3	204.8	1.80

注：1998年起卫生人员含乡村医生和卫生员。

新发展等级运动员和等级裁判员人数

年份	新发展等级运动员(人)	#国际级运动健将	#运动健将	新发展等级裁判员(人)
1978	823		160	5726
1980	47214		1147	43417
1985	67392	113	852	59538
1990	65540	97	827	48378
1995	79436	165	982	37617
1996	61281	111	713	44765
1997	68752	84	589	43954
1998	69247	97	885	50697
1999	80617	201	761	59233
2000	97011	51	1221	60053
2001	89104	100	884	62181
2002	31469	100	484	33195
2003	26230	148	1343	26233
2004	33651	158	1762	30166
2005	39102	117	144	30166
2006	42634	229	1613	33868
2007	43513	202	1812	38332
2008	46245	180	1654	37047
2009	46279	210	1516	44263
2010		212	1873	

创造世界纪录和获得世界冠军情况

年份	创造世界纪录			获得世界冠军		
	项数(项)	次数(次)	人数(人)	项数(项)	个数(个)	人数(人)
1978	3	3	6	4	4	4
1980	7	15	17	3	3	3
1985	5	9	6	42	46	70
1990	14	16	17	54	54	61
1995	13	24	14人2队	98	102	187
1996	22	30	17人1队	72	75	58
1997	29	43	29人2队	87	92	96
1998	31	68	30人3队	75	83	89
1999	24	50	16人	91	92	129
2000	22	30	14人2队	92	110	109
2001	10	12	8人2队	79	90	138
2002	29	33	17人5队	99	110	123
2003	13	16	8人1队	17	84	94
2004	16	16	7人2队	27	101	175
2005	15	21	14人2队	22	106	159
2006	21	25	11人3队	24	141	169
2007	10	10	8人2队	22	123	217
2008	16	16	11人2队	24	120	151
2009	22	22	11人3队	30	142	223
2010	15	15	8人5队	22	108	178

注：1991年及以前各年的集体项目的队数折合在人数中。

社会服务基本情况(一)

指　　标	单位	2006年	2007年	2008年	2009年	2010年
提供住宿的社会服务						
收养性社会服务单位数	万个	4.2	4.4	4.0	4.0	4.1
收养性社会服务床位数	万张	187.1	251.3	300.2	326.5	348.1
收养人数	万人	147.0	200.0	240.0	251.4	252.7
儿童救助						
领证的孤儿数	万人			6.8	12.8	25.2
流浪儿童救助	万人次	12.9	16.0	15.6	16.7	14.6
儿童家庭收养	万人	4.9	4.6	4.4	4.4	3.5
为残疾人提供服务的福利企业						
单位数	万个	3.0	2.5	2.4	2.3	2.2
残疾职工人数	万人	55.9	56.3	61.9	62.7	62.5
生活困难群众救助						
城市居民最低生活保障人数	万人	2240	2272	2335	2346	2311
农村居民最低生活保障人数	万人	1593	3566	4306	4760	5214
农村五保供养总人数	万人	503.3	531.3	548.6	553.4	556.3
医疗救助						
城市医疗救助	万人次	187	442	444	410	460
民政部门资助参加医疗保险人数	万人次			643	1096	1461
农村医疗救助	万人次	201	377	760	730	1019
民政部门资助参加新农合人数	万人次	1317	2517	3432	4059	4615
生活无着人员救助	万人次	130	154	157	168	172
农村临时救助	万人次	964	646	831	546	614
优抚安置服务						
国家抚恤、补助各类优抚对象	万人	462.6	622.4	633.2	630.7	625.0
接收军休干部军队退伍士官	人	21832	18694	21378	18904	13451
社区服务						
城镇社区服务设施数	万个	16.0	17.2	16.3	17.5	15.3
#社区服务中心(站)	个	8565	9319	9873	10003	56957
城市便民、利民网点	万个	45.8	89.3	74.9	69.3	53.9
为弱势群体筹集资金的活动						
接收社会捐赠款	亿元	43.0	50.9	479.3	66.5	179.8
福利彩票销售	亿元	495.7	631.6	604.0	756.0	968.0
筹集社会福利基金	亿元	171.6	217.0	211.4	248.0	303.8

社会服务基本情况(二)

指　　标	单位	2006年	2007年	2008年	2009年	2010年
婚姻登记服务						
结婚登记	**万对**	**945.0**	**991.4**	**1098.3**	**1212.2**	**1241.0**
#涉外及港台	万对	6.8	5.1	5.1	4.9	4.9
粗结婚率	‰	7.2	7.5	8.3	9.1	9.3
离婚登记	**万对**	**191.3**	**209.8**	**226.9**	**246.8**	**267.8**
#民政部门登记	万对	129.1	145.7	161.0	180.2	201.0
法院部门办理离婚	万对	62.2	64.1	65.9	66.6	66.8
粗离婚率	‰	1.46	1.59	1.71	1.85	2.00
殡葬服务						
火化率	%	48.2	48.4	48.5	48.2	
自然灾害情况						
受灾人口	万人次	43453	39778	47795	47934	42610
因灾死亡人口	人	3186	2325	88928	1299	6541
直接经济损失	亿元	2528.1	2363.0	11752.4	2523.7	5339.9
成员组织						
社会组织						
社会团体	万个	19.2	21.2	23.0	23.9	24.5
民办非企业单位	万个	16.1	17.4	18.2	19.0	19.8
基金会	个	1144	1340	1597	1843	2200
自治组织						
村民委员会	万个	62.4	61.3	60.4	59.9	59.5
居民委员会	万个	8.1	8.2	8.3	8.5	8.7
社会服务事业费总支出	**亿元**	**915.4**	**1215.5**	**2146.5**	**2181.9**	**2697.5**
#社会福利	亿元	65.3	87.6	103.1	124.1	149.8
城市最低生活保障	亿元	224.2	277.4	393.4	482.1	524.7
农村及其他社会救济	亿元	147.8	189.8	326.8	487.9	579.6
自然灾害救济	亿元	79.0	79.8	609.8	199.2	237.2
抚恤费	亿元	178.8	210.8	253.6	310.3	362.7
军队离退休、退职费	亿元	115.7	165.0	180.6	225.7	269.0
地方离退休人员	亿元	14.0	24.8	26.5	30.0	30.4
其　他	亿元	90.6	180.3	252.7	446.7	544.1

注：粗结(离)婚率计算方法：结(离)婚对数除以当期人口平均数。

收养性社会服务机构床位数

单位：万张

年份	床位数	#老年及残疾人床 位	#智障和精神疾病床 位	#儿童床位	每千人口拥有社会服务床位数（张）
1978	16.3	15.7	0.6		0.17
1979	22.6	20.1	2.1	0.4	0.23
1980	24.2	21.3	2.4	0.5	0.25
1981	25.3	22.2	2.5	0.6	0.25
1982	28.2	24.8	2.8	0.6	0.28
1983	32.4	29.0	2.8	0.6	0.31
1984	42.5	39.0	2.9	0.6	0.41
1985	49.1	45.5	2.9	0.5	0.46
1986	58.7	54.7	3.1	0.6	0.55
1987	64.9	60.7	3.3	0.6	0.59
1988	69.5	65.3	3.4	0.6	0.63
1989	73.8	69.3	3.6	0.7	0.65
1990	78.0	73.5	3.7	0.8	0.68
1991	82.8	78.3	3.8	0.7	0.71
1992	89.8	85.2	3.8	0.8	0.77
1993	92.7	87.4	4.0	0.9	0.78
1994	95.5	90.1	4.0	0.9	0.80
1995	97.6	91.9	4.0	1.1	0.81
1996	100.8	95.0	4.0	1.2	0.82
1997	103.1	97.2	4.0	1.3	0.83
1998	105.8	99.6	4.1	1.5	0.85
1999	108.9	102.4	4.1	1.6	0.87
2000	113.0	104.5	4.1	1.8	0.89
2001	122.7	114.6	4.2	2.3	0.96
2002	123.1	114.9	4.3	2.5	0.96
2003	129.8	120.6	4.5	2.7	1.00
2004	146.8	137.7	4.5	3.0	1.13
2005	163.9	154.3	4.4	3.2	1.25
2006	187.1	176.8	4.4	3.1	1.42
2007	251.3	239.8	4.7	3.3	1.90
2008	300.2	286.5	5.4	4.0	2.10
2009	326.5	316.2	5.8	4.4	2.24
2010	348.1	314.9	6.1	5.5	2.60

环境保护基本概况

项　　目	单　位	2006年	2007年	2008年	2009年	2010年
水环境						
水资源总量	亿立方米	25330	25255	27434	24180	29658
人均水资源量	立方米/人	1932	1916	2071	1816	2218
用水总量	亿立方米	5795	5819	5910	5965	5998
#农业	亿立方米	3664	3600	3664	3723	3707
工业	亿立方米	1344	1403	1397	1391	1407
生活	亿立方米	694	710	729	748	773
生态	亿立方米	93	106	120	103	111
化学需氧量排放量	万吨	1428.2	1381.8	1320.7	1277.5	1238.1
大气环境						
二氧化硫排放量	万吨	2588.8	2468.1	2321.2	2214.4	2185.1
固体废物						
工业固体废物排放量	万吨	1302	1197	782	711	
工业固体废物综合利用量	万吨	92601	110311	123482	138186	
工业固体废物综合利用率	%	60.2	62.1	64.3	67.0	
生态环境						
森林面积	万公顷	17491	17491	17491	19545	19545
森林覆盖率	%	18.21	18.21	18.21	20.36	20.36
当年造林面积	万公顷	384	391	535	626	592
全国自然保护区数	个	2395	2531	2538	2541	2588
#国家级	个	265	303	303	319	319
全国自然保护区面积	万公顷	15154	15188	14894	14775	
全国保护区面积占辖区面积	%	15.2	15.2	15.1	14.7	
全国湿地面积	万公顷	3848.6	3848.6	3848.6	3848.6	3848.6
全国湿地面积占国土面积	%	4.0	4.0	4.0	4.0	4.0
自然灾害						
发生地质灾害次数	次	102804	25364	26580	10580	
发生地震灾害次数	次	10	3	17	8	10
海洋灾害发生次数	次	180	163	128	132	132
#赤潮	次	93	82	68	68	69

注：森林面积和森林覆盖率为第七次全国森林资源清查(2004-2008)资料。

香港特别行政区主要社会经济指标（一）

指　　标	1990年	1995年	2000年	2009年	2010年
本地生产总值					
按2008年环比物量计算 ①					
本地生产总值年增长率（%）	3.9	2.3	8.0	-2.7	6.8
本地生产总值（亿港元）	8006	10324	11758	16323	17435
人均本地生产总值(港元)	140351	167709	176408	233059	246677
按当年价格计算					
本地生产总值年增长率（%）	11.7	6.5	4.0	-3.3	7.8
本地生产总值（亿港元）	5990	11157	13177	16222	17481
人均本地生产总值(港元)	104996	181241	197697	231621	247332
本地居民生产总值					
按当年价格计算					
本地居民生产总值(亿港元)		11252	13264	16651	17847
人均本地居民生产总值(港元)		182783	199010	237741	252505
对外要素收益流动净值(亿港元)		95	88	429	366
国际收支平衡表					
经常账 ②(亿港元)			545	1396	1150
资本及金融账 ②(亿港元)			-579	-1554	-1374
净误差及遗漏 ③(亿港元)			34	158	224
整体的国际收支(亿港元)			783	5493	711
国际投资头寸 ④					
国际投资头寸净值 ⑤(亿港元)			17295	55844	53940
对外金融资产（亿港元）			88993	198115	224315
对外金融负债（亿港元）			71697	142271	170375
人口及生命统计					
年中人口（万人）	570.4	615.6	666.5	700.4	706.8
粗出生率（‰）	12.0	11.2	8.1	11.7	12.5
粗死亡率（‰）	5.2	5.1	5.1	5.9	5.9
劳动、就业					
劳动人口（万人）	274.8	300.1	337.4	367.7	365.4
劳动人口参与率（%）	63.2	62.0	61.4	60.7	59.7
失业率（%）	1.3	3.2	4.9	5.4	4.4
就业不足率（%）	0.9	2.1	2.8	2.3	2.0
实际工资指数⑥(1992年9月=100)	100.2	101.6	112.8	120.2	119.2

香港特别行政区主要社会经济指标（二）

指　　标	1990年	1995年	2000年	2009年	2010年
物业及建筑					
已登记物业买卖合约涉及的价值(亿港元)					
住宅		2003	1684	4258	5607
非住宅		655	541	899	1288
总计		2658	2225	5157	6895
楼宇售价指数(1999年=100)					
私人住宅单位	44.8	107.3	89.6	121.3	150.9
私人写字楼(甲级、乙级及丙级)	99.1	194.6	89.9	179.8	230.0
楼宇租金指数(1999年=100)					
私人住宅单位	76.7	120.7	98.1	100.4	119.7
私人写字楼(甲级、乙级及丙级)	137.3	178.6	98.5	135.7	147.7
建筑工程完成名义总值（亿港元)	613	998	1221	1009	1109
新落成房屋委员会租住单位 ⑦⑧(个)	32619	14559	55492	15389	
新落成房屋委员会资助出售单位 ⑦⑨(个)	15612	19328	33510	370	
获批准可动工兴建私人居住单位(个)					
初次呈交图则	27365	19750	30039	6498	3945
重大修改 ⑩				3847	5839
政府收支、货币、金融（亿港元）					
政府储备结余 ⑪	765	1479	4303	5203	5916
政府收入总额 ⑦	895	1800	2251	3184	3748
政府支出总额 ⑦	856	1832	2329	2890	3035
货币供应量M3					
港元 ⑫	5712	12783	20024	36048	38782
外币 ⑬	7168	10857	16904	30220	32780
总计	12880	23640	36928	66268	71562
在香港使用的贷款及垫款 ⑭	6894	13982	18615	24758	30425
港汇指数					
(贸易总值加权，2000年1月=100)	81.2	91.6	101.7	88.2	86.2
服务⑮					
增加价值(亿港元)					
进出口贸易、批发及零售			2765	3659	
住宿及膳食服务			378	488	
运输、仓库、邮政及速递服务			975	990	
资讯及通讯			425	468	
金融及保险			1508	2356	
地产、专业及商用服务			1181	1736	
公共行政、社会及个人服务			2388	2795	
楼宇业权			1461	1873	

香港特别行政区主要社会经济指标（三）

指　　标	1990年	1995年	2000年	2009年	2010年
居民消费物价指数					
(2004年10月至2005年9月=100)					
综合消费物价指数	63.8	100.4	107.4	109.5	112.1
甲类消费物价指数	63.5	98.7	106.6	107.4	110.4
乙类消费物价指数	64.6	101.6	107.7	110.0	112.7
丙类消费物价指数	62.8	100.6	108.0	110.9	113.2
工业生产					
工业生产指数 ⑯(2008年=100)				91.7	95.0
工业电力消费量（万亿焦耳）	24934	20222	17769	11143	11080
工业煤气消费量（万亿焦耳）	583	978	982	902	917
运输、通讯、旅游					
进出香港货运车辆（万辆）	473.35	799.96	937.98	772.74	834.57
进出香港货物					
总卸下（万吨）	6076	11965	13035	15567	17240
总装上（万吨）	2997	7332	8692	11745	12981
集装箱吞吐量⑰(万标准集装箱单位)	510	1255	1810	2104	2370
领牌车辆（万辆）	37	47	52	58	61
电话服务（万条操作线路）	245	325	395	419	426
访港旅客⑱(万人次)	658	1020	1306	2959	3603
酒店入住率（%）	79	85	83	78	87
对外商品贸易					
港产品出口（亿港元）	2259	2317	1810	577	695
转口（亿港元）	4140	11125	13917	24113	29615
进口（亿港元）	6425	14911	16580	26924	33648
贸易价格比率指数(2000年=100)	100.1	98.8	100.0	97.5	95.9
对外服务贸易					
服务出口⑲(亿港元)	1425	2536	3150	6702	8350
服务进口(亿港元)	1008	1806	1924	3406	3966
教育					
小学学生人数⑳(人)	526720	467718	493979	344748	331112
中学学生人数⑳(人)	453423	470997	466710	474316	452581
大学教育资助委员会资助院校学生人数(21)(人)	57824	75450	78295	157876	164778
卫生					
登记死亡人数(人)	29201	30894	33993	41047	42705
死于心脏病人数(22)（人）	4976	4886	5537	6414	6630
死于恶性肿瘤人数(22)（人）	8669	9680	11222	12839	13072
婴儿死亡率(按每千名登记活产婴儿计算)	5.9	4.4	2.9	1.7	1.6

香港特别行政区主要社会经济指标（四）

指　　标	1990年	1995年	2000年	2009年	2010年
社会保障					
综合社会保障援助					
个案数目⑪（个）	66675	136201	228263	287822	282732
发放款项(23)（亿港元）	9.6	48.3	135.6	190.3	184.9
公共福利金					
个案数目⑪	444517	498166	550585	627816	642979
发放款项(23)（亿港元）	21.6	36.8	51.3	88.5	90.6
交通意外伤亡援助					
获批个案数目(23)	5310	5102	5998	7350	7203
发放款项(23)（万港元）	4990	11068	13000	19166	18719
治安					
举报罪案合计　（件）	88300	91886	77245	77630	75965
暴力罪案总计　（件）	18820	17087	14812	14193	13546
犯罪被捕人数总计　（人）	44013	53098	40930	40725	37956

注：本表数据由香港特别行政区政府统计处提供，国家统计局整理编辑。1996年及以前年份数据均指原香港地区。

①以环比物量计算的本地生产总值及其组成部分的参照年，已由2007年重订为2008年。重订参照年会影响环比物量估算的数值，但不会改变其变动率。

②经常帐差额的正数显示盈余而负数则显示赤字。在资本及金融帐方面，正数显示净资金流入而负数则显示净资金流出。

③原则上，贷方和借方各项帐目的净总和应相等于零。但实际上，贷方和借方帐目的资料是透过不同的来源搜集，基于各种原因会有差异。为了令贷方和借方帐目的总和相等，便须加进一个余额项目，以反映平衡表的「净误差及遗漏」。

④期末头寸。

⑤国际投资头寸净值是对外金融资产总值与对外金融负债总值之差。

⑥2004年以后工资统计数字采用《香港标准行业分类2.0版》编制。

⑦财政年度数字。指当年4月1日至第二年3月31日。

⑧新落成房屋委员会租住单位包括公营租住房屋、中转房屋和那些由剩余居者有其屋计划转作公营租住房屋的项目单位。由公营租住房屋转作出售用途的可租可买计划/重建置业计划的单位不包括在内。

⑨新落成房屋委员会资助出售单位包括居者有其屋计划、私人参建居屋计划和可租可买计划/重建置业计划(这类单位多数是由公营租住房屋转作出售用途)。

⑩2002年及以前没有“重大修改”的分类数字。

⑪财政年度终结数字。指第二年3月31日。

⑫包括外币掉期存款。

⑬已扣除外币掉期存款。

⑭不包括贸易融资的贷款。

⑮由2009年的统计期开始，按经济活动划分的本地生产总值统计数字是按「香港标准行业分类2.0版」编制，其数列已作出相应修订及后向估计至2000年。

⑯自2005年统计年度开始，所有工业生产指数均按《香港标准行业分类2.0版》编制。

⑰由1998年起，采用一系列新的集装箱吞吐量数字。与1998年以前的数字不可比。

⑱1996年及以后的数字包括经澳门访港的非澳门居民旅客人数。

⑲数字已采纳了根据香港金融管理局最新发布的数据而估算的数字。

⑳数字涵盖日、夜校，但不包括特殊学校及由营办补习班、职业训练及成人教育的私立学校所开办的日间中学课程。

(21)数字包括大学教育资助委员会(教资会)资助课程及教资会资助院校本部和辖下持续进修部门开办的本地经评审自资课程的学生人数。本地经评审自资课程自2001年起搜集学生人数数据。所以，2000年或以前数字只包括教资会资助课程的学生人数。

(22)从2001年起，疾病及死因分类按照根据《疾病和有关健康问题的国际统计分类》(ICD)第十次修订本重新编制。与2001年以前数字不可比。

(23)财政年度数字。指当年4月1日至第二年3月31日。2009及2010年(临时数字）的开支包括于该财政年度分别向综援受助人及公共福利金受惠人额外发放的一个月标准金额及一个月津贴。

澳门特别行政区主要社会经济指标（一）

指　　标	1990年	1995年	2000年	2009年	2010年
本地生产总值①					
以2008年环比物量计算					
本地生产总值实际增长率(支出法)(%)	8.0	3.3	5.7	1.5	26.2
本地生产总值（亿澳门元）	531.3	706.8	691.6	1641.6	2071.2
人均本地生产总值（万澳门元）	15.9	17.3	16.0	30.2	37.9
按当年价格计算					
本地生产总值名义增长率(支出法)(%)	20.1	12.0	2.4	2.3	31.3
本地生产总值（亿澳门元）	251	544.7	505.8	1654.6	2173.2
人均本地生产总值（万澳门元）	7.5	13.3	11.7	30.4	39.8
人口及生命统计					
年中人口估计（万人）	33.5	40.9	43.1	54.4	54.5
出生率（‰）	20.5	14.4	8.9	8.8	9.4
死亡率（‰）	4.4	3.3	3.1	3.1	3.3
劳动、就业②					
劳动人口（万人）	16.9	18.7	20.9	32.9	32.8
劳动力参与率（%）	66.6	65.3	64.3	72.0	71.5
失业率（%）	3.2	3.6	6.8	3.6	2.8
就业不足率（%）	2.3	2.6	3.0	1.9	1.8
就业人口③（万人）	16.3	18.0	19.5	31.8	31.8
（Ⅰ）制造业	5.3	3.9	3.8	1.7	1.5
（Ⅱ）零售及批发业	3.5	2.5	3.0	4.1	4.2
（Ⅲ）餐厅及酒店业		2.1	2.1	4.4	4.3
（Ⅳ）团体、社会及个人服务业	4.5	5.4	2.2	7.5	7.6
对外贸易					
出口（亿澳门元）	136.4	159.1	203.8	76.7	69.6
本地产品出口（亿澳门元）			170.8	29.7	23.9
转口（亿澳门元）			33.0	47.0	45.7
进口（亿澳门元）	123.4	162.7	181.0	369.0	441.2
贸易条件指数（2006年=100）	108.9	112.8	109.0	93.7	93.1
工业生产					
工业电力消耗量（亿千瓦小时）		1.7	1.6	1.6	1.6
建筑					
建成的私人楼宇单位数目（个）	11574	9432	3146	3251	4527
建成的私人楼宇总建筑面积（万平方米）	105.7	122.1	37.0	140.6	127.2
新动工的私人楼宇单位数目（个）		12584	1167	1547	870
新动工的私人楼宇总建筑面积（万平方米）		158.2	20.3	22.9	18.4
楼宇单位买卖数目（个）	8463	14284	10211	17310	29617
不动产买卖契约数目（宗）	8559	13582	12484	9111	12707
不动产按揭贷款数目（宗）	6610	8522	7367	8965	15127
运输、通讯、旅游					
进出澳门货运车辆数目④(万辆)	26.4	48.7	45.4	40.3	35.8
领牌车辆 ⑤（万辆）	5.1	7.1	11.4	18.9	19.7
电话线⑥（万条）	9.6	19.0	31.8	120.9	129.1
访澳旅客⑦（万人次）	594.2	775.2	916.2	2175.3	2496.5
酒店业入住率（%）	69	57	58	71	80

澳门特别行政区主要社会经济指标（二）

指　　标	1990年	1995年	2000年	2009年	2010年
政府收支、货币、金融（亿澳门元）					
政府总收入①	60.2	161.9	153.4	698.7	796.4
政府总开支①	55.1	154.7	150.2	354.6	377.6
货币供应（广义货币供应量M2）					
澳门元⑧	70.2	201.7	232.2	597.5	680.4
港元	150.8	391.0	445.1	1137.8	1330.1
其他货币	86.5	101.8	171.9	387.0	422.0
总计	307.4	694.4	849.2	2122.3	2432.5
本地机构及私人贷款及垫款	156.0	387.9	382.0	973.0	1267.9
消费价格指数（包括屋租）					
（2008年4月至2009年3月=100）					
综合消费价格指数			83.95	101.40	104.25
甲类消费价格指数			81.99	101.45	103.77
乙类消费价格指数			84.68	101.37	104.38
房屋（期末值）					
公共房屋 ⑨（个）	4871	6528	9084	7165	8174
教育⑩					
幼儿教育学生（人）	20814	19770	14978	9923	
小学生（人）	34972	46703	45474	25475	
中学生（人）	17601	23440	38156	38315	
高等教育学生（人）	7425	6933	8358	22289	
医疗卫生					
死亡登记人数（人）	1482	1351	1338	1664	1774
死于心脏病人数（人）	356	300	252	365	375
死于癌症人数（人）	283	325	352	545	581
婴儿死亡率（按每千名出生登记活产婴儿计算）	8.4	5.6	2.9	2.1	
社会保障					
供款单位数目		6541	8451	34260	34294
总发放援助次数（万次）		8.1	16.3	45.4	52.3
总发放金额（亿澳门元）			2.0	6.7	7.5
治安					
罪案数目（宗）	5514	7181	8925	12406	11649
囚犯数目（期末值,人）	719	482	847	930	929

注：本表数据由澳门特别行政区政府统计暨普查局提供，国家统计局整理编辑。1998年及以前数据均指原澳门地区。

①2010年数字在日后得到更多资料时会作出修订。

②自2009年起,劳动人口的年龄下限由14岁调升至16岁。

③1990年“零售及批发业”数字包含了“餐厅及酒店业”数字。就业人数行业分类，1997年及以前是根据“澳门行业分类第一版”作分类，1998 年起，采用“澳门行业分类第一修订版”。

④自2000年开始包括进出关闸及路(氹)城边检站的数字；另外，自2007年开始亦包括进出跨境工业区边检站的数字。

⑤自2007年开始不包括单车。

⑥1990年的数字不包括移动电话数字。

⑦自2008年开始访澳旅客不包括外地雇员及学生等。

⑧“中华人民共和国澳门特别行政区基本法”说明，澳门元是澳门特别行政区的法定货币。

⑨不包括已出售者。

⑩不包括特殊教育学生。第n年的学生人数是指n/n+1学年年底学生人数。2007/2008学年起不包括回归教育学生人数。

台湾省主要社会经济指标（一）

指　　标	1995年	2000年	2005年	2009年	2010年
人口					
户籍登记人口数①(万人)	2136	2228	2277	2312	2316
人口自然增加率（‰）	9.90	8.08	2.92	2.07	0.91
人口社会增加率（‰）	-1.45	0.22	0.65	1.52	0.92
人口密度(人/平方公里)	590	616	629	639	640
性别比①(女性为100)	106.0	104.7	103.2	101.3	100.9
离婚率（对/千人）	1.57	2.37	2.75	2.48	2.51
劳动、就业					
劳动力人口（万人）	921	978	1037	1092	1107
劳动参与率（%）	58.7	57.7	57.8	57.9	58.1
男	72.0	69.4	67.6	66.4	66.5
女	45.3	46.0	48.1	49.6	49.9
工业占就业人口比重（%）	38.7	37.2	35.8	35.9	35.9
服务业占就业人口比重（%）	50.7	55.0	58.3	58.9	58.8
失业率（%）	1.8	3.0	4.1	5.9	5.2
工业及服务业每月人均薪资(新台币元)	35449	41938	43163	42176	44430
工业	33508	39679	41908	40032	42869
服务业	37558	44180	44290	43914	45720
就业服务					
求供倍数（倍）	2.1	1.6	1.7	0.8	1.3
求职人数（万人）		28.9	58.0	141.5	118.3
求才人数（万人）		47.0	100.8	115.5	149.5
生活环境					
平均每人每月用电量（千瓦小时）	105.2	130.9	145.8	145.7	146.5
平均每人每月用水量（立方米）	10.1	10.5	10.7	10.7	11.0
公共安全					
刑案发生率（件/十万人）	2023	1977	2442	1673	1616
犯罪人口率（人/十万人）	734	819	913	1135	1170
刑案破获率（%）	53.7	59.2	62.5	80.7	79.8
少年犯罪人数(13-17岁)（人）	29287	18144	9620	10762	11241
火灾发生次数（次）	10916	15560	5139	2621	2186
火灾死伤人数（人）	908	994	671	413	379
机动车肇事率（件/万辆）	2.76	31.76	79.81	87.01	92.77
道路交通事故伤亡人数					
死亡（人）	3065	3388	2894	2092	2047
受伤（人）	2933	66895	203087	246994	265165
参保人数					
全民健保被保险人数（万人）		2140	2231	2303	2307
公保、劳保、农保被保险人数（万人）					
公教人员保险	63	63	59	60	60
劳工保险	764	792	854	903	940
农民保险	180	178	165	154	151

台湾省主要社会经济指标（二）

指　　标	1995年	2000年	2005年	2009年	2010年
工业					
受雇者劳动生产力指数(2006年＝100)			96.3	106.3	124.0
工业生产指数（2006年＝100）			95.5	97.3	123.5
制造业			95.7	98.2	126.2
房屋建筑工程业			91.7	73.1	65.9
工业生产总值（新台币亿元）	71609	91425	116861	114496	147160
核准对外投资（亿美元）	13.6	50.8	24.5	30.1	28.2
核准侨外投资（亿美元）	29.3	76.1	42.3	48.0	38.1
核发建筑物使用执照总楼地板面积（万平方米）	5526	3502	3103	2654	2401
商业及对外贸易					
营利事业家数①(万家)	99.4	105.7	116.9	118.6	121.4
营利事业销售额（新台币亿元）	190210	258436	342975	301443	363712
贸易额（亿美元）					
出口	1117	1520	1984	2037	2746
进口	1036	1407	1826	1744	2512
出(入)超	81	112	158	293	234
对日出(入)超（亿美元）	-171	-217	-309	-217	-339
对美出(入)超（亿美元）	56	103	79	54	61
对港出(入)超（亿美元）	243	304	319	283	362
外销订单（亿美元）	1136	1534	2564	3224	4067
运输通信					
交通运输客运人数					
铁路（亿人）	1.6	4.6	5.3	7.2	7.8
公路（亿人）	12.0	11.0	10.1	10.4	10.5
航空（万人）					
省内	2874	2665	1929	923	973
国际	1499	1978	2249	2310	2774
高速公路通行车辆数（万辆次）	36815	45381	57381	53957	55506
每百人机动车辆数①(辆)	61.8	76.4	87.2	92.4	93.8
港埠货物装卸量（万收费吨）	42017	56695	68793	60575	65540
观光（万人次）					
出岛旅客	519	733	821	814	942
来台湾旅客	233	262	338	440	557
财政、金融及景气					
赋税实征净额②(新台币亿元)	12323	19298	15674	15303	16222
直接税（%）	52.4	56.6	59.3	62.4	58.5
间接税（%）	47.6	43.4	40.7	37.6	41.5
外汇存底①(亿美元)	903.1	1067.4	2532.9	3482.0	3820.1
汇率					
1美元兑新台币③	27.32	33.06	32.88	32.08	30.42
1日元兑新台币④	0.2661	0.2908	0.2815	0.3491	0.3753
货币供应量M2①(新台币亿元)	128054	188978	245080	294629	310353
年增长率（%）	9.4	6.5	6.6	5.7	5.3
存款①⑤(新台币亿元)	131309	193087	247095	295559	310894
放款与投资①⑤(新台币亿元)	121003	166220	193602	214906	228202

台湾省主要社会经济指标（三）

指　　标	1995年	2000年	2005年	2009年	2010年
财政、金融及景气					
重贴现率①(年息百分比率)	5.500	4.625	2.250	1.250	1.625
本地银行逾放比率①(%)	2.85	5.34	2.24	1.15	0.61
股价指数（1966年＝100)	5544	7847	6092	6460	7950
国际收支平衡（亿美元)	-39.3	24.8	200.6	541.3	401.7
经常账户	54.7	89.0	175.8	429.1	406.2
资本账户	-6.5	-2.9	-1.2	-1.0	-1.1
金融账户	-81.9	-80.2	23.0	135.6	-6.1
景气动向指标⑥					
先行			95.5	102.2	122.1
同步			96.8	97.1	123.3
对策信号判断⑦(分)		26	22	19	37
物价年增率(%)（2006年=100)					
批发		1.82	0.62	-8.74	5.45
消费者		1.26	2.31	-0.87	0.96
进口		4.63	2.43	-9.61	7.02
出口		-0.88	-2.46	-6.60	2.02
国民经济核算					
本地居民生产总值（新台币亿元)	71291	101716	120311	128908	140442
本地生产总值（新台币亿元)	70179	100320	117403	124772	136144
居民最终消费支出	41247	60872	70907	75799	78944
固定资本形成总额	17506	23940	26355	23557	29596
商品及服务出口	33670	53924	73417	77966	100282
减：商品及服务进口	32504	51728	68233	67202	90491
经济增长率（%)	6.4	5.8	4.7	-1.9	10.8
农业	2.9	1.2	-4.2	-3.0	-0.9
工业	5.1	5.8	6.9	-4.3	24.2
服务业	7.4	5.9	3.9	-0.7	5.5
产业结构（%)					
农业	3.5	2.0	1.7	1.7	1.6
工业	36.4	29.1	31.3	29.0	31.4
服务业	60.1	68.9	67.1	69.3	67.1
人均本地居民生产总值					
新台币元	336042	459729	529313	558565	606939
美元	12686	14721	16449	16895	19188
居民储蓄总额（新台币亿元)	19278	26114	33610	35685	43936
储蓄率（%)	27.0	25.7	27.9	27.7	31.3

注：①年底数。②为年度资料，如2000年度指1999年下半年及2000年度。③银行与顾客间卖出汇率，且为年底数。④卖出汇率,且为年底数。⑤涵盖范围为全部货币机构及邮局储蓄。⑥年度资料为各月资料平均。⑦蓝灯（衰退）：16分以下；黄蓝灯（转稳或衰退）：17－22分；绿灯（稳定）：23－31分；黄红灯（转热或趋稳）：32－37分；红灯（过热）：38分以上。

资料来源：台湾省月度资料。

世界主要国家和地区国内生产总值和人均国民总收入

国家和地区	国内生产总值（亿美元）		人均国民总收入（美元）	
	2008年	2009年	2008年	2009年
世界总计	**613506**	**581415**	**8691**	**8728**
高收入国家	442428	415881	38596	37970
中等偏上收入国家	83398	72972	7415	7495
中等偏下收入国家	83413	88122	2039	2316
低收入国家	4192	4297	470	512
中　　国①	45218	49855	3050	3650
印　　度	12142	13102	1080	1180
日　　本	48870	50690	38000	38080
韩　　国	9314	8325	21570	19830
马来西亚	2218	1931	7270	7350
巴基斯坦	1639	1620	940	1000
新 加 坡	1933	1822	37650	37220
菲 律 宾	1666	1612	1890	2050
泰　　国	2724	2638	3670	3760
埃　　及	1628	1884	1800	2070
尼日利亚	2071	1730	1170	1190
南　　非	2765	2854	5870	5760
加 拿 大	14991	13361	43420	41980
墨 西 哥	10899	8748	10000	8960
美　　国	143691	141190	47580	46360
阿 根 廷	3266	3072	7160	7550
巴　　西	16379	15734	7440	8040
法　　国②	28542	26494	42080	42620
德　　国	36345	33300	42670	42450
意 大 利	22966	21128	35350	35110
荷　　兰	8729	7921	48520	48460
俄 罗 斯	16670	12319	9640	9340
西 班 牙	15945	14603	31790	32120
英　　国	26627	21745	45760	41370
澳大利亚	10394	9248	41890	43770

注：①世界银行统计数据。②包括法属圭亚那、瓜德罗普、马提尼克和留尼汪。

资料来源：世界银行数据库。

世界其他主要国家和地区经济增长率

单位：%

年份	世界	欧元区	美国	日本	巴西	印度	俄罗斯	南非
1980	1.8		-0.3	3.2	9.2	3.6		6.6
1981	2.2		2.5	4.2	-4.4	6.2		5.4
1982	0.7		-1.9	3.4	0.6	4.1		-0.4
1983	2.8		4.5	3.1	-3.4	6.4		-1.8
1984	4.9		7.2	4.5	5.3	4.6		5.1
1985	3.9		4.1	6.3	7.9	4.9		-1.2
1986	3.5		3.5	2.8	7.5	4.9		0.0
1987	3.7		3.2	4.1	3.6	4.2		2.1
1988	4.5		4.1	7.1	0.3	8.3		4.2
1989	3.8		3.6	5.4	3.2	6.8		2.4
1990	3.2		1.9	5.6	-4.2	5.6		-0.3
1991	2.2		-0.2	3.3	1.0	2.1		-1.0
1992	2.2	1.4	3.4	0.8	-0.5	4.4		-2.1
1993	2.1	-0.8	2.9	0.2	4.9	4.9	-8.7	1.2
1994	3.4	2.5	4.1	0.9	5.9	6.2	-12.7	3.2
1995	3.3	2.6	2.5	1.9	4.2	7.4	-4.1	3.1
1996	3.7	1.6	3.7	2.6	2.2	7.6	-3.6	4.3
1997	4.2	2.6	4.5	1.6	3.4	10.3	1.4	2.6
1998	2.6	2.8	4.4	-2.0	0.0	5.3	-5.3	0.5
1999	3.5	2.9	4.8	-0.1	0.3	3.3	6.4	2.4
2000	4.8	3.9	4.1	2.9	4.3	4.4	10.0	4.2
2001	2.3	1.9	1.1	0.2	1.3	3.9	5.1	2.7
2002	2.9	0.9	1.8	0.3	2.7	4.6	4.7	3.7
2003	3.6	0.8	2.5	1.4	1.1	6.9	7.3	2.9
2004	4.9	2.2	3.6	2.7	5.7	8.1	7.2	4.6
2005	4.6	1.7	3.1	1.9	3.2	9.2	6.4	5.3
2006	5.2	3.0	2.7	2.0	4.0	9.7	8.2	5.6
2007	5.3	2.9	1.9	2.4	6.1	9.9	8.5	5.5
2008	2.8	0.5	0.0	-1.2	5.1	6.4	5.2	3.7
2009	-0.6	-4.1	-2.6	-5.2	-0.2	5.7	-7.9	-1.8
2010	4.8	1.7	2.6	2.8	7.5	9.7	4.0	3.0

资料来源：国际货币基金组织数据库。

世界其他主要国家和地区消费者价格指数

(2005年=100)

年份	世界	欧元区	美国	日本	巴西	印度	俄罗斯	南非
1978	13.3	33.2	33.4	68.7		12.5		6.6
1979	14.1	36.6	37.2	71.3		13.3		7.4
1980	18.6	40.8	42.2	76.8		14.8		8.4
1981	21.6	45.7	46.5	80.6		16.7		9.7
1982	24.9	50.1	49.4	82.8		18.1		11.2
1983	30.3	54.3	51.0	84.4		20.2		12.5
1984	37.1	58.1	53.2	86.3		21.9		14.0
1985	37.0	61.5	55.1	88.1		23.1		16.3
1986	34.7	63.3	56.1	88.6		25.1		19.3
1987	35.0	63.6	58.2	88.7		27.3		22.4
1988	40.8	64.2	60.6	89.3		30.0		25.3
1989	44.3	64.7	63.5	91.3		31.9		29.0
1990	46.0	66.7	66.9	94.1		34.7		33.2
1991	46.4	70.0	69.7	97.2		39.6		38.2
1992	49.4	69.7	71.8	98.9	0.1	44.2	0.1	43.5
1993	51.4	72.1	74.0	100.1	1.3	47.0	0.9	47.8
1994	60.1	75.1	75.9	100.8	27.7	51.9	3.5	52.0
1995	65.2	78.7	78.0	100.7	46.1	57.2	10.3	56.6
1996	71.2	80.7	80.3	100.8	53.3	62.3	15.2	60.7
1997	74.5	82.9	82.2	102.6	57.0	66.7	17.5	65.9
1998	79.8	84.7	83.5	103.3	58.8	75.6	22.3	70.5
1999	81.3	86.5	85.3	102.9	61.7	79.1	41.5	74.1
2000	84.5	88.5	88.2	102.2	66.0	82.3	50.1	78.1
2001	87.6	91.2	90.7	101.4	70.6	85.3	60.8	82.5
2002	90.0	93.3	92.1	100.5	76.5	89.1	70.4	90.1
2003	93.2	95.5	94.2	100.3	87.8	92.4	80.1	95.4
2004	96.0	97.6	96.7	100.3	93.6	95.9	88.7	96.7
2005	100.0	100.0	100.0	100.0	100.0	100.0	100.0	100.0
2006	104.4	102.5	103.2	100.2	104.2	105.8	109.7	104.6
2007	109.4	104.5	106.2	100.3	108.0	112.5	119.6	112.1
2008	119.2	108.4	110.2	101.7	114.1	121.9	136.4	125.0
2009	122.8	108.3	109.9	100.3	119.7	135.2	152.3	133.9
2010	123.0	109.9	111.7	99.6	125.7	151.9	162.8	139.6

资料来源：世界银行数据库。

世界主要国家就业结构与失业率

单位：%

国　　家	年　份	就业结构			年　份	失业率
		第一产业	第二产业	第三产业		
中　　国①	2009	38.1	27.8	34.1	2009	4.3②
印度尼西亚	2007	41.2	18.8	39.9	2008	8.4
日　　本	2007	4.2	27.9	66.7	2010	5.1
韩　　国	2007	7.4	25.9	66.6	2010	3.7
马来西亚	2007	14.8	28.5	56.7	2010	3.3
巴基斯坦	2007	43.6	21.0	35.4	2009	5.5
新 加 坡	2007	36.1	15.1	48.8	2010	2.2
菲 律 宾	2007	1.1	22.6	76.2	2008	7.4
泰　　国	2007	41.7	20.7	37.4	2008	1.2
埃　　及	2006	31.2	22.0	46.6	2008	8.7
南　　非	2007	8.8	26.0	64.9	2010	24.7
加 拿 大	2007	2.5	21.6	75.9	2010	8.0
墨 西 哥	2007	13.5	25.9	59.9	2010	5.4
美　　国	2007	1.4	20.6	78.0	2010	9.6
阿 根 廷	2006	0.8	23.7	75.2	2008	7.9
巴　　西	2006	19.3	21.4	59.1	2010	6.7
法　　国	2008	3.0	23.1	72.9	2010	9.8
德　　国	2008	2.2	29.7	68.0	2010	6.9
意 大 利	2008	3.8	29.7	66.3	2010	8.4
荷　　兰	2008	2.7	18.2	73.1	2010	4.5
俄 罗 斯	2007	9.0	29.2	61.8	2010	7.5
西 班 牙	2008	4.3	27.8	67.9	2010	20.1
英　　国	2008	1.4	21.4	76.9	2010	7.9
澳大利亚	2007	3.4	21.2	75.1	2010	5.2

注：①《2010年中国统计年鉴》数据。②城镇登记失业率。

资料来源：世界银行数据库、国际劳工组织数据库、经合组织数据库、各国官方统计网站。

世界主要国家货物进出口贸易额

单位：亿美元

国　家	2000年		2009年		2010年	
	出　口	进　口	出　口	进　口	出　口	进　口
世界总计	**64560**	**67240**	**125220**	**127180**	**152380**	**153760**
中　国	2492	2251	12016	10059	15778	13951
印　度	424	515	1649	2572	2162	3227
日　本	4792	3795	5807	5520	7698	6926
韩　国	1723	1605	3635	3231	4664	4252
马来西亚	982	820	1574	1238	1988	1647
巴基斯坦	90	109	175	317	215	378
菲律宾	398	370	384	459	514	583
新加坡	1378	1345	2698	2458	3519	3108
泰　国	691	619	1524	1337	1953	1824
埃　及	53	146	231	449	264	529
尼日利亚	210	87	530	339	790	370
南　非	300	297	617	732	818	940
加拿大	2766	2448	3167	3299	3872	4015
墨西哥	1664	1795	2297	2415	2984	3106
美　国	7819	12593	10560	16053	12781	19681
阿根廷	263	252	557	388	685	564
巴　西	551	591	1530	1337	2019	1915
法　国	3276	3389	4846	5601	5205	6059
德　国	5518	4972	11200	9263	12688	10671
意大利	2405	2388	4069	4151	4478	4840
荷　兰	2331	2183	4979	4432	5719	5167
西班牙	1153	1561	2273	2932	2445	3122
英　国	2854	3481	3529	4829	4047	5575
俄罗斯	1056	447	3034	1918	4000	2484
澳大利亚	639	715	1543	1655	2124	2016

资料来源：世界贸易组织数据库。

中国主要经济指标和主要工农业产品产量居世界位次

指　　标	1978年	1990年	2000年	2005年	2008年	2009年
国内生产总值	**10**	**11**	**6**	**4**	**3**	**3**
人均国民总收入①	**175(188)**	**178(200)**	**141(207)**	**128(208)**	**127(210)**	**125(213)**
货物进出口额	**29**	**15**	**8**	**3**	**3**	**2**
外汇储备	**38**	**7**	**2**	**2**	**1**	**1**
主要工业产品产量						
粗　钢	5	4	1	1	1	1
煤	3	1	1	1	1	1
原　油	8	5	5	5	5	4
发电量	7	4	2	2	2	2
水　泥	4	1	1	1	1	1
化　肥	3	3	1	1		
棉　布	1	1	2	1	1	1
主要农业产品产量						
谷　物	2	1	1	1	1	1
肉　类②	3	1	1	1	1	1
籽　棉	3	1	1	1	1	1
大　豆	3	3	4	4	4	4
花　生	2	2	1	1	1	1
油菜籽	2	1	1	1	2	1
甘　蔗	7	4	3	3	3	3
茶　叶	2	2	2	1	1	1
水　果③	9	4	1	1	1	1

注：①括号中为参加排序的国家和地区数。②1990年以前为猪、牛、羊肉产量的位次。③不包括瓜类。
资料来源：联合国粮农组织数据库、联合国《工业产品统计年鉴》和《统计月报》及世界银行数据库。

附录一

主要统计指标解释

法人单位 指依法成立，有自己的名称、组织机构和场所，能够独立承担民事责任；独立拥有和使用(或授权使用)资产，承担负债，有权与其他单位签订合同；会计上独立核算，能够编制资产负债表的单位。包括企业法人、事业单位法人、机关法人、社会团体法人和其他法人。

三次产业 指根据社会生产活动历史发展的顺序对产业结构的划分。我国第一产业是指农、林、牧、渔业；第二产业是指采矿业，制造业，电力、燃气及水的生产和供应业，建筑业；第三产业是指除第一、二产业以外的其他行业。第三产业具体包括：交通运输、仓储和邮政业，信息传输、计算机服务和软件业，批发和零售业，住宿和餐饮业，金融业，房地产业，租赁和商务服务业，科学研究、技术服务和地质勘查业，水利、环境和公共设施管理业，居民服务和其他服务业，教育，卫生、社会保障和社会福利业，文化、体育和娱乐业，公共管理和社会组织，国际组织。

国内生产总值(GDP) 指按市场价格计算的一个国家所有常住单位在一定时期内生产活动的最终成果。国内生产总值有三种表现形态，即价值形态、收入形态和产品形态。从价值形态看，它是所有常住单位在一定时期内生产的全部货物和服务价值与同期中间投入的全部非固定资产货物和服务价值的差额，即所有常住单位的增加值之和；从收入形态看，它是所有常住单位在一定时期内创造并分配给常住单位和非常住单位的初次收入之和；从产品形态看，它是所有常住单位在一定时期内最终使用的货物和服务价值与货物和服务净出口价值之和。在实际核算中，国内生产总值有三种计算方法，即生产法(总产出减中间投入)、收入法(由劳动者报酬、生产税净额、固定资产折旧、营业盈余组成)和支出法(由最终消费、资本形成总额、货物和服务净出口组成)。三种方法分别从不同的方面反映国内生产总值及其构成。对一个地区来说称为地区生产总值。

当年价格 也称现行价格，指报告期内的实际市场价格。按现行价格计算的各种综合指标可以反映当年国民经济发展水平及比例关系，但因其变化受实物数量增减和价格升降因素的影响，在不同时期之间缺乏可比性。

可比价格 指计算各种总量指标所采用的扣除了价格变动因素的价格，可进行不同时期总量指标的对比。按可比价格计算总量指标有两种方法：一种是直接用产品产量乘某一年的不变价格计算；另一种是用价格指数对按现价计算的总量指标进行缩减。

人口数 指一定时点、一定地区范围内有生命的个人总和。年度统计的年末人口数指每年 12 月 31 日 24 时的人口数。年度统计的全国人口总数未包括香港、澳门特别行政区和台湾省以及海外华侨的人数。

人口自然增长率 指在一定时期内(通常为一年)人口自然增加数(出生人数减死亡人数)与该时期内平均人数(或期中人数)之比，一般用千分率表示。计算公式为:

$$人口自然增长率 = \frac{本年出生人数 - 本年死亡人数}{年平均人数} \times 1000‰$$

$$= 人口出生率 - 人口死亡率$$

平均预期寿命 简称平均寿命。指 0 岁(即出生时)的平均预期寿命，表示一批人出生后平均一生可活的年数。

就业人员 指在一定年龄以上，有劳动能力，从事一定社会劳动并取得劳动报酬或经营收入的人员。

城镇登记失业人员 指有非农业户口，在劳动年龄内(16 周岁至退休年龄)，有劳动能力，无业而要求就业，并在当地劳动保障部门进行失业登记的人员。

城镇登记失业率 城镇登记失业人员与城镇单位就业人员(扣除使用的农村劳动力、聘用的离退休人员、港澳台及外方人员)、城镇单位中的不在岗职工、城镇私营业主、个体户主、城镇私营企业和个体就业人员、城镇登记失业人员之和的比。计算公式为:

$$城镇登记失业率 = \frac{城镇登记失业人数}{\begin{array}{l}(城镇单位就业人员 - 使用的农村劳动力 - 聘用的离退休人员 - \\ 聘用的港澳台及外方人员) + 不在岗职工 + 城镇私营业主 + 城镇 \\ 个体户主 + 城镇私营企业及个体就业人员 + 城镇登记失业人数\end{array}} \times 100\%$$

全社会固定资产投资额 是以货币形式表现的在一定时期内全社会建造和购置固定资产的工作量以及与此有关的费用的总称。全社会固定资产投资按登记注册类型可分为国有、集体、联营、股份制、私营和个体、港澳台商、外商、其他等。

房地产开发投资额 指各种登记注册类型的房地产开发公司、商品房建设公司及其他房地产开发法人单位和附属于其他法人单位实际从事房地产开发或经营活动的单位统一开发的包括统代建、拆迁还建的住宅、厂房、仓库、饭店、宾馆、度假村、写字楼、办公楼等房屋建筑物和配套的服务设施、土地开发工程(如道路、给水、排水、供电、供热、通讯、平整场地等基础设施工程)的投资额；不包括单纯的土地交易费用。

货物进出口总额 指实际进出我国国境的货物总金额。包括对外贸易实际进出口货物，来料加工装配进出口货物，国家间、联合国及国际组织无偿援助物资和赠送品，华侨、港澳台同胞和外籍华人捐赠品，租赁期满归承租人所有的租赁货物，进料加工进出口货物，边境地方贸易及边境地区小额贸易进出口货物(边民互市贸易除外)，中外合资企业、中外合作经营企业、外商独资经营企业进出口货物和公用物品，到、离岸价格在规定限额以上的进出口货样和广告品(无商业价值、无使用价值和免费提供出口的除外)，从保税仓库提取在中国境内销售的进口货物，以及其他进出口货物。我国规定出口货物按离岸价格统计，进口货物按到岸价格统计。

外商直接投资 指外国企业和经济组织或个人(包括华侨、港澳台胞以及我国在境外注册的企业)按我国有关政策、法规，用现汇、实物、技术等在我国境内开办外商独资企业、与我国境内的企业或经济组织共同举办中外合资经营企业、合作经营企业或合作开发资源的投资(包括外商投资收益的再投资)，以及经政府有关部门批准的项目投资总额内企业从境外借入的资金。

财政收入 指国家财政参与社会产品分配所取得的收入，是实现国家职能的财力保证。主要包括:（1）各项税收:包括国内增值税、国内消费税、进口货物增值税和消费税、出口货物退增值税和消费税、营业税、企业所得税、个人所得税、资源税、城市维护建设税、房产税、印花税、城镇土地使用税、土地增值税、车船税、船舶吨税、车辆购置税、关税、耕地占用税、契税、烟叶税等。（2）非税收入：包括专项收入、行政事业性收费、罚没收入和其他收入。财政收入按现行分税制财政体制划分为中央本级收入和地方本级收入。

财政支出 指国家财政将筹集起来的资金进行分配使用，以满足经济建设和各项事业的需要。主要包括:一般公共服务、外交、国防、公共安全、教育、科学技术、文化教育与传媒、社会保障和就业、医疗卫生、环境保护、城乡社区事务、农林水事务、交通运输、工业商业金融等事务等方面的支出。财政支出根据政府在经济和社会活动中的不同职权，划分为中央财政支出和地方财政支出。

货币供应量 指某一时点一国流通中的货币量。货币供应量可分为三个层次:

M_0：流通中的现金

M_1：即狭义货币，M_0＋单位活期存款

M_2：即广义货币，M_1＋准货币（单位定期存款＋居民储蓄存款＋单位其他存款＋证券公司客户保证金）

存款 指企业、机关、团体或居民根据资金必须收回的原则，把货币资金存入银行或其他信贷机构保管并取得一定利息的一种信用活动形式。根据存款对象或性质的不同可划分为企业存款、财政存款、机关团体存款、城乡储蓄存款、农业存款、信托及委托类存款、其他存款等科目。它是银行信贷资金的主要来源。

贷款 指银行或其他信贷机构根据资金必须归还的原则，按一定利率，为企业、个人等提供资金的一种信用活动形式。我国银行贷款分为短期贷款、委托及信托类贷款、其他类贷款等。

上市公司 指向社会公开发行股票且股票在交易所上市的公司。

股票市价总值 指上市股票在某一时点按市价与发行数量计算的总金额。

价格指数 指从生产者、购买者和市场的角度，分别反映不同时期货物和服务商品价格总水平变动趋势幅度的相对数。目前编制的价格指数主要有居民消费价格指数、商品零售价格指数、工业品出厂价格指数、固定资产投资价格指数、房地产价格指数、农产品生产价格指数等。

城镇居民家庭可支配收入 指被调查的城镇居民家庭成员得到的可用于最终消费支出

和其他非义务性支出以及储蓄的总和，即居民家庭可以用来自由支配的收入。它是家庭总收入扣除交纳的个人所得税、个人交纳的社会保障支出以及记账补贴后的收入。计算公式为：

$$\begin{array}{c}\text{城镇居民}\\\text{家庭可支配收入}\end{array}=\text{家庭总收入}-\text{交纳个人所得税}-\text{个人交纳的社会保障支出}-\text{记账补贴}$$

农村居民家庭纯收入 指农村住户当年从各个来源得到的总收入相应地扣除所发生的费用后的收入总和。计算公式为：

$$\begin{array}{c}\text{农村居民}\\\text{家庭纯收入}\end{array}=\text{总收入}-\begin{array}{c}\text{家庭经营}\\\text{费用支出}\end{array}-\text{税费支出}-\begin{array}{c}\text{生产性固定}\\\text{资产折旧}\end{array}-\begin{array}{c}\text{赠送农村}\\\text{内部亲友}\end{array}$$

恩格尔系数 指食品支出金额在生活消费总支出金额中所占的比例。计算公式为：

$$\text{恩格尔系数}=\frac{\text{食品支出金额}}{\text{生活消费总支出金额}}\times100\%$$

贫困标准 是指可以满足一个家庭在食品、住房、衣着等方面最低需求的生活水平标准值。贫困标准由食物贫困标准和非食物贫困标准两部分组成。食物贫困标准是根据农村住户调查低收入组的食品消费清单，按每人每天必需的 2100 大卡营养摄入标准的食品消费量，乘以对应的价格并进行求和计算得出的；非食物贫困标准是根据食品消费支出函数回归模型计算而得出的。

贫困发生率 也称贫困人口比重指数，是指生活水平低于贫困标准的人口数占总人口数的比重。

农作物播种面积 指实际播种或移植有农作物的面积。凡是实际种植有农作物的面积，不论种植在耕地上还是种植在非耕地上，均包括在农作物播种面积中。在播种季节基本结束后，因遭灾而重新改种和补种的农作物面积，也包括在内。

建筑业总产值 是以货币形式表现的建筑业企业在一定时期内生产的建筑业产品和提供服务的总和。建筑业总产值包括：

1. 建筑工程产值：指列入建筑工程预算内的各种工程价值。

2. 安装工程产值：指设备安装工程价值，不包括被安装设备本身价值。

3. 其他产值：建筑业总产值中除建筑工程、安装工程以外的产值。包括房屋构筑物修理产值、非标准设备制造产值、总包企业向分包企业收取的管理费以及不能明确划分的施工活动所完成的产值。

劳务分包企业建筑业总产值指劳务分包企业与总承包企业或专业承包企业签定劳务分包合同后，从事建筑安装工程取得的所有劳务收入。

货(客)运量 指在一定时期内，各种运输工具实际运送的货物(旅客)数量。货运按吨计算，客运按人计算。货物不论运输距离长短、货物类别，均按实际重量统计。旅客不论行程远近或票价多少，均按一人一次客运量统计；半价票、小孩票也按一人统计。

邮电业务总量 是以价值量形式表现的邮电通信企业为社会提供各类邮电通信服务的总数量。邮电业务量按专业分类包括函件、包件、汇票、报刊发行、邮政快件、特快专递、邮政储蓄、集邮、传真、长途电话、出租电路、移动电话、分组交换数据通信、出租代维等。计算方法为各类产品乘以相应的平均单价（不变价）之和，再加上出租电路和设备、代用户维护电话交换机和线路等的服务收入。计算公式为:

邮电业务总量=Σ（各类邮电业务量×不变单价）+ 出租代维及其他业务收入

=邮政业务总量+电信业务总量

社会消费品零售总额 指企业（单位、个体户）通过交易直接售给个人、社会集团非生产、非经营用的实物商品金额，以及提供餐饮服务所取得的收入金额。个人包括城乡居民和入境人员，社会集团包括机关、社会团体、部队、学校、企事业单位、居委会或村委会等。

国际旅游(外汇)收入 指入境旅游者在中国(大陆)境内旅游过程中用于交通、参观游览、住宿、餐饮、购物、娱乐等全部花费。

小学学龄儿童入学率 指调查范围内已入小学学习的学龄儿童占校内外学龄儿童总数(包括弱智儿童，不包括盲聋哑儿童)的比重。计算公式为:

$$\text{小学学龄儿童入学率}=\frac{\text{已入学的小学学龄儿童数}}{\text{校内外小学学龄儿童总数}}\times100\%$$

研究与试验发展(R&D) 指在科学技术领域，为增加知识总量以及运用这些知识去创造新的应用而进行的系统的创造性的活动，包括基础研究、应用研究、试验发展三类活动。

城镇社区服务设施数 指报告期末街道办事处、居委会设立的以非营利为目的，为本社区居民服务，特别是为老年人、残疾人、儿童服务的社区服务中心、活动站、服务站、养老院、老年公寓（托老所），残疾人工疗站、残疾儿童日托所、家务服务站、婚姻介绍所等福利性设施以及职工社会保险管理服务的机构数。几种不同类型的社区服务单位，共用一个场所的，只能统计为一个社区服务设施。成为社区服务设施的条件:（1）是独立核算单位;（2）有固定的从业人员;（3）有一定的服务项目;（4）有一定的场所。

城镇居民最低生活保障人数 指报告期末家庭平均收入在当地规定的最低生活保障线以下的城镇居民数。包括“三无”对象、失业人员和在职、下岗、退休人员等。

农村居民最低生活保障人数 指报告期末在建立农村最低生活保障制度的地区，得到当地政府或集体给予最低生活保障的农业人口数。

粗离婚率 指当年离婚对数占年平均人口数的比重，计算公式为:

$$\text{粗离婚率}=\frac{\text{当年离婚对数}}{\text{年平均人口数}}\times1000‰$$

二氧化硫排放量 指工业二氧化硫排放量与生活及其他二氧化硫排放量之和。

工业固体废物排放量 指报告期内企业将所产生的固体废物排到固体废物污染防治设施、场所以外的数量，不包括矿山开采的剥离废石和掘进废石(煤矸石和呈酸性或碱性的废石除外)。

工业固体废物综合利用量 指报告期内企业通过回收、加工、循环、交换等方式，从固体废物中提取或者使其转化为可以利用的资源、能源和其他原材料的固体废物量(包括当年利用的往年工业固体废物贮存量)。如用做农业肥料、生产建筑材料、筑路等。

工业固体废物综合利用率　指工业固体废物综合利用量占固体废物产生量与综合利用往年贮存量之和的百分率。计算公式为:

$$\text{工业固体废物利用率}=\frac{\text{工业固体废物综合利用量}}{\text{工业固体废物产生量}+\text{综合利用往年贮存量}}\times 100\%$$

附录二

香港特别行政区主要统计指标解释

本地生产总值 是指香港特别行政区的所有常住生产单位，在一个指定的期间内，未扣除固定资本消耗的生产总值。由2009年的统计期开始，按经济活动划分的本地生产总值统计数字是按「香港标准行业分类 2.0 版」编制，其数列已作出相应修订及后向估计至2000年。

本地居民生产总值 是指香港特别行政区的居民，在其经济领域内或领域外从事各项经济活动而赚取的收益，但不包括非本地居民在香港特别行政区经济领域内从事经济活动的收益。

对外要素收益流动净值 是将对外要素收益流入，减去对外要素收益流出所得出的净值。要素收益组成部分主要分为投资收益及雇员报酬。香港特别行政区与中国内地之间的经济交易，包括对外要素收益流动，亦视作国际交易。

国际收支平衡表 是有系统地载录，在指定期间内，某经济体系与世界各地的各类经济交易的统计表。完整的国际收支平衡表包括以下两个主要核算帐：（甲）经常帐；及（乙）资本及金融帐。

国际投资头寸 是在一特定时点上一个经济体系的对外金融资产及负债存量的资产负债表。对外金融资产涵盖对非居民的申索。另一方面，某经济体系的对外金融负债是指非居民向这经济体系的居民的金融申索。

年中人口 在1996年前是以“广义时点”方法编制，数字包括在统计时点身在香港特别行政区的永久性居民、非永久性居民和旅客，亦包括暂时离港前往中国内地及澳门特别行政区的香港特别行政区永久性居民。自2000年8月起，“居住人口”方法已取代“广义时点”方法用以编制香港特别行政区的人口数字。追溯至1996年的修订人口数字已经编制。利用“居住人口”方法所编制的人口估计，称“居港人口”。“居港人口”包括“常住居民”和“流动居民”。

“常住居民”指两类人士：（一）在统计时点之前的6个月内，在港逗留最少3个月，又或在统计时点之后的6个月内，在港逗留最少3个月的香港特别行政区永久性居民，不论在统计时点他们是否身在香港特别行政区；（二）在统计时点身在香港特别行政区的香港非永久性居民。至于“流动居民”，是指在统计时点之前的6个月内，在港逗留最少1个月但少于3个月，又或在统计时点之后的6个月内，在港逗留最少1个月但少于3个月的香港特别行政区永久性居民，不论在统计时点他们是否身在香港特别行政区。根据新的编制方法，旅客并不包括在香港特别行政区的人口内。

粗出生率 是指某一年内的活产婴儿数目相对年中每千名人口的比率。

粗死亡率 是指某一年内的死亡人数相对年中每千名人口的比率。

劳动人口 是指15岁及以上陆上非住院人口，并符合就业人口或失业人口的定义。

劳动人口参与率 是指劳动人口占所有15岁及以上陆上非住院人口的比例。

失业率 是指失业人口在劳动人口中所占的比例。失业人口包括所有在统计前7天内并无职位，且并无为赚取薪酬或利润而工作，而随时可工作，并在统计前30天内有找寻工作的15岁及以上人士。失业人口亦包括那些并无职位，有找寻工作，但由于暂时生病而不能工作的人士；及并无职位，可随时工作，但由于下列理由而没有找寻工作的人士：（I）已为于稍后时间担当的新工作或开展的业务作出安排；或（II）正期待返回原来的工作岗位；或（III）相信没有工作可做（第III类为“因灰心而不求职的人士”）。

就业不足率 是指就业不足人口在劳动人口中所占的比例。就业不足人口包括在统计前7天内在非自愿情况下工作少于35小时，而在统计前30天内有找寻更多工作，或即使没有找寻更多工作，但在统计前7天内可担任更多工作的就业人士。因工作量不足、原料短缺、机械故障或不能找到全职工作，以致只能工作短时数的人士，可视作非自愿情况下将工作时数缩短。根据此定义，因工作量不足而在统计前7天内放取无薪假期的就业人士，若在该7天期间内工作少于35小时甚或全段期间都在休假，亦会被界定为就业不足人士。

居民消费物价指数 有四个数列，以反映消费价格变动对不同开支范围的住户的影响。甲类、乙类及丙类消费物价指数分别根据较低、中等及较高开支范围的住户开支模式编制而成。而综合消费物价指数是根据上述住户的整体开支模式而编制，反映消费价格转变对全体住户的影响。

指　　数	约占住户的百分比	住户于 2009 年 10 月至 2010 年 9 月期间的每月平均住户开支
综合消费物价指数	90%	\$4,500-\$65,999
甲类消费物价指数	50%	\$4,500-\$18,499
乙类消费物价指数	30%	\$18,500-\$32,499
丙类消费物价指数	10%	\$32,500-\$65,999

实质工资指数 是从名义工资指数中，按甲类消费物价指数的变幅，扣除通胀的影响而得出，显示雇员所赚取工资金额购买力的转变。而名义工资指数则是将接连两次统计调查中有关行业、职业及性别方面的劳动人口结构维持不变，从而量度工资率的纯变动。

综合社会保障援助计划 其目的是向有需要的个人或家庭提供现金援助，使他们的收入达到一定水平，以应付生活上基本及特别需要。申请人无须供款，但必须接受经济状况调查。

公共福利金计划 包括高龄津贴及伤残津贴。本计划的目的是给予年龄在65岁及以上的高龄人士和严重残疾人士每月发放现金津贴，以应付因年老或严重残疾而引致的特别需要。申请人无须供款。公共福利金计划的一宗个案指一位受助人士。

附录三

澳门特别行政区主要统计指标解释

本地生产总值 反映每年在澳门特区生产的货物和提供各种服务的总量。本年鉴中的国内生产总值用支出法及生产法估算，支出法等于私人消费支出、政府最终消费支出、固定资本形成总额、库存变化和货物及服务出口淨值（出口减进口）的总和。而生产法等于各经济行业的增加值总额的总和，这种方法可以评估澳门特区的产业结构。

出生率 参考期内新生婴儿数目与年中人口之千分比。

死亡率 参考期内死亡人数与年中人口之千分比。

劳动人口 在参考期间，可参与生产商品或提供服务之 16 岁或以上人士的总数。包括就业人口及失业人口。

就业人口 在参考期间，为了报酬、利润或家庭收入而工作最少 1 小时的 16 岁或以上人士的总数。其中包括没有上班但与雇主保持正式工作联系的雇员，或因某些原因而暂时没有上班的公司东主/股东。

劳动力参与率 劳动人口占 16 岁或以上的澳门人口的百分比。

失业率 失业人口占劳动人口的百分比。

就业不足率 就业不足人口占劳动人口的百分比。

贸易条件指数 澳门称为贸易价格比率指数。即货物出口单位价格指数与货物进口单位价格指数之比率。

访澳旅客 指任何非以澳门特区为常居地的人士，其在澳门的逗留时间少于一年，旅客之旅游目的并非在澳门特区参与任何有偿活动。

酒店入住率 入住客房数量与可供应客房数量之百分比。

进口 将任何来自外地的货物运入澳门特区，但属以再进口及转运方式运入者除外。

出口 将任何货物运离澳门特区，但属以暂时出口及转运方式运离者除外。

本地产品出口 将原产地为澳门特区的任何货物运离澳门特区。

转口 澳门称为再出口。将任何先前进口入澳门特区的货物，不经加工运离澳门特区，或虽经加工，但尚不足以取得以澳门特区作为原产地的资格的货物运离澳门特区。

楼宇单位 包括住宅、商业、办公室、工业、车位、酒店及其他单位。

楼宇总建筑面积 所有楼层楼面面积之总和。楼面面积从外墙起量度，包括大堂、楼梯、升降机所占面积以及所有公用地方面积。

广义货币供应量 M_2 指狭义货币供应量 M_1 加上准货币负债。准货币负债指储蓄存款、通知存款、定期存款、其他存款和存款证明书。

消费价格指数 反映澳门特区家庭于购买一篮子之指定商品或服务时，在不同时间该等商品或服务之价格变动。

小学教育 为期 6 年，完成幼儿教育或在报名当年的 12 月 31 日年满 6 岁的儿童可报读小学教育第一年。就读小学的最高年龄为 15 岁。

中学教育 由两个阶段组成：初中教育及高中教育。大学预科亦被视为中学教育。

1)初中教育 为期 3 年，合格完成小学教育者可以入读。就读初中最大年龄为 18 岁，但在特别情况下，经教育机构决定，可以逾越此年限。

2)高中教育 为期 3 年，合格完成初中教育者可以入读。就读高中最大年龄为 21 岁，但在特别情况下，经教育机构决定，可以逾越此年限。

高等教育 由大学、理工学院及相等之学院开办之学位或非学位课程。